KANZLERIN DER RESERVE

Ulrike Demmer und Daniel Goffart

KANZLERIN DER RESERVE

Der Aufstieg der
Ursula von der Leyen

BERLIN VERLAG

MIX
Papier aus verantwor-
tungsvollen Quellen
FSC® C083411
www.fsc.org
FSC

© Berlin Verlag in der Piper Verlag GmbH, Berlin 2015
Alle Rechte vorbehalten
Umschlaggestaltung: ZERO Werbeagentur, München
Typografie: Birgit Thiel, Berlin
Gesetzt aus der Centennial und der DIN Condensed von Fagott, Ffm
Druck und Bindung: CPI books GmbH, Leck
Printed in Germany
ISBN 978-3-8270-1276-0

www.berlinverlag.de

INHALT

PROLOG

Das ehemalige Hauptgebäude der Bahlsen-Fabrik in Hannover strahlt Traditionsbewusstsein und den Stolz einer ehrwürdigen Unternehmerdynastie aus. Über Generationen hinweg wurde hier das berühmte Backwerk nach alten Handwerksrezepten hergestellt und in alle Welt verkauft. An den Wänden der früheren »Cakes-Fabrik« hängen noch leicht verbeulte Reklametafeln aus Blech. Sie zeugen von einer langen und bis heute anhaltenden Erfolgsgeschichte: Kaum ein Konferenztisch hierzulande, auf dem nicht Bahlsen-Kekse stehen. In Hannover ist man zu Recht stolz auf den berühmten Namen aus der deutschen Wirtschaftsgeschichte. Und so ist es kein Wunder, dass der CDU-Wirtschaftsrat Niedersachsen seine Versammlungen und Tagungen gern in den Backsteinmauern des alten Industriepalastes abhält. Außerdem fügt es sich gut, dass Werner Michael Bahlsen, Chef der gleichnamigen Keksfabrik, als ehrenamtliches Mitglied im Vorstand der CDU-nahen Vereinigung sitzt.

Nicht immer sind die Veranstaltungen des Wirtschaftsrats ein Publikumsmagnet. Als aber an einem trüben Herbsttag im Jahr 2004 die niedersächsische Sozial- und Frauenministerin Ursula von der Leyen zu einer Diskussionsrunde erscheint, ist der große holzgetäfelte Saal bis auf den letzten Platz gefüllt. An der Seite der Ministerin schreitet mit gemessenem Schritt ihr Vater Ernst Albrecht herein. Bevor der langjährige, frühere Ministerpräsident von Niedersachsen auf seinem Stuhl in der ersten Reihe Platz nimmt, grüßt er freundlich lächelnd nach allen Seiten. Der aufbrandende Applaus tut dem alten Herrn sichtlich gut. Er ist hier schließlich unter Freunden und Gleichgesinnten. Albrecht begegnet beim Wirtschaftsrat vielen Weggefährten aus seiner langen politischen Karriere. Außerdem war er vor seinem Sprung in den Landtag als Finanzchef bei der Firma Bahlsen tätig. So schließt sich der Kreis.

Seine Tochter Ursula hingegen fremdelt bei diesem Termin. Auch sie schüttelt Hände, hält aber ihr Gegenüber mit ausgestrecktem Arm auf Abstand. Ihr strahlendes Dauerlächeln wirkt starr und undurchdringlich, fast wie ein Panzer. Es gibt nur wenige Politiker, die beim Lächeln so unnahbar erscheinen wie Ursula von der Leyen. Es ist ihre Maske, die sie bei öffentlichen Auftritten zum Eigenschutz aufsetzt, vor allem bei schwierigen Terminen wie diesem hier. Während der Vorsitzende des Wirtschaftsrats ein paar Begrüßungsworte spricht, sitzt sie kerzengerade auf ihrem Stuhl. Regungslos, mit durchgedrücktem Rücken. Sie könnte stundenlang so verharren. Haltung bewahren, das ist ihr schon in jungen Jahren eingeimpft worden. Während sich die Männer im Saal bequem in die Sitze drücken und die Beine übereinanderschlagen, gibt ihr Rückgrat keinen Zentimeter nach. Sie kippelt nicht, wackelt nicht, rührt sich nicht. Ursula von der Leyen braucht nicht einmal eine Lehne. Nur ihr Kopf bewegt sich gelegentlich, nickt dem Redner aufmerksam und scheinbar wohlwollend zu. So wie eine Lehrerin, die brave Schüler beim Aufsagen eines Gedichts zum Durchhalten ermuntern will.

Die zierliche Ministerin mit den damals noch mädchenhaft langen blonden Haaren zählt bei der Versammlung des CDU-Wirtschaftsrats nicht nur zu den Jüngsten; sie ist auch eine der wenigen Frauen im Saal. Es dominieren die »Silberrücken« – Männer mit grauen Haaren, großem Ego und teuren Anzügen. Und die sind auf »Röschen«, wie die Albrecht-Tochter bei der offiziellen Begrüßung immer noch gönnerhaft genannt wird, nicht besonders gut zu sprechen.

Der Grund für den Unmut ist vielschichtig. Die junge Parteifreundin hat nicht nur studiert, im Ausland gearbeitet und sieben Kinder auf die Welt gebracht. Nein, ihr ist daneben auch noch eine beeindruckend steile Karriere in der Politik gelungen. Und auch wenn sie einen berühmten Namen trägt, so wissen selbst ihre Gegner, dass dieser offenkundige Erfolg nicht dadurch kleingeredet werden kann, indem man achselzuckend auf ihren Ministerpräsidenten-Vater und das übliche »Vitamin B« einer einflussreichen Familie verweist.

Nein, der Grund für die spürbare Reserviertheit der Männer liegt tiefer. Auch wenn es niemand offen zugeben würde: Ursula von der Leyen macht den versammelten Herren regelrecht Angst. Das kleine »Röschen« leistet nicht nur erkennbar mehr als der männliche Durchschnitt. Viel schlimmer: Sie erschüttert durch ihr Beispiel auch jenes tief sitzende maskuline Überlegenheitsgefühl, das vor allem bei älteren Männern zur seelischen Grundausstattung gehört. Allein von der Leyens pure Präsenz löst bei den Herren die bis dato geltende Gewissheit auf, dass den Frauen quasi naturrechtlich eine dienende Funktion zugewiesen worden ist und den Männern eine herrschende.

Gerade in sogenannten »bürgerlichen Kreisen« und unter Konservativen gilt das »traditionelle Familienbild« bis zum heutigen Tag als Leitidee. Danach übernimmt der Mann die Rolle des Ernährers, während die Frau sich um Haushalt und Kinder kümmert. Als äußerstes Zugeständnis an den gesellschaftlichen Fortschritt wird den Frauen in diesen Kreisen eine Teilzeitbeschäftigung zugestanden – aber nicht, bevor die Kinder das Schulalter erreicht haben.

Ursula von der Leyen verkörpert das erfolgreiche Gegenbild dieses Modells und wirkt damit auf die betagten Herren aus den Führungsetagen der Wirtschaft wie eine Revolutionärin im Hosenanzug. So wie der Astronom Nikolaus Kopernikus das mittelalterliche Weltbild zum Einsturz brachte, kämpft sie gegen das traditionelle Familienbild der CDU. Damit stellt sie in den Augen vieler die bestehende Ordnung in Frage. Ursula, die Ketzerin. Die

Welt ist keine Scheibe, sondern sie ist rund und bunt und verwirrend vielfältig. Mit dieser Erkenntnis kommt nicht jeder zurecht. Dass sie sich dabei selbst zum Vorbild wählt, provoziert erst recht. Sie sieht sich nicht als Ausnahme, sondern als Beispiel für eine neue Regel. »Die Frauen in einer modernen Gesellschaft sollen sich nicht für Kinder oder für Beruf entscheiden müssen, sondern ganz selbstverständlich beides anstreben dürfen – wenn sie es denn wollen.«

Solche Sätze wählt sie in ihrer Rede vor dem CDU-Wirtschaftsrat in Hannover mit Bedacht. Ursula von der Leyen kennt die Vorbehalte gegen ihre Vorstellungen von moderner Familienpolitik und das damit verbundene Gesellschaftsmodell. Vor allem aber weiß sie, dass das Zentrum des Widerstands bei den konservativen, älteren Männern ihrer Partei liegt. Und deshalb hat sie nur allzu gern zugesagt, als der Löwe sie in seine Höhle eingeladen hatte. »Meine Herren vom Wirtschaftsrat, die Frage lautet künftig nicht mehr, ob die jungen Frauen arbeiten werden oder nicht. Ich sage Ihnen voraus, sie werden arbeiten, weil sie arbeiten wollen – und weil es im Übrigen ihr gutes Recht ist«, betont von der Leyen mit ihrem schönsten Mädchenlächeln. Natürlich bemerkt sie das Räuspern im Saal, aber die junge Ministerin setzt noch einen drauf: »Die entscheidende Frage der Zukunft lautet doch, ob die Frauen, die arbeiten, auch Kinder haben werden. Das ist für Sie als Unternehmer und Arbeitgeber von herausragender Bedeutung.«

Es ist nicht das erste Mal, dass von der Leyen solche Sätze sagt, aber sie kommen immer unterschiedlich an. Bei Frauenverbänden oder an Schulen und Lehrwerkstätten erhält sie dafür Applaus. Aber das reicht ihr nicht. Sie will Mehrheiten für ihre Ideen von einer modernen und zukunftsfähigen Gesellschaft erringen. Dafür muss sie sich auch ihren Gegnern stellen – und sie entweder überzeugen oder niederringen. Die murrenden Herren im Saal spüren, dass Ursula von der Leyen sich auf einen langen Weg gemacht hat. Entscheidend ist für sie dabei nicht die gerade

Strecke mit Rückenwind, sondern die Überwindung der Hindernisse. In der Politik bedeutet das, besonders hart dort zu kämpfen, wo es keinen Beifall gibt.

Als sie 2003 vom damaligen Ministerpräsidenten Christian Wulff in das Landeskabinett in Hannover berufen wurde, übernahm sie ein vielfältiges Ressort: Als Ministerin war sie fortan zuständig für Soziales, Frauen, Familie und Gesundheit. Die meisten politischen Beobachter gingen damals davon aus, dass sich die studierte Ärztin und Medizin-Ökonomin vor allem auf die Gesundheitspolitik stürzen würde. Auch sie selbst hatte sich so geäußert: »Ich fühlte mich als Ärztin im Arbeitsalltag in vielen Punkten frustriert und gelähmt.« Deshalb wollte sie in einem Ministeramt »einfach neue politische Akzente im Gesundheitswesen setzen«.

In der Tat gefiel sich die Gesundheitsministerin vor allem in der Anfangszeit darin, bei Ortsterminen in Krankenhäusern die versammelten Ärzte als »liebe Kollegen« anzusprechen und sich damit neben der politischen Verantwortung auch die fachliche Kompetenz zuzuschreiben. Doch als wirkliche Leidenschaft entdeckte von der Leyen in ihrem ersten Ministeramt rasch die Familien- und Frauenpolitik. Hier erkannte die energische CDU-Politikerin nicht nur den übergroßen Reformbedarf, vor allem in ihrer Partei. Sie spürte auch sehr früh, dass die Wünsche der meisten jungen Frauen und Familien in der bundesdeutschen Wirklichkeit nur schwer oder gar nicht zu erfüllen waren, vor allem in der damaligen Arbeitswelt. Und da ihre Politik bis heute immer aufgeladen ist mit eigener Biografie, eigenem Erleben und eigenem Glück, entschied sie sich dafür, die Lücke zwischen Wunsch und Wirklichkeit in der Familienpolitik zu schließen.

Seitdem fordert die Ministerin mehr Rechte und Teilhabe für Frauen ein, mehr Mitbestimmung und vor allem einen gleichberechtigten Platz der Damen im Berufsleben. Und sie tut es mit einer Hartnäckigkeit, die kein Pardon kennt. Die meisten Männer merken in Diskussionen mit ihr erst ziemlich spät, dass hinter ihrem Charme eine unerbittliche Entschlossenheit steht. Ihr Lächeln kann einen auch niederringen.

Im Zentrum der Politik von Ursula von der Leyen steht die Erkenntnis, dass sich für Frauen die Entscheidung für Kinder oft genug zur Entscheidung gegen eine Berufstätigkeit entwickelt. Das will sie nicht mehr hinnehmen – und das sagt sie überall in aller Klarheit, auch bei ihrem Auftritt vor dem CDU-Wirtschaftsrat. Die Gesellschaft sei »blind für die Bedürfnisse der Frauen und der jungen Familien«, klagt sie mit scharfer Stimme. Besonders deutlich falle diese Ignoranz bei den Führungskräften der Unternehmen aus. Hier bestehe »dringender Handlungsbedarf«, ruft sie den versammelten Wirtschaftsleuten zu. »Die Männer müssen umdenken.«

Das Gemurmel im Saal der ehrwürdigen Bahlsen-Fabrik ist nicht mehr zu überhören. Doch von der Leyen lässt sich nicht aus dem Konzept bringen. Offenkundig hat sie sich vorgenommen, den Herren aus den Teppichetagen hier einmal kräftig den Kopf zu waschen, mögen die sich auch noch so sträuben.

Wie das denn im Alltag funktionieren solle, fragt ein erboster Mittelständler schließlich in der anschließenden Diskussionsrunde. Die Frauen könnten ja nicht gleichzeitig arbeiten gehen und die Kinder erziehen. Mit blitzenden Augen fragt von der Leyen zurück, wie viele Mütter in Vollzeit er denn in seinem Betrieb beschäftige und wie viele Teilzeitstellen er Frauen mit Kindern anbiete. »Das tut hier nichts zur Sache«, ruft der Fragesteller unter Beifall im Saal zurück. Es gehe doch in letzter Konsequenz um die Frage, warum man eigentlich Kinder bekäme? Um sie dann »in fremde Hände zu geben«, bloß damit sich die Mutter bei der Arbeit »selbst verwirklichen« könne? Erneut brandet Applaus im Saal auf und zeigt, wie hier das vorherrschende Meinungsbild aussieht. Von der Leyen lächelt nicht mehr, ihr Mund ist ein Strich. Auch ihr kaum merkliches Kopfschütteln zeigt Unverständnis, aber keine Resignation. Ihr ist nur wieder einmal klargeworden, wie dick das Brett ist, das sie durchbohren will.

Diese Diskussion fand 2004 statt, aber solche Ansichten sind auch heute noch weit verbreitet. Zwar hat sich in der Arbeitswelt mittlerweile schon einiges verbessert, was Flexibilität und Rollenverständnis anbelangt. Doch die Motive für diesen allmählichen Sinneswandel zeugen weniger von Einsicht und Reformwillen, sondern liegen eher in der Demografie und dem bereits deutlich spürbaren Fachkräftemangel begründet. Inzwischen ist es sogar so, dass die Wirtschaftsverbände zum Unwillen der Kirchen lautstark dafür trommeln, mehr Frauen in die Firmen zu locken. Schließlich stellen die nicht berufstätigen Damen das größte, bislang »ungenutzte Erwerbspersonenpotenzial« dar, wie es in typischer Managersprache in einem Positionspapier des Bundesverbands der Deutschen Industrie heißt.

Ursula von der Leyen hat auf diesem Feld in den letzten Jahren durchaus einiges bewegt. Zufrieden aber ist sie bei weitem nicht. Solange es in der CDU/CSU noch wichtige Parteifreunde gibt, die von »Rabenmüttern«, »Zwangs-Kita« und »Werteverfall« sprechen, sieht sie ihre Mission einer umfassenden Modernisierung der Familienpolitik als unerfüllt an. Wie leicht gerade die Wortführer der Konservativen zu erschüttern sind, werde »immer dann deutlich, wenn Sie die Herren einmal direkt und ganz persönlich fragen, was ihre Töchter denn beruflich so machen«, erzählte von der Leyen einmal bei einer Diskussion in kleiner Runde. »Die meisten von denen erzählen dann stolz vom Studium ihrer Mädchen und was sie für tolle Aufgaben in ihrer Firma übernehmen.«

Ursula von der Leyen ist eine streitbare Politikerin. Sie wird entweder verehrt oder abgelehnt – dazwischen gibt es wenig. Das gilt für die breite Öffentlichkeit ebenso wie für ihre Partei. In der CDU drückt sich das bei Wahlen auf Parteitagen stets in sehr mäßigen Ergebnissen aus. Von der Leyen ist im Haus ihres Vaters zwar mit der CDU aufgewachsen, aber erst sehr spät selbst in die Partei eingetreten. Ihr fehlen trotz ihrer Abstammung der »Stallgeruch« und die Vertrautheit – ein politischer Kumpeltyp ist von der Leyen nie gewesen. Dennoch wird sie stets als Erste genannt, wenn in der CDU über die Zeit nach Angela Merkel gesprochen wird.

DIE TOCHTER

Das rosa Baby

Als Heidi Adele merkt, dass sie schwanger ist, stellt sie ihrem Mann den Stuhl vor die Tür. Einen Kinderstuhl. Er stolpert fast darüber. Aber Heidi Adele, ausgestattet mit einem Sinn für das Theatralische, findet es angemessener, ihrem Mann Ernst die frohe Botschaft von der anstehenden Geburt des dritten Kindes symbolisch zu überbringen.

Das Baby kommt am 8. Oktober 1958 in Brüssel zur Welt. Es ist ein Mädchen. Das dritte Kind und die erste Tochter von Heidi Adele und Ernst Albrecht. Auf dem Geburtsschein wird der Name Ursula Gertrud eingetragen, aber die beiden Brüder, zwei und fast vier Jahre alt, haben sich so sehr ein Schwesterchen gewünscht, keinen »Heini«, sondern ein »rosa Baby«, wie sie sagen, dass die kleine Schwester fortan Röschen genannt werden wird.

Röschen wird in rosigen Zeiten geboren. Am 1. Januar 1958 sind die Verträge zur Gründung der Europäischen Wirtschaftsgemeinschaft in Kraft getreten. In Brüssel läuft die erste Weltausstellung nach dem Zweiten Weltkrieg. Das Wahrzeichen der Ausstellung, das Atomium, die 165-milliardenfache Vergrößerung einer Eisen-Kristallstruktur, ist ein Symbol für die friedliche Nutzung der Kernenergie. Und ein Symbol für den Fortschritt. Der Aufzug im Innern der Konstruktion ist 1958 mit einer Geschwindigkeit von fünf Metern pro Sekunde der schnellste der Welt. Es geht aufwärts mit Europa.

Der Vater, Ernst Albrecht, seit ein paar Monaten Kabinetts-chef in der ersten Kommission dieser Europäischen Wirtschafts-gemeinschaft, wohnt mit seiner Familie in einem Brüsseler Bür-gerhaus mit Backsteinmauer rund um den Garten. Die kleinen Stühlchen, die Heidi Adele beim Trödler für die Kinder ersteht, sind keine bunten Plastikmöbel, sondern aus feinem Holz gear-beitete Stühle, Louis-XIV.-Holzsesselchen und kleine Windsors, englische Landhausstühle, wie für Erwachsene, nur eben kleiner. Vom erstgeborenen Sohn Harald steht eine Büste im Wohnzim-mer. Vor dem Einschlafen trägt die Mutter den Kindern Gedichte von Eduard Mörike vor.

Röschen fügt sich in die Familie gut ein. »Du bist ein sensa-tionelles Baby: Das erste Kind, das sich nicht ins Leben hinein-schreit, sondern von einem friedlichen Schlummer in den ande-ren gleitet«, schreibt die Mutter in ihr Tagebuch. »Schon vierzehn Tage nach Deiner Geburt, kaum aus der Maternité in das Eltern-haus eingezogen, schläfst Du, satt und lächelnd, bis tief in den dämmerigen Wintermorgen hinein. Mit vier Wochen folgt Dein Blick meinem Fingerspiel. Acht Wochen alt kannst Du bereits zu Großmamas Entzücken, die Dir ihren ersten Besuch abstattet, anmutig das Köpfchen drehen und ›hören‹. Dein bevorzugter Laut, den die Brüder ständig nachahmen: ereeh, erehh!«[1]

»Röschen hat von beiden Elternteilen nur das Beste abbekom-men«, sagt ein Freund der Familie heute. »Vom Vater die nötige Härte und das Durchsetzungsvermögen, von der Mutter das Mu-sische.« Das Röschen heißt heute Ursula von der Leyen, hat selbst sieben Kinder und eine beachtliche politische Karriere hinter sich, vielleicht auch noch vor sich. Die Familie ist im Leben der heutigen Bundesverteidigungsministerin von zentraler Bedeu-tung. Aber was war und ist der Ansporn von Ursula von der Ley-en? Was treibt sie? Ist es der Wunsch, es den Eltern recht zu ma-chen? Oder versucht sie in einem ewigen Konkurrenzkampf, den kürzlich verstorbenen Vater, den ehemaligen Ministerpräsiden-ten von Niedersachsen, zu übertrumpfen?

Es ist lohnenswert, sich die Familiengeschichte von Ursula von der Leyen anzusehen. Nicht nur, weil sie selbst die Familie so in den Vordergrund rückt, sondern auch, um zu erkennen, wie viel sie von ihrem Vater gelernt hat. Ein Rückblick in die Geschichte der Albrechts zeigt verblüffende Parallelen zwischen Vater und Tochter. Das jugendlich strahlende, zugleich kalte Lächeln, das Image des Musterschülers, die große Familie, die Liebe zur Natur, der politische Instinkt, die Nähe zur *Bild*-Zeitung. Beide erreichen als Quereinsteiger in kürzester Zeit hohe politische Ämter. Selbst die Debatte um eine mögliche Kanzlerkandidatur hat Ursula von der Leyen mit ihrem Vater, dem langjährigen Ministerpräsidenten von Niedersachsen, gemein. Vater und Tochter verstehen es wie kaum ein anderer Politiker, sich in der Öffentlichkeit mitsamt Familie so perfekt zu präsentieren, dass Journalisten sich nicht scheuen, den Vergleich zu Groschenromanen zu ziehen. Die Perfektion, die makellose Fassade, provozieren aber auch Neid. »Am Ende«, sagt ein Wahlkampfmanager 1982 der *Zeit*, »läuft bei Ernst Albrecht alles auf die Frage hinaus: Glaubt man ihm, oder kann man ihn nicht leiden?« Ähnliches gilt heute für Ursula von der Leyen. Glaubt man ihr, oder kann man sie nicht leiden?

Ernst Albrecht, der Patriarch

Ernst Albrecht, Ursula von der Leyens Vater, wird 1930 geboren. Ein Kriegskind. In Bremen hilft der junge Ernst seinem Vater, einem Arzt, Verwundete aus Schutt und Asche zu zerren. Nach dem Krieg schließt er sich für zwei Jahre einer Gruppe der Bündischen Jugend an. Er wird Gruppenführer und ist beseelt von Lagerfeuerromantik und der nach innerer Disziplin strebenden Jungsgemeinschaft.

Nach dem Abitur kann er sich nicht recht entscheiden. Erst studiert er, unter anderem bei Karl Jaspers, Theologie und Philosophie, wechselt dann aber zu Rechts- und Wirtschaftswissenschaften. In Tübingen schlüpft er bei einer Familie in einer schäbigen Rumpelkammer unter, die er mit einem halben Pfund Kaffee aus einem Care-Paket überzeugt. Sein Vater schickt monatlich 110 Mark aus Bremen. »Davon blieben genau fünf Mark für mich«, sagt Albrecht später. »Ich konnte mich entscheiden: Entweder du gehst ins Kino oder trinkst ein Viertel Wein.« Meistens entscheidet sich Albrecht für den Film. *High Noon*, »Zwölf Uhr mittags«, ist sein Lieblingsfilm. »Weil da der Mann nicht aufgibt, obwohl sich alles gegen ihn verschworen hatte.«

Im Leben von Ernst Albrecht läuft zu diesem Zeitpunkt alles glatt. Mit 24 Jahren avanciert er zum Attaché bei der Montanunion in Luxemburg. Wenig später leitet er das Sekretariat für die Verhandlungen über den gemeinsamen Markt. Er arbeitet für Walter Hallstein und Konrad Adenauer die Römischen Verträge aus. Albrecht, noch keine 30 Jahre alt, fällt als harter Verhandlungsführer auf, der die deutschen Interessen zwar geschmeidig, aber unnachgiebig und völlig frei von historisch bedingten Schuldkomplexen vertritt. Albrecht sagt: »Liebe Leute, entweder ihr wollt mit uns Deutschen Europa bauen, oder nicht. Wir sind eine neue Generation. Die alten Geschichten sollen die Alten unter sich ausmachen. Ich bin hier genauso unbefangen als Vertreter meines Landes wie die Franzosen.« Seine Mentoren trauen dem jungen Mann alles zu. 1967 wird Ernst Albrecht zum Generaldirektor für Fragen des Wettbewerbs bei der EWG-Kommission in Brüssel ernannt. Es ist der Gipfel einer europäischen Beamtenkarriere. Er verdient 8000 Mark im Monat. Er ist 37 Jahre alt.

Albrecht kauft ein großes Grundstück in Tervuren am Waldrand des Foret de Soigne, 15 Minuten von Brüssel entfernt. Von dem Plan, ein schwedisches oder deutsches Fertighaus darauf zu stellen, kommt die Familie bald wieder ab. Es soll eine »Anlage« werden mit drei Etagen, einer geschwungenen Treppe und einem Kamin, schreibt Heidi Adele Albrecht am 24. November in ihr Tagebuch, »nur Lumpen sind bescheiden …«.[2]

Trotzdem hat Albrecht drei Jahre später genug von Brüssel. »Ich war damals 37 Jahre alt und am Gipfel der europäischen Beamtenkarriere angelangt. Sollte ich etwa bis zu meinem 65. Geburtstag Generaldirektor für Wettbewerb bleiben? Ich konnte mir das nicht vorstellen«, schreibt Albrecht in seinen Memoiren.[3] Als der niedersächsische Landwirtschaftsminister Wilfried Hasselmann zu Besuch bei der Europäischen Kommission in Brüssel ist, lädt Albrecht ihn vornehm zum Abendessen in »ein erstklassiges Restaurant an der Grand Place« ein und lässt durchblicken, dass er sich eine politische Karriere vorstellen könne. »Ewig will ich nicht hier in Brüssel bleiben«, sagt er zu Hasselmann, »wenn Sie mal was bei sich haben ...«[4] Hasselmann hat etwas.

Albrecht soll den Wirtschaftsminister Karl Möller ersetzen, der nach den Landtagswahlen im Juni 1970 abgelöst werden soll. Im Frühjahr 1970, mit 40, quittiert Albrecht seinen hochdotierten Posten als Beamter auf Lebenszeit und zieht nach Hannover. Obwohl er nicht weiß, wie die Landtagswahlen ausgehen werden. Obwohl seine jüngste Tochter Benita an Rückenmarkskrebs erkrankt ist. Er lässt die Familie zunächst in Brüssel zurück. Erst als Benita ein Jahr später, am 31. Januar 1971, stirbt, folgt ihm die Familie nach Hannover. Röschen ist jetzt das einzige Mädchen im Haus.

Wilfried Hasselmann organisiert eine Pressekonferenz in der niedersächsischen CDU-Zentrale. Durch die Oberlichter des großen Sitzungssaals der alten Villa in Hannover-Herrenhaus dringt die Frühlingssonne. Es ist Wahlkampf. Die CDU will endlich die alleinige Landtagsmehrheit erringen. Der Parteivorsitzende Wilfried Hasselmann präsentiert den Niedersachsen einen bis dahin völlig unbekannten Mann. Ernst Albrecht.

Bei den niedersächsischen Christdemokraten kommt Hasselmanns Vorschlag gut an. Albrecht ist ein profilierter Wirtschaftsfachmann, und er stammt aus einer renommierten niedersächsischen Familie. Sein Bruder Georg Alexander ist Musikdirektor der Oper in Hannover, und Ururgroßvater Karl Franz war im vergangenen Jahrhundert Generalzolldirektor des Königreichs Hannover.

Die Parteispitze überlässt Albrecht den Wahlkreis Wietze an der Wietze. Albrecht macht sich mit Luftballons und öffentlichen Diskussionsrunden bekannt. Ein echter Wahlkämpfer ist er nicht. Albrecht raucht nicht, trinkt nicht, und auch das Schulterklopfen fällt ihm schwer. Der unmittelbare Kontakt mit der Bevölkerung, das Bad in der Menge liegen ihm nicht.

»Stört Sie das?«, wird er von Journalisten gefragt. »Nein, man muss nicht versuchen, ein anderer zu sein. Ich kultiviere diese Distanz auch nicht. Ich bemühe mich, sie immer wieder zu durchbrechen.« Albrecht schafft es, den CDU-Stimmenanteil um 7,2 Prozent zu steigern. Er kommt in den Landtag, aber Minister wird er nicht. Der CDU fehlt ein Mandat. Die SPD erreicht knapp die absolute Mehrheit. Damit sind für die nächsten vier Jahre die Weichen gestellt.

Albrecht müsste jetzt von rund 20 000 Mark Abgeordneten-Diäten im Jahr leben. Das wollen ihm die CDU-Honoratioren nicht zumuten. Bahlsen-Geschäftsführer und CDU-Förderer Kurt Pentzlin setzt bei seinem Parteifreund und Firmenchef Bahlsen durch, dass Albrecht einen Managerposten bei den Keksbäckern bekommt. Albrecht soll sich als einer von fünf stellvertretenden Geschäftsführern um den Bereich Recht und Verwaltung im Unternehmen kümmern. Hart arbeiten muss er für Bahlsen nicht. Die Zeit reicht, um politische Aufgaben wahrzunehmen. Er wird wirtschaftspolitischer Sprecher der CDU-Fraktion und stellvertretender Parteivorsitzender.

Die politische Karriere läuft nicht ganz so glatt wie Albrechts Beamtenlaufbahn. Auch bei der Landtagswahl 1974 reicht es für die CDU nicht. Ein Mandat trennt sie von der Regierungsmacht. Albrecht denkt über einen Wechsel in die Bundespolitik nach. Aber als anderthalb Jahre später Alfred Kubel wie angekündigt in der Mitte der Wahlperiode das Amt des Regierungschefs an seinen Finanzminister Helmut Kasimier übergeben will, passiert das Überraschende.

»First Family«

Am 16. Januar 1976 steht Heidi Adele hinter dem Stuhl ihres Mannes und wartet geduldig. Die Familie sitzt am Frühstückstisch. Ernst Albrecht spricht zu den Kindern. »Politik verdirbt nicht den Charakter«, sagt er. Es klingt, als halte er eine Rede. Erst als er mit seiner Ansprache fertig ist, tippt Heidi Adele ihm sachte auf die Schulter. »Du, Ernst, rück mal bitte und lass mich vorbei.« Und das 17-jährige Röschen erklärt: »Wenn Vater redet, ist das faszinierend. Man kommt nicht dagegen an.«

Zwei Tage zuvor, am 14. Januar 1976, kommt es im Landtag zu einem bis heute nicht aufgeklärten Verrat. Der altersbedingte Wechsel von Kubel zu Kasimier ist seit langem mit dem Koalitionspartner FDP abgesprochen. Aber drei Abgeordnete der Regierungskoalition geben in geheimer Wahl ungültige Stimmen ab. So kommt es, dass auf den SPD-Kandidaten für den Ministerpräsidentenposten Kasimier nur 75 Stimmen entfallen. Der nur pro forma aufgestellte Gegenkandidat der CDU, Ernst Albrecht, kann alle 77 Stimmen seiner Fraktion hinter sich vereinen. Im Landtag bricht tobender Applaus aus. Die Parteifreunde spurten durch den Landtag und umringen Albrecht wie eine Fußballmannschaft den Spieler, der in der 89. Minute das entscheidende Tor geschossen hat.

24 Stunden später bekommt Albrecht mit 78 Stimmen sogar die absolute Mehrheit. Aber er kann mit dem Erfolg nichts anfangen. Die Landesverfassung schreibt vor, dass ein gewählter Ministerpräsident binnen 21 Tagen dem Landtag seine Minister vorzustellen hat, die in offener Abstimmung durch die Parlamentsmehrheit bestätigt werden müssen. Albrecht weiß, keiner in der Koalition wird durch Handaufheben seinen Verrat offen zugeben. Die FDP lehnt eine Koalition aus Solidarität mit der SPD ab.

Drei Wochen später, am 6. Februar, findet der dritte Wahlgang statt. Die Verfassung bestimmt, dass danach derjenige Ministerpräsident ist, der die meisten Stimmen erhält. Die Minister müssen nicht mehr vom Parlament bestätigt werden. Ernst Albrecht gewinnt die Wahl mit 79 Stimmen. Um 11.52 Uhr gehen 30 Jahre sozialdemokratischer Regierungsverantwortung zu Ende. »Wir wollen jetzt keinen Sekt, aber einen anständigen deutschen Korn«, ruft Wilfried Hasselmann in den Landtag, »jetzt geht's los!« Er prostet Albrecht mit gefülltem Schnapsglas zu.

Von der Öffentlichkeit weitgehend unbemerkt, läuft ein junger Mann, Bezirksvorsitzender der Jungsozialisten, durch den Landtag. Der angehende Jurist ist in diesen Tagen häufig dort zu sehen. »Jetzt wird es zehn Jahre dauern, bis wir Sozialdemokraten wieder zum Regieren kommen«, sagt er zu einem Journalisten. Es ist Gerhard Schröder, der zehn Jahre später Ernst Albrecht herausfordern wird.

Als am frühen Nachmittag des 6. Februar 1976 die Lokalpresse bei Albrechts vor der Tür steht, halten Heidi Adele und der frisch gewählte Ministerpräsident noch ihren Mittagsschlaf. Es ist die 17-jährige Ursula, die der Reporterin die Tür öffnet. Sie ist den Umgang mit der Presse gewohnt und erklärt selbstbewusst, dass sie nur ganz offiziell Ursula heiße. Eigentlich werde sie von allen Röschen genannt. Die Albrechts sind jetzt die »First Family« in Niedersachsen. Ursula ist die strahlende Prinzessin.

Der gelebte Roman

Im Februar 1976 stellt die *Bild*-Zeitung die Frage: »Kann dieser Dr. Ernst Albrecht überhaupt begreifen, welche Sorgen der sogenannte kleine Mann hat? Schwebt so einer nicht schon zu hoch über allem? Kann ein Arbeiter so einem Mann vertrauen?«

Die Albrechts sind eine großbürgerliche Familie und tiefgläubige Protestanten. Sie leben in Ilten, einem kleinen Dorf bei Hannover, hinter einer mannshohen Brombeerhecke auf einem alten Bauernhof aus rotem Klinker. Die Haustür ist von Efeu umrankt. Die Familie betet vor dem Essen. Silvester lesen Heidi Adele und

Ernst Albrecht sich gegenseitig Platons siebten Brief vor. Am Wochenende jagt Ernst Fasane beim belgischen Adel. Auf den Familienfesten wird Theater gespielt und Quadrille getanzt, die Familie lädt Gäste zur Polonaise durch Lampion-geschmückte Gärten und spielt Boccia auf dem Krokettrasen. »Andere lesen Romane, wir leben ihn«, sagt Heidi Adele Albrecht.

Die Familie trägt viel zum Image des Ministerpräsidenten bei. Er verkauft sie an die Medien, als wären sie das Produkt seines erfolgreichen Regierungsprogramms. Die Bilder, die er von seiner Frau Heidi Adele und den sechs Kindern verbreitet, suggerieren eine heile Welt, Leidenschaft für Literatur und Hausmusik, eine Gabe für das Gute, Wahre und Schöne.

Fünf Tage nach der Wahl zum Ministerpräsidenten erscheint in der *Bild*-Zeitung »Die große Ernst-Abrecht-Story«. Unter der Überschrift »Der neue Landesvater und seine fröhliche Familie« erscheint eine fünfteilige Serie, grafisch hervorgehoben von einer Zierleiste, die an einen goldenen Bilderrahmen erinnert. »Die erste Bürde der neuen Würde ihres Mannes, die trägt natürlich wieder die Frau«, heißt es darin. »Heidi Adele Albrecht muss nun abends die beiden Übergardinen an den sechs mannshohen Fenstern im Erdgeschoss des roten Backsteinhauses in Ilten zuziehen – die Polizei hat darum gebeten, sicher ist sicher.«

Um seine Bodenständigkeit zu beweisen, gewährt der neue Landesvater der Presse großzügig Einblick auch hinter die Gardinen. So dürfen die Niedersachsen in seinen Kleiderschrank gucken. Fünf Anzüge hängen dort. Nur einer davon, der grüne, ist modisch. Den Smoking hat er von seinem Onkel geerbt. Bei den Albrechts steht nur Leitungswasser auf dem Tisch, nicht Orangensaft oder Coca-Cola. Allerdings wird das Wasser in wunderbaren Kristallkaraffen gereicht. Die Kämpfe von Cassius Clay guckt die Familie auf einem kleinen Schwarz-Weiß-Fernseher im ersten Stock. Zur Hochzeit hat Ernst Albrecht seiner Frau eine Nähmaschine geschenkt.

Fernsehzuschauer sehen Ernst Albrecht, wie er Schafe füttert, sie sehen ihn beim Joggen mit der Familie. »Röschen« und die Brüder singen im NDR-Fernsehen ein Jägerlied für ihn. Kommen Parteifreunde zu Besuch, werden die Kinder aufgereiht, um unter der Regie ihrer Mutter Hauskonzerte zu geben. Mancher Besucher verkneift sich währenddessen ein Grinsen. »Albrechts haben das Familienleben von 1918 kultiviert«, sagt ein CDU-Mann, der oft dort war, 2013 der Zeitschrift *Cicero*. »Das war nicht von dieser Welt. Ein völlig eigenes Universum.«

Für die Familie sei der Wechsel von Brüssel nach Hannover tatsächlich zunächst nicht ganz leicht gewesen, schreibt Ernst Albrecht später in seinen Memoiren. »In Luxemburg und Brüssel hatten wir das Privileg gehabt, in einer Gesellschaft von ausgewählten Beamten aus allen sechs Mitgliedstaaten zu leben. Es war eine faszinierende Erfahrung. Mit dem Wechsel nach Hannover begann eine neue Art der Existenz. Wir lebten und arbeiteten, was für Politiker selbstverständlich sein sollte, mitten im Volk, das heißt mit allen Schichten des Volkes, und es begann das, was ich gerne ›die Tour der tausend Kneipen‹ nannte, das heißt die Basisarbeit eines demokratischen Politikers. Auch meine Frau wurde mehr und mehr gefordert, am öffentlichen Leben mitzuwirken, Vorträge zu halten, Schirmherrschaften zu übernehmen, aber auch einzelnen Menschen in Not zu helfen. Wir haben die Rückkehr ins Volk als echte Bereicherung empfunden, als eine Wende in unserem Leben, für die wir heute noch dankbar sind.«[5]

Auch seine Liebesgeschichte breitet Ernst Albrecht vor der Presse aus. »Die Liebe kam beim ersten Kuss auf Bahnsteig 4«, titelt die *Bild*-Zeitung im Januar 1979. »Ministerpräsident Albrecht sitzt auf seinem Samtsofa und pfeift ganz verliebt die ersten Takte von Beethovens 8. Symphonie. Aus dem Biedermeierstuhl gegenüber antwortet seine Frau mit den nächsten drei Takten.« So habe er sie als Student immer ans Fenster gelockt, erzählt Albrecht der Zeitung. »Und ich hab immer so geantwortet, dass ich runterkomme. Ach Percy – du Süßer!«

Heidi Adele nennt ihren Mann »Percy« – weil sie einsilbige Vornamen stillos findet. Und weil der Held in dem von beiden Albrechts geschätzten Liebesroman *Sommer in Lesmona* von Marga Berck Percy heißt. In dem Buch ist »die Atmosphäre einer versunkenen bürgerlichen Epoche lebendig geblieben«, heißt es im Klappentext.

Heidi Adele Stromeyer und Ernst Albrecht begegnen sich zum ersten Mal im September 1938, als Ernsts Vater, Dr. med. Carl Albrecht, zu der an Tuberkulose erkrankten Edda Stromeyer, Heidi Adeles Schwester, gerufen wird. Der alte Albrecht kann dem kleinen Mädchen nicht helfen, aber fortan besuchen sich die Familien gegenseitig.

An einem »herrlichen Sommertag«, so erzählen Percy und Heidi Adele es 1979 der *Bild*-Zeitung, kommen die Stromeyers »in einem offenen Mercedes« zu Besuch. Die wilden Töchter der Stromeyers in weißen Kleidchen treffen auf die wohlerzogenen Albrecht-Söhne. Ernst, 10, fühlt sich sofort zu Heidi Adele, 13, hingezogen. Das Mädchen mit den blonden Haaren und den hohen Wangenknochen nimmt ihn nicht für voll.

Vier Jahre später wird Ernst wegen der Luftangriffe bei den Stromeyers in Brake einquartiert. Für den inzwischen 14-Jährigen eine glückliche Fügung. »Schon damals wusste ich: Das ist das Mädchen, das ich mal heirate«, sagt Ernst Albrecht 35 Jahre später, »Heidis ungeheure Lebendigkeit – und dann ihre weiblichen Reize! Dieses Begehrenswerte, was einen Jungen total aus der Fassung bringt ...« Und Heidi Adele, seit 26 Jahren mit Ernst verheiratet, vertraut den Journalisten an: »Er war der Star unserer Schule. Ein so brillanter Mathematiker und Lateiner! Und hübsch war er – oh Percy! Alle Mädchen haben mich beneidet, dass Du bei uns gewohnt hast.«

An einem Sommertag 1949 merken sie, dass es mehr ist. Sie sitzen auf Bahnsteig 4 in Tübingen. Ernst Albrecht hat ein Stipendium für Amerika. Und wie sie da in der brütenden Hitze auf dem Bahnsteig steht, in einem neuen rot-weiß gestreifen Kleid, wird Heidi Adele »ganz mulmig«. Da nimmt Percy sie in die Arme und küsst sie innig. Und dann sagt er ganz einfach: »Wartest du auf mich?« Und sie antwortet genauso einfach: »Ja – du auch?« Und dann kullern bei Heidi Adele die Tränen. »Und plötzlich wusste ich: Das ist der Mann für mich!« Die glühenden Liebesbriefe, die sie sich damals schrieben, bewahrt das Paar in einem Karton im Schrank.

»Gibt es ein Rezept für dieses fast unheimliche Glück?«, fragt die *Bild*-Zeitung. »Wir haben beide früh begriffen, dass eine Ehe immer wieder erneuert werden muss, wie die Zellen des menschlichen Körpers«, sagt Ernst Albrecht. »Bei so viel Harmonie: Gibt es denn nichts, was Sie mal am Partner stört?«, fragt die Journalistin. Heidi Adele schüttelt den Kopf. Ernst Albrecht sagt lächelnd: »Nie schraubt meine Frau den Deckel auf die Zahnpastatube.«

Extrovertiert und warmherzig,
Heidi Adele Albrecht

Zu Beginn ihrer Ehe füttert Heidi Adele ihren Mann durch. Ernst Albrecht studiert noch Volkswirtschaftslehre. Die promovierte Gattin verdient als Journalistin schon Geld. Die junge Frau radelt jeden Morgen über die Rheinbrücke zum Bonner *General-Anzeiger* und schreibt für 15 Pfennig pro Zeile Theaterkritiken. Heidi Adele könnte Karriere machen, als Kulturjournalistin oder Dramaturgin. »Natürlich sah ich nach der Promotion eine große Berufskarriere vor mir als Feuilleton-Redakteurin«, sagt Heidi Adele 1987 dem NDR. Doch sie entscheidet sich anders. Sie wird Ehefrau und Mutter. 1955 wird das erste ihrer sieben Kinder geboren. »Ich bin in einer sehr glücklichen Familie aufgewachsen, was es also heißt, wenn man in einer großen Familie glücklich ist, wie viel man braucht, um sich da zu behaupten, wie oft es nötig ist, sich unterzuordnen, das habe ich mitgebracht in meine eigene Ehe«, sagt sie, »das war mein Brautschatz.« »Sie hat mindestens so viel gearbeitet und geleistet wie ich«, sagt Ernst Albrecht, der neben ihr steht. Er klingt dabei ein wenig gönnerhaft. Immerhin: Der Ministerpräsident selbst geht schon mal einkaufen nach einer Liste, die seine Frau ihm aufschreibt. Manchmal greift er auch zum Staubsauger.

Ernst Albrecht hat eine Frau aus gutem Hause geheiratet. Heidi Adele wird am 31. Juli 1927 als Tochter des Kaufmanns Gustav Stromeyer und seiner Ehefrau Gertrud in Bremen geboren. Die Stromeyers kommen aus dem Königreich Hannover. Fünf Generationen nacheinander sind sie Professoren in Göttingen. Danach leben sie als Ärzte in Hannover. Heidis Urgroßvater war zwölf Jahre lang Mitglied und von 1896 bis 1905 Präsident des Oldenburger Landtags. Heidi verbringt eine glückliche Kindheit in Bremen, zusammen mit sechs Geschwistern. Fotos zeigen schon die kleine Heidi Adele mit großem Buch auf dem Schoß. 1944 wird sie als 17-Jährige zum Arbeitsdienst eingezogen. Noch 1945 arbeitet sie in einer Munitionsfabrik in Hamburg. Nach dem Krieg holt sie das Abitur nach und beginnt mit dem Studium der Germanistik und Kunstgeschichte in Heidelberg. In Freiburg promoviert sie über das Thema »Jean Paul im Lichte der Kritik«.

Die Dramaturgin Heidi Adele versteht es, das eigene Leben zu inszenieren wie ein Theaterstück. »Sie war sehr extrovertiert und warmherzig«, sagt ein Freund, »wenn sie jemanden begrüßte, dann rauschte sie auf ihn zu, herzte ihn und freute sich lautstark.« Manchmal habe es etwas Kreischiges gehabt. Heidi Adele tritt gern mondän im Dirndel auf. Im Winter sieht man sie selten ohne Pelzkragen. Ihre Tagebucheinträge beschreiben mit Leidenschaft ein Leben, das klingt, als hätte sie es tatsächlich nach den Romanen geformt, die sie liest.

Im August 1957 etwa fahren die Albrechts mit einem Ehepaar aus New York nach Haus Leuchtenburg, den Landsitz der Großeltern, »das natürlich wieder so blendend verschlossen ist, dass Ernst und Hans mit der langen Obstleiter durch Omamis Balkon und Schlafzimmer in das stille, aber verlassene Herrenhaus eindringen müssen. Wir haben einen herrlichen Abend: Lernen, futtern (Percy holt die Hummerdosen aus dem Keller), plaudern und singen (…). Unvergesslich, als Percy zur Klampfe sang: a basso porto!«[6]

Vor einer spontanen Reise nach Mallorca im Frühling 1959 schreibt Heidi Adele in ihr Tagebuch:»Das hieß also, dass ich in drei Tagen meine ›Hasch mich! Ich bin die Wasserfee von Camp-de-Mar-Garderobe‹ packen musste. Mutter wurde telefonisch hergerufen, der Coiffeur stutzte die Locken, neue Tennisschuhe angeschafft und einen weißen Strohhut gekauft. (…) Welch ein Erwachen am nächsten Morgen mit dem Blick über den Kaktusgarten bis hin auf das blaue, blaue, blaue Meer. Eine Kette allerschönster Tage nimmt ihren Anfang.«[7]

Auch die kleinen Dramen werden im Tagebuch festgehalten. »Lorenz keucht und hustet mit hochrotem Kopf anhaltend, wenn es ihn packt. Es schnürt einem das Herz zu«, schreibt Heidi Adele in Sorge über ihren jüngsten Sohn,»ich habe mich mit Arosa in Verbindung gesetzt, falls ein ›changement d'altitude‹ für den Jüngsten notwendig werden sollte.«[8]

Egal, wo sich die Familie Albrecht gerade niedergelassen hat, das Heim Albrechts hat immer Landsitzcharakter. An den Wänden hängen alte Gemälde. Die Regale sind voller Bücher. Im Wohnzimmer stehen Biedermeier-Möbel, später ein Flügel und eine grüngeblümte Ottomane. Alt und Neu sind nicht museal präsentiert, sondern ganz selbstverständlich gemischt. Überall steht und liegt gebrauchtes Spielzeug. Im Bücherschrank liegen alte preußische Soldatenhelme. Die brauche man zum Theaterspielen, sagt Heidi Adele.

Die Theaterkritikerin schreibt für ihr Leben gern selbst Bühnenstücke, für jedes Familienfest ein neues. Die Stücke haben Titel wie »Suchet – so werdet ihr finden«, »Ein Spiel vom Wasserträger aus Persien und seinem Gott«, »Der Kairos oder die Suche nach dem Glück«. Heidi Adele stellt für die Aufführung die antiken Kinderstühlchen im Halbkreis in der Halle vor dem Kamin auf und verteilt die Rollen – in den ersten Jahren an die eigenen Kinder. Zu Weihnachten sind auch die Kinder des Dorfes eingeladen, um mit Betttüchern um den Leib und Hirtenstäben in der Hand die Weihnachtsgeschichte darzustellen. Als Röschen und die Brüder erwachsen sind, treten die 24 Enkel auf, mal als Prinzessin, mal als Bursche, als Fuchs, als Theseus, Minos, Poseidon oder als griechischer Chor.

Mit ihrer theatralischen Art ist Heidi Adele das kongeniale Gegenstück zu dem kühlen und distanzierten Ernst Albrecht. Die eigene Fähigkeit zum großen Auftritt kann sie als Landesmutter gut gebrauchen. Sie ist die Vorsitzende des Müttergenesungswerks und der Multiple Sklerose Gesellschaft. Sie hält Festreden beim Kuratorium Unteilbares Deutschland, eröffnet Ausstellungen, verkauft auf Wohltätigkeitsveranstaltungen selbstgemachtes Birnengelee und springt als Vertretung für den erkrankten Religionslehrer an der Schule ihrer Kinder ein. Sie klingt glücklich und ausgefüllt, wenn sie über all das in ihrem Tagebuch schreibt.

Gegenüber dem NDR äußert sie sich 1987 nachdenklich. »Mein Mann sagt: Alle sieben Jahre muss der Mensch was anderes tun, da habe ich mich gefragt, ist die Frau ein Mensch – die ist ja nun wirklich auf dieser Aufgabe abgestellt, beständig sein, verharren, nicht ständig dem Wechsel anheimfallen. Da habe ich jetzt rückblickend doch manchmal den Eindruck, ich habe Teile meines Wesens verleugnet, um andere Teile meines Wesens umso mehr zum Tragen zu bringen. Aber im Großen und Ganzen hat es mir nur gutgetan.«

Das geerbte Glück

»Mein Großvater sagte immer, dass glückliche Ehen erblich sind«, sagt Ernst Albrecht. »Ich habe das immer so interpretiert, dass Kinder, wenn sie in einer glücklichen Familie aufwachsen, auch das Zutrauen haben werden, selbst eine zu gründen.«

Tatsächlich lässt sich die Geschichte der glücklichen Albrechts weit zurückverfolgen bis ins 19. Jahrhundert. Albrechts Ururgroß-vater, Ludwig Knoop, stammt aus einer sehr protestantischen Familie aus Bremen. Ludwig ist eines von acht Geschwistern. Unter der Obhut seines strengen Onkels lernt Ludwig bei dessen Firma »Jersey und Co« in Manchester das Geschäft mit englischen Garnen kennen. Mit 19 Jahren nimmt er das Angebot an, die Firma in Moskau zu vertreten. In Russland, dessen Elite in diesen Tagen sehr von Deutschen bestimmt wird, lernt er die junge Louise Hoyer kennen und verliebt sich. Im Juli 1843 heiraten die beiden. Ludwig Knoop bringt es weit. Er wird vom russischen Zaren zum Baron ernannt. Als wohlhabender Mann kehrt er zurück nach Bremen und schafft sich, 15 Kilometer von der Bremer Innenstadt enfernt, mit dem Landsitz Mühlenthal »eine kleine geschlossene Welt, in der er wie ein Pariarch verehrt wurde«, schreibt seine Tochter Adele Wolde.[9]

Allein 50 Gärtner und 16 Hausangestellte sind nötig, um Schloss und Park in Schuss zu halten. Im Wohnzimmer sind die Mahagonimöbel mit blauem Atlas bezogen. An den Wänden hängen in ovalen Goldrahmen die Porträts der Eltern und Großeltern. Jeden Morgen vereinigt sich die ganze Familie am Harmonium, man singt Kirchenlieder, die Mutter liest einen kurzen Abschnitt aus der Bibel vor, dann fahren die Männer ins Kontor, die Frauen gehen ihren Aufgaben in Haus und Garten nach. An den Wochenenden spielt die Mutter am Klavier zum Tanz auf, oder die Familie liest mit verteilten Rollen Lustspiele.[10] Am Wochenende gibt es Ausfahrten mit den Ponywagen und Bootsfahrten auf der Lesum.

Als der Landsitz für die schnell wachsende Familie zu klein wird, lässt Knoop seinen Töchtern und Schwiegersöhnen eigene Landhäuser bauen und Gärten in unmittelbarer Nachbarschaft anlegen. So entsteht die Albrechtsburg, ein großzügig gestalte-tes Patrizierhaus, der Wohnsitz der ältesten Tochter Louise, verheiratet mit Georg Alexander Albrecht. Auch aus dieser Ehe gehen acht Kinder hervor. »Die glückliche, 50 Jahre währende Ehe mit drei Söhnen und drei Töchtern war für Ludwig eine ständige Kraftquelle«, schreibt Friedrich Carl Albrecht, Ernst Albrechts Bruder, 2014 in einer Biografie über den Ururgroßvater. »Die Kraft für mein Amt schöpfe ich aus meiner Familie«, sagt Ernst Albrecht. Der Erbe dieses Familienglücks wiederholt das, wann immer sich die Gelegenheit bietet. So vererben auch Heidi Adele und Ernst Albrecht ihr Eheglück.

Wer bis zum 21. Geburtstag nicht raucht, bekommt 2000 Mark

Ernst und Heidi Adele teilen sich die Erziehung der Kinder. Während Heidi Adele den kleinen Kindern vorliest, kümmert sich Ernst um die Lektüre der Heranwachsenden. »Mein Vater stand immer wieder in der Bibliothek, zog ein Buch nach dem anderen heraus, traf eine Auswahl und sagte dann: Das könnte das Richtige für dich sein«, erzählt Ursula von der Leyen später, »dann hatte ich wieder Stoff, in dem ich einige Tage versinken konnte.« So lernt sie Tolstois *Krieg und Frieden*, Pasternaks *Dr. Schiwago* und Dostojewskis *Die Brüder Karamasow* kennen. »Ich habe versucht, meinen Kindern klarzumachen, dass ich sie liebe und ihre Eigenheiten achte, aber das erwarte ich auch von ihnen«, sagt Albrecht auf die Frage, wie er seine Kinder erzieht.

Albrechts Schreibtisch steht mitten im Wohnzimmer, zwischen dem Klavier, dem Nähschränkchen seiner Frau und dem Spieltisch der Kinder. Albrecht ist ein disziplinierter Arbeiter und kann sich in jeder Umgebung konzentrieren. Zu eiserner Disziplin erzieht er auch die Kinder. Freunde berichten von großem Leistungsdruck. »Die Kinder mussten einfach alles können.« In der Schule erwarten die Eltern maximalen Fleiß. Fernsehen oder *Micky Maus* lesen durften die Kinder nur selten, berichten Nachbarn. Spielkameraden erinnern sich, dass die Albrecht-Söhne

Kalender hatten, in die sie Termine zum Spielen notierten. Wer von den Kindern es schafft, bis zum 21. Geburtstag nicht zu rauchen, bekommt 2000 Mark.

Leicht haben es die Kinder nicht. Es ist die Zeit der RAF-Morde, nichts geht ohne Personenschutz, bewaffnete Polizisten marschieren täglich im Kreis um das große Backsteinhaus der Familie. »Beamtenlaufbahn« nennen die Kinder den Trampelpfad. Ein Teil der Geschwister wird morgens von einem Streifenwagen zur Schule gefahren. Einmal sperren Polizeibeamte das ganze Dorf ab, weil in der Nachbarschaft eine Großdemonstration angekündigt ist.

Nur ein Albrecht-Kind schlägt über die Stränge. Mit 18 Jahren sieht der zweitjüngste Sohn des Ministerpräsidenten, Barthold, aus wie ein Punk. An den Seiten seines Kopfes ist er fast kahlrasiert. Obendrauf stehen die Haare senkrecht. »Mir ist lieber, die Haare stehen hoch, als wenn sie lang runterhängen«, kommentiert die Mutter Heidi Adele die Frisur. Barthold hört und macht gern Popmusik von der etwas härteren Sorte. Mit Drafi Deutscher nimmt er seine erste Single auf. »Schon viel zu lang alles mitgemacht, schon viel zu lang nicht mehr nachgedacht«, singt Barthold, »die Zeit ist reif.« Untermalt von einem wummernden Funk-Bass, klagt er, dass Leute erst als Frührentner »geile Sachen machen«. Bartholds Fazit: »Muss denn das so sein? Ich sage – nein!« Bei aller Rebellion weiß Barthold aber auch damals schon genau, dass er sein frühes Pop-Debüt dem Promi-Status seines Vaters verdankt, wie er 1985 dem *Spiegel* gegenüber äußert.

Ein Jahr später, im November 1986, lädt Sohn Barthold die Toten Hosen ein. Sie sollen bei Albrechts zu Hause spielen. Tatsächlich sorgt die Band mit ihrem Liedgut für Stimmung – »Ficken, bumsen, blasen, draußen auf dem Rasen ...«. Schon nach kurzer Zeit zieren Zigarettenkippen den Parkettboden. Punks pinkeln in die Blumenbeete von Heidi Adele. Am Ende des Abends sind ein Wandteller, ein Tisch und eine Toilette zu Bruch gegangen. »Raus, jetzt reicht's, alle raus hier!«, soll der Ministerpräsident laut Campino mit »feuerrotem Gesicht« und »in moosgrüner Jägerkluft« gebrüllt haben.

Das Lieblingsröschen

»Das Röschen ist dem Doktor Albrecht sein ganzer Verzuch gewesen«, sagt Fritz Weber, der Nachbar aus Ilten bei Hannover. »Auf sein Röschen lies der nichts kommen!« Die Tochter Ursula Gertrud hat in der Familie eine Sonderrolle. Das kleine Röschen sitzt nachmittags auf der Treppe vor der Haustür und wartet, bis er nach Hause kommt. Vor Freunden und Bekannten spricht Ernst Albrecht oft von seinem Röschen. Die fünf Söhne werden seltener erwähnt. Während die Brüder bei Besprechungen rausgeschickt werden, darf Röschen unterm Schreibtisch ihres Vaters sitzen bleiben.

Auch die Mutter ist begeistert. »Das Paradestück des Hauses, weit sichtbar, ist zurzeit Ursula Gertrud, eben zwei Jahre alt geworden«, schreibt sie in ihr Tagebuch. »Sie ist zärtlich, ach so zärtlich: ›Liebe Mutta, Mutta, kleine …‹, und dann streichelt sie mich und drückt mir ihre vollen Locken and die Backe. (…) Morgens steht sie an unserer Tür: ›Naa, Vata, gut gelahfen?‹«[11]

Schon im Alter von fünf Jahren hat sich bei dem kleinen Mädchen das Bewusstsein herausgebildet, etwas ganz Besonderes zu sein. Im Februar 1964 berichtet Röschen der Mutter begeistert von einem Traum. »Mutter, ich habe den schönsten Traum geträumt, den ich je in meinem Leben träumen werde! Wir gingen zum Markt, und bei dem Nonnenhaus, da sprach ich: Vater im Himmel, ich breche die Tür. Und ich brach die Tür! Als die Tür gebrochen war, schwebte ich dem Himmel entgegen, und ich wurde ein Engel. Kleine braune Flügel hatte ich und eine kleine weiße Unterhose … und ich hatte auch braune Haut und goldene Haare bis zum Ende des Halses. Und das gehört noch zum Traum,

Mutter. Ich küsste dich und sagte: In der Nacht hole ich dich in den Himmel. Und dann wachte ich auf.« Nach dem Bericht bleibt sie eine Weile nachdenklich stehen, schreibt die Mutter in ihr Tagebuch. Dann sagt die Tochter:»Mutter, eigentlich muss ich mich jetzt nach dem Engel benehmen, nicht?«

»Im Verkehr mit dem Vater kann sie aber auch ganz andere Seiten aufziehen. In Augenblicken väterlichen Zorns, wo Harald und Lorenz sich geniert in die Garderobe verdrücken, stellt sich schon die Zweijährige breitbeinig auf den Teppich und schreit: ›Vata, Du Du! Du Du, Vata!‹«[12]

Mit drei beklagt sie:»Das ist aber auch zu gräsig, dass Vater immer ins Kontor geht! Immer will der ins Kontor, immer und immerzu!«

»Willst du sterben?«, fragt der große Bruder Lorenz, fünf Jahre alt, mit strengem Blick.

»Nöö«, sagt das Röschen.»Ja, dann muss Vater doch ins Kontor gehen! Dann muss er doch Geld verdienen, damit wir Brot kaufen können, sonst musst du sterben«, mahnt Lorenz.

Röschen:»Du aber auch!«

Mit sechs Jahren will sie Zirkusreiterin werden. Mit 13 Jahren, als die Schwester Benita stirbt, übernimmt sie Verantwortung und kümmert sich um die jüngeren Geschwister,»fast wie eine Mutter«, erinnert sich ihr Bruder Hans-Holger. Sie lernt mit ihm für die Schule, wenn es dort nicht so läuft. Zum Weinen rennt sie in den Stall zu ihrem Pony. Vor dem Vater hat sie zu dieser Zeit ein wenig Angst, er kommt ihr»so dunkel« vor. Als 17-Jährige träumt Röschen von einer Zukunft als Gutsbesitzerin.»Einfach weil es eine wunderbare Möglichkeit ist, Familie und Beruf zu vereinbaren«, sagt sie später. Sie verbringt fast ihre gesamte freie Zeit auf dem Rücken der Pferde. Mit einem Schimmelpony nimmt sie bei ihrem Reitlehrer Georg Winkelmann in Aligse Unterricht.

»Sie war sehr talentiert«, erinnert sich der Sohn des Reitlehrers, Hans-Georg Winkelmann, der den Reiterhof übernommen hat. »Ursula von der Leyen war immer bester Laune. Selbst Konflikte hat sie mit einem Lächeln gelöst. Ich habe das immer sehr bewundert.« Röschen kommt fast jeden Tag zum Reiten. Auch die Eltern nehmen Anteil. Die Mutter steht oft während der Stunde am Rand. Manchmal auch der Vater. Der Reitlehrer, so begeistert vom Talent der Albrecht-Tochter, vermittelt ihr nach dem Abitur einen Job bei der Reitpferdeauktion in Verden. Dort betreut sie zeitweise zehn Pferde gleichzeitig.

Auch der Umgang mit berühmten Menschen fällt Röschen nicht schwer. Größen aus Politik und Kultur gehen zu Hause ein und aus. »Und wir durften immer mit am Tisch sitzen«, erzählt Ursula von der Leyen noch als Erwachsene. Es klingt schwärmerisch. So lernt Röschen früh, unbefangen und mit einem Lächeln die prominenten Gäste zu umgarnen. Manchmal ist das selbst dem Vater zu viel.

Eines Abends hat Ernst Albrecht Parteifreunde aus dem Wahlkreis zu Gast. Es ist eine gemütliche Runde. Der Hausherr hat einen Kasten Bier in die Mitte der Männerrunde gezogen. Heidi Adele trägt auf einem Brett Brote herbei. Röschen, schon kein Kind mehr, eher eine junge Frau, stolziert um die Herrenrunde und versucht sich ins Gespräch zu bringen. Dem Vater passt das nicht. »Ich habe Besuch. Geh bitte!«, sagt Ernst Albrecht streng. Als das Röschen keine Anstalten macht, ihm zu folgen, wird er schärfer. »Ich habe dir doch gesagt, geh bitte auf dein Zimmer!«

Ein Machtkampf zwischen Vater und Tochter. Die Gäste schweigen unangenehm berührt. »Beim dritten Mal hat er sie rundgemacht«, sagt einer, der dabei war. »Du gehst jetzt auf dein Zimmer«, habe Albrecht wiederholt. Die Stimme so schneidend kalt, dass selbst die Gäste sich nun unwohl fühlen. Sie wissen kaum, wohin sie blicken sollen. »Klar, das Röschen wollte sich produzieren und hat gestört, aber sie so zu demütigen und abzukanzeln, das schien uns allen doch irgendwie zu hart.«

Röschen ist zwar der behütete Liebling des Vaters, aber richtig ernst nimmt er sie nicht. »Er hat sein Röschen verwöhnt«, sagt ein Bekannter der Familie, aber das sei eben nicht zu verwechseln mit Anerkennung. Von seinen Söhnen erwartet Ernst Albrecht Erfolg, von der Tochter, dass sie sich fügt.

Als die Tochter, inzwischen selbst fünffache Mutter, sich 1996 nach der Rückkehr aus den USA fragt, was denn aus ihr werden soll, rät Ernst Albrecht:»Ach, geh doch mal zum Arbeitsamt und frag, was die mit Leuten wir dir machen.« Das kränkt die ehrgeizige Tochter. Und es spornt sie an.»Sie war immer schon disziplinierter als der Rest von uns«, sagt ihr jüngerer Bruder Hans-Holger Albrecht.»Sie wollte ihrem Vater immer beweisen, dass sie besser als die Jungs ist«, sagt eine enge Beraterin.

Wie der Vater, so die Tochter

Sie habe keine Vorbilder, sagt Ursula von der Leyen heute. Wer sie auf die Ähnlichkeiten mit dem Vater anspricht, der bekommt kein strahlendes Lächeln zu sehen, sondern zusammengezogene Brauen. Die Ähnlichkeit der Ministerin Ursula von der Leyen mit dem Ministerpräsidenten Ernst Albrecht, die Parallelen in den Lebensläufen sind verblüffend. Beide halten nicht viel von Parteiraison, es fehlen Allianzen, beide gelten trotzdem als Stars ihrer Partei, beide werden als Kanzlerkandidaten gehandelt, beide gewinnen mit ihrem Lächeln. Zunächst.

1976, Ernst Albrecht ist gerade Ministerpräsident von Niedersachsen geworden, liegt sein Bekanntheitsgrad schon bei 100 Prozent, messen die Demoskopen. Der überraschende Sieg hat ihn zum Star gemacht. Dabei kann der distinguierte Staatsmann keinen Saal zum Kochen bringen. Im Umgang mit Mitarbeitern ist er streng und anspruchsvoll.»Wer auf Sitzungen vorsprechen muss, fühlt sich wie im Examen«, erzählt ein ehemaliger Weggefährte, »es gab Minister, die heulend aus seinem Büro gekommen sind.« Ernst Albrecht gibt sich selbst kaum eine Blöße.»Wenn andere die Belastungsgrenze erreichen, wird er in der Regel frisch erscheinen; nie hat man bei ihm den leisesten Eindruck von Energieverschwendung. Seine Selbstzucht paart sich mit Tatsachensinn, mit wacher Intelligenz, mit Witterung für den richtigen Augenblick, mit rigorosem Durchsetzungswillen sowie mit der Kunst, Wichtiges von Unwichtigem zu unterscheiden.

Scheinbar mühelos setzt er diese Talente in politische Macht um. Kein Wunder also, dass er Autorität hat. Sie teilt sich massiv genug mit, um Distanz zu produzieren und nicht selten Ängste. »Niemand mehr in Niedersachsen wagt, Ernst Albrecht zu trotzen«, schreibt die *Süddeutsche Zeitung* 1979. Ähnliches wird man später auch über Ursula von der Leyen schreiben.

Albrecht führt zunächst nur mit einem Minderheitenkabinett. Um langfristig die FDP zu ködern, holt er den liberalen CDU-Politiker Walther Leisler Kiep als Finanzminister nach Hannover. Außerdem reserviert er für die noch abseits stehende FDP attraktive Ministerien. Dass er damit Parteifreunde enttäuscht, ist ihm egal.

Nach sechs Wochen im Amt steht Albrecht im Brennpunkt bundesdeutscher Geschichte. Die Polenverträge sind das nationale Reizthema jener Monate. Wieder legt sich Albrecht mit den eigenen Leuten an. Von der Stimme Niedersachsens hängt es ab, ob die Vereinbarung zustande kommt oder nicht. Albrecht will den Polenverträgen im Bundesrat zustimmen. Die Union ist dagegen. Der Protestant Albrecht steckt in der Zwickmühle. Lässt er die Abmachung scheitern, entscheidet er gegen seine Überzeugung, lässt er sie passieren, macht er sich Feinde vor allem bei der CSU. »Ich war mutterseelenallein in dieser Frage«, sagt er später, es sei eine der schwierigsten Entscheidungen in seiner politischen Laufbahn gewesen. Albrecht setzt sich gegen den Parteiwillen durch. Die Polenverträge werden unterzeichnet.

Von nun an wird Albrecht als liberaler Unionspolitiker gehandelt. Im Januar 1977 bildet er eine Koalition mit der FDP. Damit gelingt es zum ersten Mal seit 1969, das Zusammenspiel von SPD und FDP zu beenden. Ernst Albrecht politisch zu klassifizieren wird in den kommenden Jahren dennoch nur schwer gelingen.

Das Albrecht-Lächeln

Ernst Albrecht steht am Rednerpult. Eine Stunde lang hat er dem evangelischen Arbeitskreis der CDU seine Auffassung von der Verantwortung des evangelischen Christen in der Politik erläutert, hat Fragen beantwortet, immer mit einem strahlenden Lächeln. Bevor er das Rednerpult verlässt, stellt er sich selbst die letzte Frage:»Ich werde immer gefragt, warum ich so gern lächle. Die Antwort: Weil ich überzeugt bin, dass es gut werden wird, auch wenn ich weiß, wie schwer es ist.«

Albrecht hat dieses schnelle, oft unmotivierte Lächeln auch dann parat, wenn anderen die Gesichtszüge längst entgleisen. Es wirkt wie eine Schutzkleidung. Albrecht sagt etwas, schaut und lächelt. Wer ihn nicht kennt, ist verführt, ihn für eine arglose oder gar naive Natur zu halten, in steter Sonntagslaune. Mitarbeiter, Freunde und auch Frau und Kinder wissen, dass sein lächelnder Ausdruck menschenfreundliche Heiterkeit bedeuten kann, aber auch eisige Kälte. Mancher fühlt sich provoziert durch diese freundlich kühle Unangreifbarkeit, Ungreifbarkeit.

Auch seine Tochter Ursula von der Leyen wird für dieses Lächeln angegriffen werden.»Sie lächelt wie er«, sagt Norbert Blüm. Der ehemalige Arbeitsminister im Kabinett von Helmut Kohl war oft zu Gast bei Ernst Albrecht. Er kennt die Tochter Ursula aus Kindertagen. Ihr Gesicht werde nicht offener, es verschließe sich, sagt Blüm.»Sie hat ein Lächeln, das wie ein Rollladen funktioniert.« Das sei schuld. Am Lächeln könne es liegen, dass Ursula von der Leyen manchen Menschen unheimlich sei, äußert er 2013 in der *Zeit*.

Angesprochen auf die Wirkung ihrer Mimik, gibt sich Ursula von der Leyen überrascht:»Das hat mich anfangs verblüfft«, sagt sie der Journalistin Maria von Welser 2006 in einem Interview für den NDR.»Dann hat es die Phase gegeben, wo es mir wehgetan hat.« Auf Familienfesten hat sie sich dann bewusster die Gesichter angeguckt und festgestellt, dass es dieses Lächeln bei vielen Neffen, Nichten und Cousinen gibt. »Vielleicht ist da irgendwo ein Gen in den Backen«, sagt sie und kichert. Das Lächeln des Vaters erwähnt sie nicht.

Von Kanzlerkandidaten und Bundespräsidenten

Es gibt ein Foto, das zeigt den jungen Ernst Albrecht mit einer kecken Schmalzlocke hinter Konrad Adenauer. Im Quirinalspalast in Rom unterzeichnet der Bundeskanzler gerade die Verträge, mit denen die Europäische Wirtschaftsgemeinschaft gegründet wird. Ernst Albrecht, damals 27 Jahre alt, hatte die Verträge mit ausgearbeitet.

»Was haben Sie in diesem Augenblick gedacht?«, fragt ihn die *Bild*-Zeitung, zwanzig Jahre später, kurz nach der Wahl zum Ministerpräsidenten.

»Dieser Konrad Adenauer hat mich schon beeindruckt. Er war ja ein Mann, der entscheiden konnte und entschied«, sagt Albrecht.

»Wünschen Sie sich, auch Bundeskanzler zu werden?«, fragt die *Bild*-Zeitung weiter.

»Nein, nein. Das wäre ja doch zu hoch gegriffen gewesen – damals ...«, sagt Albrecht.

Drei Wochen später, gegenüber dem *Spiegel*, wird er deutlicher: »Zwei Legislaturperioden mindestens muss ich hierbleiben«, in Hannover. Aber dann wolle er nach Bonn. »Was nicht heißen muss als Bundeskanzler, was auch heißen kann als Bundesminister.« Ernst Albrecht ist kein Ziel zu hoch. »Nein, diese Art von Verschämtheit habe ich nicht.«

Drei Jahre später steht Albrecht kurz davor. Im Mai 1979 bietet Helmut Kohl Ernst Albrecht die Kanzlerkandidatur an. Es ist ein Racheakt – nachdem Franz Josef Strauß sich selbst zum Kanzlerkandidaten der CSU gekürt hat. Kohl selbst will gegen Strauß nicht antreten. Er hält die Bundestagswahl ohnehin für verloren.

Aber mit Albrechts Hilfe Strauß zu stoppen, das würde Kohl gefallen. Nach einer Bedenkzeit sagt Albrecht zu. Doch nach erbitterten Grabenkämpfen siegt Strauß. In geheimer Wahl in der CDU/CSU-Fraktion im Juli 1979 unterliegt Albrecht dem CSU-Chef mit 102 zu 135 Stimmen. Albrecht fehlen Truppen in der eigenen Partei. Er trägt es mit Fassung. Er hat sich nicht aufgedrängt. Er habe das Ganze nur in »dienender Funktion« auf sich genommen, sagt er später.

1983 will Kohl, inzwischen Kanzler, Albrecht dafür belohnen, dass er sich bereitwillig in das verlorene Rennen gegen Strauß begeben hat. Er bietet ihm das Amt des Bundespräsidenten an. Doch wieder ist Albrecht nur eine Schachfigur auf Kohls Spielbrett im Kampf um die Macht. Kohl will den in Ungnade gefallenen Richard von Weizsäcker verhindern. Als Weizsäcker Kohl im CDU-Präsidium offen zur Rede stellt, lässt er Albrecht fallen. Kohl leugnet, Albrecht irgendetwas versprochen zu haben. Albrecht registriert das mit versteinerter Miene. In seinen Memoiren betrachtet er beide fehlgeschlagenen »Kandidaturen« nicht als Niederlage. Er habe sich nicht aufgedrängt.

Als Ministerpräsident in Hannover ist Ernst Albrecht zu dieser Zeit auf dem Höhepunkt seiner Macht. Die Landtagswahlen 1978 und 1982 gewinnt er haushoch, zuletzt sogar mit absoluter Mehrheit. »Noch keiner hat es so schnell wie Albrecht geschafft, zu einer Schlüsselfigur der Bundespolitik zu werden«, schreibt die *Süddeutsche Zeitung* 1979. »Dabei ist es schwierig zu definieren, was eigentlich seinen Nimbus ausmacht. Er selbst meint, seine besondere Magie sei wohl dem Umstand zu danken, dass ihm die politische Ochsentour erspart war. Er sei deshalb weniger verbraucht, weniger genormt, weniger routiniert und weniger profihaft als sonstige Politiker.«

»Sie haben so ein bisschen die Ausstrahlung eines Musterschülers. Ist Ihnen eigentlich schon mal was misslungen? Haben Sie schon mal eine Fünf geschrieben in der Schule?«, fragt ein NDR-Journalist 1982 in der Sendung »Politik am Mittwoch«.

»Also, das ist nicht das Schlimmste. Fünfen habe ich mehrere in der Schule geschrieben«, sagt Albrecht. »Jeder Mensch scheitert irgendwo im Leben. Und wenn Sie so wollen, dann habe ich 17 Jahre meines Lebens mit aller Kraft gearbeitet für die Einigung Europas. Ich meine heute feststellen zu können, dass ich darin gescheitert bin.«

Der einsame Entscheider

Auf dem Höhepunkt der Macht verliert Ernst Albrecht seine Popularität. Der Ministerpräsident strahlt nicht mehr so unentwegt wie früher. Das Lächeln hat sich verbraucht, es hat seine Schutzfunktion verloren. »Seine Extratouren, die früher erfrischend und unverbraucht wirkten, werden ihm heute öfter als Berechnung denn als Charakterstärke ausgelegt. Seine anfänglich wohltuende Distanz zu den Praktiken des politischen Kuhhandels hat sich, wie manche Beobachter meinen, als Unfähigkeit zum humanen Kompromiss herausgestellt. Was er selbst als Mut zu unbequemen Entscheidungen ansieht, kreiden ihm andere als rücksichtslosen Durchsetzungswillen an«, schreibt die *Zeit* 1982.

»Ich bin nicht geeignet, mich steuern zu lassen«, sagt Ernst Albrecht dazu. Der Ministerpräsident ist der Meinung, er werde von sich selbst am besten beraten. Er diskutiert nicht gern. Den Kollegen bleibt nur, sich seinem kühlen diktatorischen Anspruch zu fügen. Wichtige Entscheidungen, wie etwa in Gorleben keine atomare Wiederaufbereitungsanlage zu bauen, trifft er allein. Die Zahl seiner Freunde ist gering. Im Kabinett ist Albrecht gefürchtet. Hinter seinem Rücken wird er »der Führer« genannt. »Mancher kann sich vorstellen, dass er die Welt verändert, aber kaum jemand kann sich vorstellen, einen vergnügten Abend mit ihm verbringen zu können«, schreibt die *Zeit* 1982.

1986 gewinnt Albrecht noch einmal die Landtagswahl, aber nur hauchdünn mit einem einzigen Mandat Vorsprung. Über sechs

Prozent hat die Union verloren. Von nun an sitzt ihm der SPD-Spitzenkandidat Gerhard Schröder im Nacken. Ein Duell, in dessen Verlauf Albrecht von einer Affäre in die nächste stolpert. Parlamentarische Untersuchungsausschüsse beschäftigen sich mit der Spielbank-Affäre und dem Celler Loch. Albrecht gerät unter Druck, muss sogar seinen Freund und Förderer Wilfried Hasselmann entlassen. Albrecht rettet seine Einstimmenmehrheit über die Legislaturperiode. 1989 bringt die Wende ihn und die Union noch einmal aus dem Stimmungstief hinaus. 1990 will Albrecht es noch mal wissen. Doch die Wahl geht verloren. Gerhard Schröder wird Ministerpräsident in Niedersachsen. Ernst Albrecht zieht sich aus der Politik zurück.

Dezember 2003. Ursula von der Leyen ist seit einem Dreivierteljahr Niedersachsens Sozialministerin. Das Magazin *Bunte* ist zu Besuch bei Ernst Albrecht auf dem Gutshof aus rotem Backstein, zwischen Wald und Wiesen. Vor der Haustür stehen grüne Gummistiefel. Ernst Albrecht, 73, begrüßt die Reporter lachend. »Wenn meine Tochter mit den Enkelkindern zu Besuch kommt, stiefeln wir immer zuerst durch den Matsch zu den Schafen und füttern sie«, sagt Albrecht. Dann biegen Ursula von der Leyen und ihr Mann Heiko mit einem Auto und einem Kleinbus um die Hecke. Aus den Autos springen David, 16, Sophie, 14, Donata, 13, Victoria, 9, Johanna, 9, Egmont, 5, und Gracia, 4. Die Kinder rennen zu ihrem Opa und umarmen ihn.

»Sind Sie stolz auf Ihre Tochter?«

»Oh ja!«, sagt Ernst Albrecht.

DIE ÄRZTIN

Aus Röschen wird Rose

Im Schwesternzimmer auf der Station von Professor Schneider herrscht helle Aufregung. »Röschen Albrecht kommt zu uns«, tuscheln die Schwestern. In der Frauenklinik der Medizinischen Hochschule Hannover hat die Tochter des amtierenden Ministerpräsidenten Ernst Albrecht Ende der achtziger Jahre Promi-Status. Aufmerksame Zeitungsleser konnten ihre Hochzeit und die Geburt ihres ersten Sohns David in der Zeitung verfolgen. Sabine Cremer hört den Namen »Röschen« zum ersten Mal. Cremer kommt aus Köln. Da hat sie von Niedersachsen und dem Ministerpräsidenten Ernst Albrecht nicht viel mitbekommen. Dass eine erwachsene Frau Röschen heißt, findet sie merkwürdig. Irgendwann, sie arbeiten schon ein paar Tage zusammen auf der gleichen Station, kann Cremer nicht mehr an sich halten. »Wie heißt du denn wirklich?«, platzt es aus Cremer heraus. Sie stehen gemeinsam im Stationszimmer. »Ursula Gertrud«, sagt von der Leyen und rollt mit den Augen. Sie finde es schöner, Röschen genannt zu werden. Cremer findet es gar nicht schön. »Ich werde dich Rose nennen«, sagt Cremer. Ihr Ton lässt keinen Widerspruch zu. Die beiden werden Freundinnen.

Bis Ursula von der Leyen ihre Freundin Sabine Cremer kennenlernt, ist es aber noch ein weiter Weg. Nach dem Abitur wird aus dem ehrgeizigen Röschen Albrecht zunächst eine Langzeitstudentin. 1976 beginnt sie in Göttingen erst mit Archäologie, entscheidet sich aber bald darauf doch für das Studienfach des Vaters, Volkswirtschaft. Während die Kommilitonen Haschisch rauchen und gegen Atomkraft demonstrieren, wechselt Röschen

1978 an die renommierte London School of Economics. Nach dem Mord an Hanns-Martin Schleyer ist dem Vater das Studium in Göttingen zu gefährlich für die Tochter geworden. »Da hätte man sie ja leicht kidnappen können«, sagt Albrecht später.

In London muss sie zum ersten Mal auf den liebgewonnenen Namen »Röschen« verzichten. Sie studiert unter dem Pseudonym Rose Ladson, wird von Scotland Yard beschützt und lebt mit ihrem Onkel in einer Wohngemeinschaft. »Dieses Emanzipieren und Abnabeln war sozusagen meine Sturm-und-Drang-Phase«, sagt Ursula von der Leyen. Diese Zeit sei »ausgesprochen spannend« und »cool« gewesen. Zur Rebellin wird sie in London nicht. Nach sechs Semestern Volkswirtschaft bricht Ursula von der Leyen auch dieses Studium ab und beginnt in Hannover ein Medizinstudium.

Sonst ist das Studium für die junge Frau keine glückliche Zeit. »Ich habe mich oft isoliert und unglücklich gefühlt. Ich habe mich gefragt: Was ist der Sinn des Lebens, warum stehe ich heute Morgen überhaupt auf?«, sagt von der Leyen Jahre später in einem Interview mit der *Welt am Sonntag*.

Wann war die Einsamkeit vorbei?

»Ich mag es gar nicht sagen, so klassisch war das: Als ich meinen Mann kennenlernte«, sagt Ursula von der Leyen. »Plötzlich war der Himmel voller Geigen. Da war ich 24. Ich habe aber das Gefühl der Einsamkeit nie vergessen. Noch heute denke ich daran, dass ich das nicht mehr spüren will.« Von der Leyen lernt ihren Mann im Chor der Universität kennen. Heiko von der Leyen ist damals Mitglied in der SPD. Auf seinem Auto prangt ein Anti-Atomkraft-Aufkleber.

Nach 20 Semestern als Studentin macht sie 1987 Staatsexamen und wird zur Ärztin approbiert. Da ist sie schon ein Jahr lang mit Heiko von der Leyen verheiratet. Am 21. August 1987 kommt David auf die Welt. Elf Monate nach der Hochzeit. Röschen sieht aus, als käme sie gerade aus der Sommerfrische, schreibt die *Neue Presse*, die auch gleich ein halbseitiges Foto druckt, aufgenommen im Garten des Ministerpräsidenten-Papas. Solange das Ehepaar von der Leyen mit den Kindern noch in einer Mietwohnung in Hannover wohnt, verbringen sie viel freie Zeit auf dem Gut der Eltern. Zu Hause sei die Farbe noch nicht trocken, heißt es. Heiko von der Leyen habe extra frisch gestrichen. Getauft wird der Sohn David mit Wasser aus dem Jordan. Großmutter Heidi Adele hat es von einer Israelreise im März mitgebracht. Zwei Jahre später kommt die Tochter Sophie zur Welt.

Arbeitsbiene auf Station

Weitere zwei Jahre später, 1991, vier Jahre nach der Approbation, promoviert Ursula von der Leyen. Als ob die Traditionspflege, die sie von Kindesbeinen in der Familie erlebt hat, sie auch als Ärztin nicht loslässt, untersucht Ursula von der Leyen in ihrer Doktorarbeit auf 64 Seiten das warme Wannenbad als Bestandteil der Geburtsvorbereitung. Durch die klinische Anwendung hochdifferenzierter Techniken seien »viele überlieferte Methoden zur Behandlung von Krankheiten in Vergessenheit geraten«, schreibt sie in der Einleitung. »Diese ›althergebrachten‹ Methoden erleben in dem Maße eine Renaissance, wie die Technisierung der Medizin mit Skepsis beobachtet wird.« Wolle man diese Methoden nun erneut anwenden, so müsse man heutzutage allerdings ihre Validität in klinischen Studien überprüfen, schreibt von der Leyen.

Ursula von der Leyen überprüft den Nutzen des Wannenbades bei der Geburt eines Kindes. Sie testet die Wirkung warmen Wassers an 240 Frauen. Das Ergebnis fällt positiv aus. Warmes Wasser hilft. Die Tradition siegt. Ursula von der Leyen vergisst in ihrer Doktorarbeit nicht zu erwähnen, dass die Entdeckung dieses medizinischen Hausmittels auf Herakles zurückzuführen sei, der im 4. Jahrhundert vor Christus in Messina auf Sizilien als Gott der Heilkunst verehrt worden ist. Wie in einem Poesiealbum klebt sie jeweils auf die linke Seite der nur einseitig bedruckten gebundenen Arbeit ein Bild von alten Heilbädern. So klebt auf jeder zweiten Seite ein historisches Bildchen, dank der Hilfe von Frau Opel aus der Fotoabteilung des Krankenhauses immer als Hochglanzversion. Die Prüfer dürfen sich über den Anblick planschender Nackedeis freuen, etwa auf einem Holzschnitt von Gerhard Marcks mit dem Titel »Das Hafenbad« aus dem Jahr 1923, badende Pummelchen auch auf dem glänzend farbigen Abbild einer Badestube um 1470 aus dem Bildarchiv Preußischer Kulturbesitz und noch mehr nackte Wasserratten auf dem Bild »Das Heilbad zu Leuk« von Hans Bock dem Älteren, entstanden 1597.

Bis zur Geburt ihres dritten Kindes 1992 arbeitet Ursula von der Leyen als Assistenzärztin der Abteilung Frauenheilkunde der Medizinischen Hochschule Hannover. Sie will dort ihren Facharzt in Gynäkologie machen. Sie ist nicht die einzige junge Ärztin und Mutter, der das nicht gelingt. Heiko von der Leyen kann sich kaum um die Kinder kümmern. Er ernährt die Familie. Als Assistenzarzt in der Kardiologie arbeitet Heiko von der Leyen von morgens bis in die Nacht. Sie sieht ihren Mann kaum. 1992 bricht Ursula von der Leyen die Facharztausbildung ab. Sie folgt mit den Kindern ihrem Mann in die USA. Heiko von der Leyen hat ein Stipendium der Deutschen Forschungsgemeinschaft bekommen, das ihm einen Forschungsaufenthalt an der amerikanischen Elite-Universität Stanford ermöglicht. Er soll dort eine Gentherapie-Gruppe leiten. »Natürlich ist Rose mit in die USA gegangen. Das war zu der Zeit so«, sagt Sabine Cremer, die Freundin. »Wenn der Mann Karriere gemacht hat, haben wir nicht gemeckert.« Der Umzug sei für ihre Freundin Rose selbstverständlich gewesen.

Der Ortswechsel bedeutet für Ursula von der Leyen den Abschied vom Arztberuf, denn ohne Facharzttitel kann sie nicht praktizieren. Von der Leyen wird diese Scharte in ihrem Lebenslauf später medial nutzen und sich als Opfer frauenfeindlicher Arbeitsbedingungen verkaufen.

»Am Anfang meiner beruflichen Laufbahn als Ärztin habe ich starre hierarchische Machtstrukturen erlebt«, schreibt sie in dem

Buch *Frauen an der Macht*.[13] Natürlich müssten die Entscheidungswege im Krankenhaus klar sein – bei der Behandlung eines Notfalls seien Anweisungen »von oben« auch nötig. Aber diese »Kultur der Anordnung und der diskussionslosen Ausführung« habe auch den ganz banalen Krankenhausalltag geprägt. Und das habe Folgen, sobald man ausschere. »Ich bin ausgeschert«, schreibt von der Leyen, »unspektakulär und ohne bewusste Entscheidung. Ich war eine jener vielversprechenden jungen Assistenzärztinnen, die erste Schritte in der klinischen Ausbildung und in der Forschung machen. Eine jener jungen Frauen, von der ›man noch viel erwartete‹. Und dann wurde ich schwanger. Ich kann mich noch heute an die Enttäuschung erinnern, die diese Tatsache bei den Oberärzten auslöste. Damit war ich ›unbrauchbar‹ für das Thema Forschung und unter dem Begriff ›Arbeitsbiene auf Station‹ abgehakt. Und sie haben mich mittels der Macht der Zuteilung von Aufgaben spüren lassen, dass ich auf dem Nebengleis geparkt bin. Der Kommentar eines Oberarztes vor versammelter Mannschaft war nur: ›Frau von der Leyen – schwanger? Sie sind wohl zu faul zum Arbeiten?‹ Und ich habe mich schuldig gefühlt. Ich habe mich geduckt und möglichst unauffällig die Routine erledigt. Ich habe mich natürlich auch schlecht gefühlt, wenn ich nachmittags versuchte, schnell nach Hause zu kommen, weil dort ein Kind auf mich wartete. Ich hatte immerzu Angst, in der Klinik etwas falsch zu machen, weil ich so sehr unter Zeitdruck stand.« Auch der *Welt* erzählt sie, an der Klinik sei sie abgeschrieben gewesen. Man habe ihr bedeutet, dies sei »hier kein Feierabendverein«.

Ihr damaliger Oberarzt, Professor Friedrich Degenhardt, zeigt sich gegenüber der *Frankfurter Allgemeinen Sonntagszeitung* 2007 erstaunt. Er kann der Darstellung von der Leyens nicht folgen. »Ich glaube nicht, dass jemand das zu ihr gesagt hat«, sagt Degenhardt. »Wir haben sie sehr gut betreut, und die Stationsbesprechungen waren in Hannover schon damals um halb vier, gerade damit die Assistenzärzte nach Hause gehen konnten. Sie hat die Medizin aus privaten Gründen abgebrochen.« Degenhardt arbeitet während seiner Jahre an der Medizinischen Hochschule Hannover von 1983 bis 2000 mit von der Leyen zusammen. Er hält sogar während des USA-Aufenthalts Briefkontakt mit ihr.

Auch Professor Wolfgang Heidenreich, der die Studentin im Praktischen Jahr als Oberarzt betreut hat, kann von der Leyens Interpretation ihres Karrierebruchs nicht nachvollziehen. Er habe sie als »sehr ambitioniert und extrovertiert« erlebt, sagt Heidenreich. »Wir dachten, sie würde sich mit Sicherheit habilitieren.« Degenhardt gibt zu bedenken, »dass es niemand in Hannover gewagt hätte, ausgerechnet die Tochter von Ernst Albrecht ungerecht zu behandeln. Frau von der Leyen war von zu Hause aus gewohnt, sich durchzusetzen, sie hätte es gar nicht akzeptiert, gemobbt zu werden«, sagt Degenhardt in der *FAS*.

Es habe auch Vorgesetzte mit Verständnis für ihre Situation gegeben, räumt Ursula von der Leyen ein. Der Klinik habe ein Chefarzt vorgestanden, »der es grundsätzlich schätzte, wenn Kinder geboren wurden. Er hat später zugelassen, dass ich gemeinsam mit einer anderen jungen Mutter meine Stelle geteilt habe. Das erste Job-Sharing in der Klinik. Er hat meiner Kollegin und mir völlige Freiheit in der selbstständigen Organisation unseres Arbeitsplatzes zugestanden, gekoppelt mit der Bemerkung: ›Ich will keine Beschwerden über Ihre Stelle zu hören bekommen.‹« Wir waren fest entschlossen und hochmotiviert, gemeinsam (mit damals fünf Kindern, für die meine Kollegin und ich verantwortlich waren) diese Stelle immer zuverlässig und informiert auszufüllen. Die Stelle wurde eine Erfolgsstory.«[14]

Die mitreisende Ehefrau –
unter der Sonne Kaliforniens

Das Ehepaar von der Leyen fliegt mit drei Kindern und fünf Koffern in die USA. Ursula von der Leyen bekommt in Kalifornien

Zwillinge. Die amerikanische Lebensweise beeindruckt das junge Paar von der Leyen. Väter sind dort genauso für die Kinder da wie die Mütter. »Heiko hat viel mit den Kindern musiziert und den Kindern vorgelesen«, sagt eine Babysitterin von damals. Überhaupt scheinen die Amerikaner familienfreundlicher, sagt Ursula von der Leyen. »Gehen Sie mal mit sieben Kindern in ein Geschäft«, in Amerika werde man dafür sofort beglückwünscht. »In Deutschland haben die Verkäuferinnen Angst, dass etwas kaputtgeht.«

Auch die Nachbarn kümmern sich rührend um das Paar. Nach der Geburt der Zwillinge bekochen sie die Familie reihum. Nachbarn, in den meisten Fällen vollkommen fremde Menschen, die man zuvor bestenfalls freundlich gegrüßt hatte. Einen Monat lang helfen sie. An die Unterstützung erinnert sich von der Leyen noch heute. »Diese wunderbare amerikanische Mischung aus Pragmatismus und Hilfsbereitschaft. Je besser es einem geht, desto mehr setzt man sich für andere ein«, sagt sie.

Die Kinderfreundlichkeit der USA führt aber offensichtlich nicht automatisch zur Frauenfreundlichkeit: »Ich werde nie vergessen, wie in den USA zu der Zeit, als wir dort lebten, Bill Clinton zum ersten Mal eine Frau, Zoe Bird, als Attorney General – Generalstaatsanwältin – vorschlug. Ihre Nominierung scheiterte, weil herauskam, dass sie eine Tagesmutter illegal beschäftigte. Der Skandal firmierte unter dem Namen Nannygate. Wirklich skandalös war aber erst das Nachspiel. Der nächste Kandidat war ein Mann. Auch nach seiner Vorstellung kam heraus, dass er eine Tagesmutter illegal beschäftigt hatte. Aber er verteidigte sich mit der Behauptung, das sei Angelegenheit seiner Frau, er habe sich nicht darum gekümmert, also auch nichts davon gewusst. Er ist damit durchgekommen und wurde berufen.«[15] Das Thema Emanzipation beschäftigt Ursula von der Leyen schon damals.

Als mitreisende Gattin kann von der Leyen in den USA nur als Internet-Dozentin jobben. Offiziell erscheint die Zeit in ihrem Lebenslauf als »Aufenthalt in Stanford«. Dort ist sie Gasthörerin.

Die Krachmacher im Schleichgarten –
zurück in Hannover

»Gestern haben wir sie noch gehört, die Platte«, sagt Ilsabe Tubbe. Ihre Hände durchpflügen das Spielzeug ihrer Enkelin auf dem Fußboden. Zwischen zwei gelben Plastiktraktoren wird sie fündig. Eine Single, Ariola, von 1979. Das Cover ist irgendwann im Laufe der Jahre verloren gegangen. Darauf war die Familie Albrecht zu sehen, Mutter, Vater und die Kinder auf der Terrasse ihres Backsteinhauses. Röschen als Teenager, ein bisschen pummelig, in einer Schlaghose lässig an die Hauswand gelehnt, steht neben ihrem Gitarre spielenden Vater. Tubbe legt die Single auf den Plattenspieler neben dem Schaukelstuhl.

»Wohlauf in Gottes schöne Welt, lebe wohl, ade! Die Luft ist warm und grün das Feld, lebe wohl, ade!« Der Klang eines Kinderchors erfüllt das Wohnzimmer. »Die helle Stimme, das ist das Röschen«, sagt Tubbe und hört schweigend eine Weile zu. »Sehr bewegend«, sagt sie, als wieder Stille einkehrt. Die Enkelin Johanna möchte das Lied gleich noch einmal hören.

Ilsabe Tubbe lebt in Ilten, einem Dorf südöstlich von Hannover mit 5000 Einwohnern, einer Barockkirche, großen Fachwerkhäusern, alten Bäumen, viel rotem Backstein und wenig Verkehr. Den Tubbes gehört seit Generationen der Tubbenhof, ein denkmalgeschütztes Fachwerkhaus aus dem 18. Jahrhundert am Rande des alten Thieplatzes, im Schatten zweier Linden. Der Hof liegt nur ein paar Hundert Meter entfernt von dem Haus, in das Ursula von der Leyen als 13-Jährige zog, 1971, als der Vater in Hannover seine politische Karriere begann. Die Single, auf der Ernst Albrecht mit seinen Kindern die beiden Volkslieder »Wohlauf in Gottes schöne Welt« und »Alle Birken grünen in Moor und Heid« zugunsten der Stiftung »Familie in Not« gesungen hat, haben sie sich in Ilten damals fast alle besorgt.

Genau hierhin, nach Ilten bei Hannover, zieht Ursula von der Leyen 1996, als sie mit ihrer Familie aus den USA zurückkehrt.

Sie mieten ein altes Backsteinhaus mit einer kleinen Treppe mit geschwungenem weißem Geländer vor der Haustür, sieben Zimmern, einem großen Garten mit Obstbäumen, Tannen und einem Stall für das Pony, drum herum ein Jägerzaun. »Im Schleichgarten« heißt die Straße. »Dabei müsste das doch Krachmacherstraße heißen«, sagt Röschen mit einer Anspielung an eine Astrid-Lindgren-Geschichte der Lokalpresse. Auch nach der Rückkehr aus den USA, der Vater hat sich längst aus der Politik zurückgezogen, taucht Ursula von der Leyen immer wieder in den Klatschspalten auf.

Die Familie besteht jetzt aus Ursula und Heiko von der Leyen, den Kindern David, Sophie, Donata, genannt Nini, den Zwillingen Johanna und Victoria, die so heißt, weil sie als Erste geboren wurde. Dazu gehören ein Pony, Ziegen und Hühner. In Ilten werden noch Egmont und Gracia geboren.

Ursula von der Leyen stellt ihrem Mann keinen Kinderstuhl vor die Tür, wie ihre Mutter das gemacht hat, sie beginnt altes Spielzeug aufzuarbeiten, wenn sie wieder schwanger ist. Oder sie flickt Puppenkleider, obwohl sie sonst nie näht. So hat ihr Mann auch erfahren, dass sie wieder schwanger ist, mit Gracia. »Sie ist so niedlich, dass alle begeistert sind und den Neuankömmling sofort akzeptiert haben«, sagt die »Super-Mutti« nach der Geburt des siebten Kindes der *Neuen Presse* im November 1999. Geplant sei die Großfamilie nicht gewesen. Sie sei einfach so gekommen. Eines der Zwillingsmädchen weiß es besser: »Papa will 13 Kinder.«

An eine Praxis als Frauenärztin sei nicht zu denken gewesen, sagt von der Leyen dem *Hamburger Abendblatt* später im Jahr 2002 über die Zeit nach ihrer Rückkehr aus den Vereinigten Staaten. Der Kinder wegen. Sieben Jahre hat sie zu diesem Zeitpunkt der Kinder wegen zu Hause verbracht. Dass sie ihre Facharztausbildung nie beendet hat, nie als Frauenärztin gearbeitet hat, gar nicht hätte arbeiten können, thematisiert sie nicht. In der Presse wird sie meist als »Frauenärztin« oder »Gynäkologin« bezeichnet, egal ob in der *Bild* Hannover, der Hauszeitung der Albrecht-Familie, im *Hamburger Abendblatt* oder in der überregionalen Presse. Auch die *Zeit* beschreibt von der Leyen als »promovierte Gynäkologin«. Von der Leyen lässt es so stehen.

Egal mit wem man heute in Ilten über die Familie Albrecht oder von der Leyen spricht, es fühlt sich immer ein bisschen so an, als hätten die Leute Sorge, der lange Arm der Familie könnte sie erreichen und Probleme bereiten. Die Gespräche verlaufen zäh. Kritik wird immer sofort relativiert. »Mit der Dorfbevölkerung hatten die Albrechts und die von der Leyens nur oberflächlich Kontakt«, sagt Fritz Weber, der Sohn des Müllers im Dorf. »Aber immer freundlich waren sie«, sagt Weber. »Die Kinder spielten im eigenen Garten oder ritten über die Felder.«

»Die muss ihre Haare heute offenbar ganz schön bändigen«, sagt eine Iltenerin, so als würde sie gerade ein Staatsgeheimnis preisgeben. »Die hat wohl Naturkrause. Früher standen ihr jedenfalls die Haare ganz schön zu Berge, wenn sie früh am Morgen die Kinder mit dem Bulli zur Schule gefahren hat.«

Einmal, kurz vor Weihnachten, stellt Ursula von der Leyen im Stall der Tubbes ein neues Pony unter. Ein Weihnachtsgeschenk. Die Kinder sollen es nicht vor der Bescherung sehen. »Herkules hieß es«, erinnert sich Wilhelm Tubbe, »ich habe das Pony nur Rosenträger genannt.« Tubbe grinst und kann sich nicht verkneifen zu erzählen, dass von der Leyen den »Rosenträger« damals am Heiligen Abend abgeholt, aber vergessen habe, die Tür hinter sich zuzumachen. »Da hab ich geschimpft, das hat sie gar nicht gern gehört«, sagt Tubbe.

Ilsabe Tubbe organisiert in Ilten den Kindergottesdienst. Am Sonntagmorgen bringt von der Leyen ihre Kinder dort vorbei, sooft es geht. »Das war eine wilde Bande«, sagt Tubbe, »eben Kinder aus einer Familie, in der es locker zugeht.« Während der Kindergottesdienst für den normalen Iltener Nachwuchs etwas Besonderes ist, ist er für die Kleinen von der Leyens ein Termin unter vielen. »Und ich glaube, das Ehepaar von der Leyen war einfach froh, sonntagmorgens einmal für ein paar Stunden seine Ruhe zu haben«, sagt Tubbe.

Wie ihre Mutter engagiert sich von der Leyen in der Gemeinde. An Sankt Martin führt sie im roten Umhang auf ihrem Schimmelpony den Martinszug an, vor Weihnachten organisiert sie das Krippenspiel in der Dorfkirche. Nach dem Drehbuch ihrer Mutter Heidi Adele, von der Leyen kennt den Text auswendig, lässt sie rund 40 Kinder aus dem Dorf die Geschichte von Jesus' Geburt nachspielen. Irgendwann in den Jahren in Ilten spielt von der Leyens ältester Sohn David einen König, ihre Tochter Sophie die Maria, und die Zwillinge Victoria und Johanna sind Hirten. »Im Dorf gab das Ärger«, erinnert sich Ilsabe Tubbe. »Sie hat ihren Kindern und den Freunden ihrer Kinder natürlich den Vorzug gegeben.« Da wolle das Röschen sich mal wieder in den Vordergrund spielen, habe es im Dorf geheißen, »obwohl sie es bestimmt gut gemeint hat«, sagt Tubbe.

Eine gute Freundin,
kalt wie ein Eiskristall

Als Freundin ist Ursula von der Leyen eine Bank. Jedenfalls für Sabine Cremer. Die Assistenzärztin, die von der Leyen nicht Röschen, sondern Rose nennt, bekommt ihr zweites Kind. Es ist eine Kaiserschnitt-Geburt. Als Cremer sich fünf Tage später zu ihrer Facharztprüfung schleppt, steht plötzlich Ursula von der Leyen, selbst hochschwanger, mit Picknickkorb, Sekt und Blumen im Warteraum für die Prüflinge. »Sie hat den ganzen Laden mit ihrer guten Laune unterhalten«, sagt Cremer, »als ich in den Warteraum zurückkam, war dort Party.«

Zum runden Geburtstag eines befreundeten Arztes, der sich ausdrücklich nur Ideelles wünscht, bringt sie ein Ständchen, ein Geburtstagsmedley. Ehemann Heiko spielt Klavier. Röschen singt. »Das war toll«, sagt das Geburtstagskind. Der Musikgeschmack von Ursula von der Leyen ist allerdings so konservativ wie der Haushalt, aus dem sie kommt.

»Wie findest du denn die Band Toto?«, fragt die Freundin Sabine Cremer irgendwann. Ursula von der Leyen hat von der Band Toto noch nie etwas gehört. Cremer lacht sich kaputt und hält es kaum für möglich. »Dafür hast du noch nie etwas von Rostropowitsch gehört«, pariert von der Leyen. »Das stimmt«, sagt Cremer. Am nächsten Tag schenkt von der Leyen ihr ein Buch über den Cellisten und Komponisten Mstislaw Leopoldowitsch Rostropowitsch.

Cremer scheint einer der wenigen Menschen zu sein, denen sich Ursula von der Leyen öffnet. Sonst trägt sie schon damals das Lächeln wie eine undurchdringliche Fassade vor sich her. »Sie hat niemals etwas von ihrer Persönlichkeit preisgegeben«, sagt ein ehemaliger Kollege aus dem Krankenhaus. »Das Röschen war kein sprühendes Wesen. Die Gespräche mit ihr waren selten lebendig. Die dachte in Eiskristallen.« Ein anderer Mann erinnert sich nur ungern an einen Tanz mit ihr. Es war auf einem Fest bei den Eltern. »Ich dachte, ich halte einen Panzer im Arm«, sagt der Tänzer, »völlig steif, ohne Rhythmus, der Frau fehlt jede Geschmeidigkeit.« Bei Männern löst Ursula von der Leyen offenbar schon früh ein Frösteln aus.

1997 beginnt Ursula von der Leyen parallel zur Kindererziehung und ihrem sozialen Engagement ein neues Studium. Sie arbeitet für einen »Master of Public Health« in der Abteilung für Epidemiologie, Sozialmedizin und Gesundheitssystemforschung an der Uniklinik Hannover. »Sie war immer fleißig und gut vorbereitet«, erinnert sich ein Dozent. Mit 43 Jahren hat Ursula von der Leyen neben sieben Kindern ihren zweiten Hochschulabschluss, den Master of Public Health. Das Ergebnis bewundernswerter Selbstdisziplin. Sie habe das auch tollen Vorgesetzten zu verdanken, sagt von der Leyen: »Als ich das sechste Kind erwartete, hat mich mein damaliger Chef bewusst mit der Leitung eines neuen Studienmoduls beauftragt, das in Kooperation mit einer kanadischen, einer finnischen und einer irischen Universität geschaffen wurde. Das Studienmodul war internetbasiert in einer internationalen virtuellen Universität. Ein kluger Schachzug. Ich erhielt ein Arbeitsfeld, das überall auf der Welt bearbeitet werden konnte – also auch am Laptop zu Hause, auf der Wöchnerinnenstation oder auf dem Spielplatz. Und mein Chef bekam durch die Freiheit und die Verantwortung, die er mir gab, eine Mitarbeiterin, die diese Aufgabe – ob nun schwanger, stillend oder zwischen Bergen von Spielzeug – hoch motiviert ausübte.«[16]

Ursula von der Leyen arbeitet Teilzeit für die Medizinische Hochschule. Zum Schluss hat sie einen Zehn-Stunden-Vertrag.

Eine Karriere als praktizierende Ärztin oder Wissenschaftlerin hat sie nicht gemacht. Aber wer erwartet so etwas von einer siebenfachen Mutter?

DIE LANDESPOLITIKERIN

Die Zukunft fängt zu Hause an

»Warum wollen Sie in die Politik?«, fragt Carlo von Tiedemann.

»Für meine Kinder. Da merkt man täglich, was Politik bewirkt. Ich möchte stärker mitgestalten, wie die Kinder leben«, sagt Ursula von der Leyen.

Von der Leyen sitzt auf dem Sofa der »Aktuellen Schaubude«. Es ist April im Jahr 2002. In der Talkshow des NDR ist sie schon als 17-Jährige mit der Mutter und den Brüdern aufgetreten, um für ihren Vater ein Jägerständchen zu singen. Heute hat sie sich für eine andere, allerdings auch sehr ländliche Kulisse entschieden. Sie hat das Schimmelpony Ariadne, die Ziegen Olympia und Amalie und ihre Tochter Sophie mit ins Fernsehstudio gebracht. Sophie, kinnlange braune Haare, weiße Strickjacke, hat Mühe, das aufgeregte Pony zu bändigen.

»Was findet denn der Christian Wulff an Ihnen?«, fragt Carlo von Tiedemann weiter.

»Sicher spielt eine Rolle, dass ich diese Kinder hier habe und als Ärztin immer teilweise berufstätig war. Das heißt, er hat da jemanden, dem man kein X für ein U vormachen kann, wenn es um die Frage Vereinbarkeit von Familie und Beruf geht«, sagt von der Leyen. Mit der rechten Hand streichelt sie ihre Ziege Olympia, die fast aufs Sofa springt.

»Die Zukunft fängt zu Hause an«, sagt Ursula von der Leyen. 2003 ist das. Es ist Landtagswahlkampf. Ursula von der Leyen macht, was schon ihr Vater gemacht hat: Sie betreibt Politik, aufgeladen mit eigener Biografie, eigenem Erleben, eigenem Glück.

Ursula von der Leyen erweckt das Postulat der Apo, mit der sie sonst wenig am Hut hat, zum Leben: Das Private ist politisch und das Politische privat. Sie ist der lebende Beweis für die Vereinbarkeit von Familie und Beruf. Mit sieben Kindern auf dem Weg zur Landesministerin. Damit ist von der Leyen nicht nur ein Versprechen, sondern zugleich seine Erfüllung.

In die CDU ist sie 1990 eingetreten, nachdem der Vater als Ministerpräsident abgewählt worden war. Aber erst als sie 1999 Christian Wulff kennenlernt, beginnt sie sich ernsthaft für politische Arbeit zu interessieren. Wulff lernt »Röschen« kennen, da sitzt sie auf dem Pferd. Ursula von der Leyen präsentiert seit dem Abitur Reitpferde, Hannoveraner, bei Auktionen in Verden. An diesem Tag läuft die hundertste Auktion. »Hier kommt Ursula von der Leyen, besser bekannt als Röschen Albrecht«, sagt der Stadionsprecher. Wulff ist beeindruckt. »Die turnte auf dem Pferd«, sagt er später, »da war sie im sechsten Monat schwanger mit dem siebten Kind.«

Wulff erkennt den Glamourfaktor dieser Frau sofort. Der Vater, das Lächeln, die Familie, das alles kann er gut gebrauchen. Er holt sie in seinen Beraterkreis, der regelmäßig bei Klaus Otto Nass stattfindet. Nass ist ein enger Freund von Ernst Albrecht, sie haben schon in Brüssel gemeinsam in der EU-Kommission gearbeitet, später folgt Nass Ernst Albrecht nach Niedersachsen. Bei Nass trifft sich regelmäßig eine Runde von etwa zwanzig Menschen mit unterschiedlichem Hintergrund, die Wulff beraten sollen. Ursula von der Leyen moderiert diesen Beraterkreis. Und irgendwie ist sie damit gleich auch Beraterin. Die politische Karriere hat begonnen.

In den kommenden Jahren gibt es in Hannover immer wieder Reibereien zwischen Fraktionschef Wulff, katholisch, und dem Lager seines Vorgängers Jürgen Gansäuer, evangelisch, zu dem auch Wilfried Hasselmann gehört, CDU-Ehrenvorsitzender in Niedersachsen und Ernst Albrechts rechte Hand. Als Oppositionsführer braucht Christian Wulff die Unterstützung von Ernst Albrecht.

Albrecht gilt in Niedersachsen auch Jahre nach seinem Rückzug aus der Politik noch als Heilsbringer. Indem Wulff »Röschen« in sein Kompetenzteam beruft, zieht er Albrecht – und damit Hasselmann – auf seine Seite und neutralisiert so schlagartig seine parteiinternen Gegner. Für von der Leyen beginnt eine höchst erfolgreiche, rasant schnelle, ja wohl einmalige Karriere als Politikerin.

Wahlkampf mit Ziegen

2001 beginnt sie mit der Lokalpolitik. Zu Hause in Ilten versucht sie, Ortsbürgermeisterin zu werden. Schon in diesem ersten Wahlkampf beginnt das Schaulaufen mit der Familie. Kinder, Ziegen, Pony, alle werden eingebunden.

Nahezu jeden Abend dreht sie Joggingrunden durch den Ort. Neben ihr die Kinder auf Rädern, Inlineskates, die Zwillinge auf dem Pony. Dank Wulff und ihrem Vater hat sie den Parteiapparat im Rücken, *Bild* und NDR begleiten ihre Kampagne. Die Sprache der Bilder ist Ursula von der Leyen vertraut. Sie kennt die Wirkung von Familienfotos. In guter protestantischer Tradition ihres Vaters erlaubt sie den öffentlichen Einblick in ein mustergültiges Familienleben – mit Hausmusik, Haustieren und einer glücklichen Ehe.

Im Juli 2001 kommt der NDR zum Frühstück. Von der Leyen sitzt mit sieben Kindern am ovalen Tisch. »Gesegnete Mahlzeit« schallt es den Kameras im Chor entgegen. Vater Heiko verteilt Milch aus der Emaillekanne.

»Jeden Moment, in dem ich etwas tue, sehe ich auch, wofür ich es tue«, sagt von der Leyen. Sie hält die Hand ihres jüngsten Kindes, das noch im Kinderstuhl sitzt. Gracia ist ein Jahr alt.

Der NDR filmt von der Leyen beim Füttern eines Lämmchens mit der Flasche zwischen ihren Zwillingstöchtern, an der Supermarktkasse mit Stapeln von Trinkpäckchen und vier Kilo Äpfeln, beim Fototermin in Hannover. Das Ehepaar von der Leyen steht hinter drei Töchtern, alle im grauen Kleidchen mit weiß gestärktem Kragen.

»Von Ursula von der Leyen kleben mehr Wahlplakate in der Stadt als von den Bürgermeisterkandidaten.« Sie hätten so etwas noch nie erlebt, sagen Ortspolitiker, denen bald klar wird, dass hier jemand gezielt aufgebaut wird. »Ihre Kampagne war wahlentscheidend. Sie überrollte uns wie eine Lawine«, sagt Regina Runge-Beneke (SPD), die 2001 stellvertretende Bürgermeisterin in Sehnde war, »das ging von null auf hundert. So etwas hatten wir hier noch nie erlebt.« Eine solche Flut von Wahlplakaten glaubte man dort noch nicht gesehen zu haben.

»Wir haben etwa zehn bis zwanzig Prozent mehr plakatiert«, sagt dagegen Stephan Langer, Parteivorsitzender der CDU in Sehnde, der *Frankfurter Allgemeinen Sonntagszeitung* 2007. Zusammen mit von der Leyen hat er die Wahlkampfaktion geplant; »schließlich gab es zahlreiche Gegenkandidaten, und sie hatte keinen sicheren Listenplatz für das Regionsparlament«.

Ortsbürgermeisterin wird sie nicht. Da die CDU aber überraschend die Mehrheit im Stadtrat der nächstgrößeren Gemeinde Sehnde bekommt, machen Parteifreunde sie dort zur Fraktionsvorsitzenden.

Was nun noch fehlt, ist der passende Wahlkreis für die Landtagswahl. Ilten kommt nicht in Frage, das ist der Wahlkreis des CDU-Landtagspräsidenten Jürgen Gansäuer. Also versucht von der Leyen, den alten Wahlkreis ihres Vaters zu übernehmen, den Wahlkreis 39, zu dem Albrechts Heimatort Burgdorf sowie die Gemeinden Lehrte und Uetze gehören.

Seit 1990, seit Ernst Albrecht aus der Politik ausschied, hält der Landtagsabgeordnete Lutz von der Heide (CDU) diesen Wahlkreis. Als sich herumspricht, dass von der Heide abgelöst werden soll, grummelt es gewaltig in der CDU. »Ich muss schon sagen, dass ich ganz schön erstaunt bin«, sagt der Burgdorfer Stadtverbandsvorsitzende Oliver Brandt. In einem Brief an Christian Wulff will er wissen: »Stimmt das alles?« Brandt ist der Meinung, dass die Kandidatenaufstellung nicht von der Landesebene vorentschieden werden kann. »In Burgdorf, Lehrte und Uetze haben wir mehr als 1000 Mitglieder. Die wollen erst einmal gefragt werden.«

Am 7. Dezember 2001 kommt es zu einer Kampfabstimmung zwischen Ursula von der Leyen und Lutz von der Heide um die Kandidatur. Fünf Mal werden die Stimmzettel an diesem Abend ausgezählt, denn von der Leyen und von der Heide haben jeweils gleich viele Stimmen. Auf einem Wahlzettel gibt es zwei Kreuze. Eines bei von der Leyen, aber ein zweites Kreuz genau zwischen von der Leyen und von der Heide. Nur wenn man diesen Wahlzettel für gültig hält und die Stimme Ursula von der Leyen zurechnet, gibt es eine Siegerin. So geschieht es an diesem Abend. Lutz von der Heide fühlt sich betrogen und zieht vor das CDU-Parteigericht. Auch das Parteigericht entscheidet am 16. Dezember, die Stimme sei von der Leyen zuzuordnen. Von der Heide zieht vor das Landesparteigericht. »Du hast keine Chance«, versucht Wulff ihn davon abzubringen, aber von der Heides Kampfgeist ist geweckt.

Von der Heide, seit 13 Jahren Abgeordneter im Hannoverschen Landtag, hatte eigentlich schon überlegt, aufzuhören mit der Politik. Seine Frau ist gerade gestorben. Aber der Albrecht-Sippe will er das Feld nicht einfach so überlassen. Eine Familie, die sich für auserkoren hält, die Welt zu retten, das geht ihm gegen den Strich. Das passt nicht in sein Bild von Demokratie.

Das Landesparteigericht gibt von der Heide schließlich recht und erklärt den Stimmzettel für ungültig. Die Wiederholung der Wahl wird für den 24. Mai 2002 angesetzt. Die Zeit bis dahin nutzt von der Leyen. Ernst Albrecht und der Ehrenvorsitzende der CDU in Hannover, Wilfried Hasselmann, führen in diesen Wochen persönliche Gespräche mit den Delegierten des Wahlkreises 39. »Die Familie Albrecht hat einen starken Arm«, sagt einer, der damals dabei war.

Die *Bild*-Zeitung begleitet die Kreuzchen-Affäre mit einer ganzen Serie von Artikeln, geschrieben von Autor Andreas Beuge. Von »Polit-Intrige« ist in Beuges Texten die Rede. Der umstrittene

Stimmzettel wird zum »gefälschten Wahlschein«. »Wer wollte ›Röschen‹ stürzen? Tochter von Ex-MP Albrecht Opfer einer schmutzigen Polit-Intrige«, so lauten die Überschriften. »Gleich beim Start kämpft sie gegen ein Geflecht aus Intrigen, Machenschaften, Kungeleien«, heißt es weiter. Diese Kampagne beschädigt das Ansehen von der Heides. Auf einmal gilt er als Nestbeschmutzer.

Die Wahlwiederholung gewinnt von der Leyen mit einer Zweidrittelmehrheit. »Riesensieg für Röschen«, schreibt die *Bild*-Zeitung nun. Der Redakteur Beuge wird nach der Landtagswahl Pressesprecher im niedersächsischen Wirtschaftsministerium von Walter Hirche (FDP), der schon unter Albrecht Minister war. Lutz von der Heide kehrt der Politik den Rücken.

»Ich kämpfe für eine bessere Politik in Niedersachsen«, sagt Röschen an diesem Abend den Delegierten. Ihr Einzug in den Landtag ist so gut wie gesichert. Ursula von der Leyens politischem Aufstieg steht nun nichts mehr im Weg. »Wir sind am Ziel aller Wünsche«, sagt die Mutter Heidi Adele, die da schon schwer an Lungenkrebs erkrankt ist. Wenige Wochen später stirbt sie.

Ursula von der Leyen verfolgt ihr Ziel unbeirrt weiter. Die Landtagswahl. Am 4. März 2003, dem ersten Tag der neuen Legislaturperiode im Niedersächsischen Landtag, wird sie nicht nur Abgeordnete, sondern gleich Ministerin für Soziales, Frauen, Familie und Gesundheit im Kabinett Wulff. Die Presse berichtet begeistert. Es scheint, als sei mit der Tochter auch gleich der Vater zurückgekehrt.

Mit dem Vater am Kabinettstisch

Ernst Albrecht beobachtet die Vereidigung seiner Tochter im Parlament mit einem Lächeln. Als die Heimatkapelle aus Wellingholzhausen beginnt zu spielen, wippt er auf seinen Zehenspitzen auf und ab, nimmt den Taktstock in die Hand und dirigiert singend das Niedersachsenlied. Seit Ernst Albrecht 1990 die Wahl gegen Gerhard Schröder verlor, ist Christian Wulff der erste Ministerpräsident der CDU. Wulff lädt Albrecht zur ersten Kabinettssitzung ein.

Aus den Koalitionsverhandlungen geht Ursula von der Leyen gerupft hervor. Den Bereich Arbeit verliert sie an das Wirtschaftsministerium, die Arbeitsgerichtsbarkeit an die Justiz, und die Kindertagesstätten gehören ab sofort zum Kultusministerium. Die Auftritte der Ministerin im Plenum sind souverän. »Da musste keiner den Atem anhalten, ob das wohl gutgeht«, erinnert sich ein Kabinettskollege, »man hat ihr angemerkt, dass sie in Brüssel und in den USA gelebt hat. Sie hatte etwas Weltläufiges, das ist in der Landespolitik nicht jedem in die Wiege gelegt. Nur gekleidet war sie immer etwas trutschig, sehr hausbacken …«

Auf Kleidung legt Ursula von der Leyen nicht viel Wert. Ihre Absätze sind abgelaufen. Sie schafft es, drei Wochen denselben Hosenanzug zu tragen. Nur die T-Shirts wechselt sie – von Rosa über Hellblau zu Zitronengelb. Ihre Haare trägt sie, wie schon seit Jahren, mit zwei Hornklammern nach hinten gesteckt. »Sie sieht aus, wie man sich Erzieherinnen im Internat vorstellt, in einem Internat, auf das nur Mädchen dürfen«, wird der *Spiegel* 2006 schreiben.

An eine Erzieherin oder eine Kindergärtnerin fühlen sich auch die Besucher der Familienbildungsstätte Osnabrück erinnert. Von der Leyen hat gerade einen Vortrag gehalten. Nun breitet sie die Arme aus, als wolle sie dem Publikum den Segen erteilen, und beginnt zu singen: »Vom Aufgang der Sonne bis zu ihrem Niedergang …« Ihre Arme öffnen und schließen sich wie Sonnenauf- und -untergang über dem Kopf, passend zu Text und Rhythmus. Mit einem Nicken ermuntert die Ministerin ihre Zuhörer zum Mitsingen.

Die Atmosphäre in ihrem Ministerium solle der in einer Familie gleichen, sagt von der Leyen gleich zu Beginn. »Ich bin für Harmonie«, meint die Ministerin. Gute Stimmung motiviere Menschen zur Mitarbeit. Und darauf hoffe sie unabhängig vom Parteibuch ihrer Beamten.»Jeder bekommt einen Vertrauensvorschuss.«[17] Für sie zu arbeiten ist anstrengend, sagen Mitarbeiter. »Sie legt ein irres Tempo vor und hat eine Begabung, den wunden Punkt sofort zu erkennen.« Dann wird der Ton schnell scharf. Laut wird sie nicht. Von der Leyen stellt schneidende Fragen, wenn sie sauer ist.

Wirkliches Vertrauen bringt sie nur zwei Menschen in ihrem Ministerium entgegen. Beide bringt sie mit. Gerd Hoofe aus dem Kreis Osnabrück wird ihr Staatssekretär.»Als Verwaltungsjurist wird er eine große Hilfe sein«, sagt von der Leyen. Als Sprecherin holt sie Iris Bethge. Die drei bilden fortan ein Kleeblatt. Gemeinsam arbeiten sie sich in den politischen Alltag ein, sind unzertrennlich. Andere Netzwerke knüpft sie nicht. Ein Fehler?

»Sie hätte damals schon belastbare Allianzen schmieden müssen«, sagt ein politischer Weggefährte heute.»Für eine Karriere braucht man schon belastbare Freundschaften.« Aber Seilschaften bringen auch Verpflichtungen mit sich. Termine, auf denen sie sich blicken lassen müsste, auch am Wochenende. Das macht von der Leyen nicht.»Sie war der Star im Kabinett. Sie bekam bergeweise Einladungen zu wichtigen Fußballspielen, Preisverleihungen, andere hätten sich die Finger danach geleckt. Aber von der Leyen hat sich nie komplett in die politische Tretmühle begeben«, sagt ein ehemaliger enger Mitarbeiter aus dieser Zeit. Selbst einflussreichen Gönnern gibt sie einen Korb.»Ich habe sie gebeten, doch zu einer Jubiläumsfeier zu kommen«, erinnert sich ein alter Freund der Familie Albrecht, nicht unwichtig in Niedersachsen,»ihre Anwesenheit hätte mir geholfen.« Aber von der Leyen sagt ab.

Kontakt sucht plötzlich auch Carsten Maschmeyer, den sie aus dem Medizinstudium kennt, der sie fortan zu seinen Freunden zählt.»Wir standen im Anatomiekurs an der gleichen Leiche«, sagt Maschmeyer,»wir mochten uns, lange bevor absehbar war, was aus uns wird.« Als Ursula von der Leyen ihre ersten Schritte in der Politik macht, erinnert sich Maschmeyer wieder an seine ehemalige Kommilitonin und wünscht ihr, dass sie »auch weiterhin die richtige Balance zwischen Familie und Politik« finden möge. »Bettina und ich sind ganz begeistert«, schreibt Maschmeyer, nach dem Wahlsieg 2003 offensichtlich glücklich über diesen nützlichen Kontakt.

Immerhin vermittelt von der Leyen dem AWD-Chef einen Gesprächstermin mit der Verbandsspitze der privaten Krankenversicherung. Wenig später wirbt sie, nach Aussage zweier Journalisten des *Stern*, in einem Interview mit der *Rheinischen Post* für Maschmeyers Projekt, die AWD-Kinderhilfe.[18] Mehr an Gefälligkeiten und Kungelei wird nicht bekannt.

Von der Leyen plant 50 Mehrgenerationenhäuser, in denen Krabbelgruppen, Seniorentreffs und Schülerhilfe voneinander profitieren sollen. Sie will Niedersachsen zum Gesundheitsland ausbauen und die Krankenhäuser besser organisieren. Leicht ist die Aufgabe nicht. Fast alle Kürzungen, die der Bund den Ländern zumutet, betreffen ihr Ressort. 34 Millionen Euro im Jahr soll sie einsparen. Sie muss das Blindengeld kürzen und die Mittel für die Drogenhilfe einfrieren.

Den Arbeitsalltag als Ministerin und Mutter scheint sie aber mühelos zu bewältigen. Sie ist die Einzige, die bei den Kabinettssitzungen morgens um zehn mit einem strahlenden Lächeln erscheint. »Es war ihr nicht anzumerken, dass sie schon sieben Kinder geweckt und auf den Weg zur Schule oder in den Kindergarten gebracht hat«, sagt ein Kabinettskollege.

Die meistgestellte Frage in diesen Monaten ist: Wie schafft sie das mit all den Kindern?

Wie schafft sie das mit all den Kindern?

Ursula von der Leyen sitzt im Zug von Berlin nach Hannover. Das Telefon klingelt. »Wo finden wir Zimt und Zucker?«, fragt die Tochter. Zu Hause gibt es Pfannkuchen. »In der grün-weißen Dose, aber pass auf, wenn du auf den Schrank kletterst«, sagt die Mutter. »Sie hat in solchen Fällen nicht nur sofort gewusst, wo Zimt und Zucker stehen, sie hat ihrer Tochter auch ganz genau beschrieben, wie sie auf den Schrank klettern und wo sie sich festhalten soll«, sagt ein Mitarbeiter bewundernd.

Zu Hause in Hannover fährt Ursula von der Leyen jetzt kaum noch Bulli, sondern Dienstlimousine. Der schwarze Wagen hält direkt vor dem roten Backsteinhaus in Ilten. Ursula von der Leyen stürmt durchs Tor, begrüßt Pony und Ziegen am Gatter, dann sprintet sie die Treppen hinauf, vorbei an den 18 Schuhpaaren im Hausflur. Die jüngste Tochter Gracia, 5, kommt um die Ecke und wirft sich in die Arme der Mutter. Schnell begrüßt von der Leyen auch den ältesten Sohn David, der Matheaufgaben löst. Das Wohnzimmer unterscheidet sich nur wenig von dem ihrer Eltern. Bücherregale bis unter die Decke, ein alter Flügel, Öl-Porträts von den Vorfahren des Hausherrn an den Wänden, auf der Fensterbank eine Puppenstube. Von der Leyen verschwindet kurz im Schlafzimmer, um den Hosenanzug gegen Jeans, Strickjacke und Turnschuhe zu tauschen. In der Küche isst sie ein Hörnchen, sie wirft einen Blick auf die Stundenpläne, die an den Küchenschränken kleben, dann läuft sie in den Keller, um die Vorräte zu überprüfen.[19] Der Tag hat früh angefangen. Von der Leyen ist um 5.30 Uhr aufgestanden. Um 6 Uhr hat sie die Gymnasiasten geweckt, um 7 Uhr die Grundschüler und um 7.30 Uhr die Kindergartenkinder. Müdigkeit ist ihr nicht anzumerken.

»Macht mit mir, was ihr wollt, aber lasst mich nie auf Empfängen herumstehen«, sagt von der Leyen gleich nach Amtsantritt. Sie plant höchstens einen Abendtermin pro Woche ein. Die restlichen Abende und die Wochenenden reserviert sie für die Familie. »Zu Hause bin ich der TT«, sagt von der Leyen, »der Turnier-Trottel«, da bricht sie auch samstag- und sonntagmorgens um fünf Uhr auf, um die Kinder zu ihren Reitturnieren zu fahren. Oder sie spielt »krankes Hühnchen«. Übersetzt heißt das, Ursula von der Leyen setzt sich ins Kinderzimmer. Die Kinder spielen. Die Mutter liest Akten. »Mir tut es gut, einfach nur da zu sein«, sagt sie.

Auch unter der Woche arbeitet sie so viel wie möglich zu Hause – Akten lesen, Interviews korrigieren. »Ich bin mal kurz mit den Kindern und den Ponys draußen«, gibt sie dann ins Büro durch, wenn sie Pause macht. »Ich bin wieder zurück. Wir können weitermachen«, heißt es zwei Stunden später.

Montags und mittwochs fährt sie zum Mittagessen nach Hause, um bei den vier jüngsten Kindern zu sein. Auf den Tisch kommen dann Kartoffelpüree aus der Tüte, Mais aus der Dose und Hähnchensticks aus der Tiefkühltruhe. An den anderen Tagen kocht die langjährige Kinderfrau, die dann auch nachmittags die Kinder zum Cellospielen, zum Geigenunterricht, zum Chor oder zum Sport bringt. Die Geburtstage ihrer Kinder hat sie alle im Kopf. »Aber wer gerade eine Mathe- oder Englischarbeit schreibt, wer in die 2a oder 3b geht – puhhh!«, erzählt Ursula von der Leyen der *Bunten*. »Aber weil mein Mann und ich nicht alles kontrollieren können, werden die Kinder viel selbstständiger.«

Von der Leyens Mann Heiko kümmert sich inzwischen mehr um die Kinder als früher. Während seine Frau die Karriereleiter erklimmt, arbeitet er an einem Karrierewechsel. Die Medizinische Hochschule Hannover kooperiert mit 54 Krankenhäusern in Niedersachsen und betreut damit rund 319 000 Patienten pro Jahr. Pharmafirmen brauchen Patienten für ihre Studien, ohne die sie keine Zulassung für ein neues Medikament bekommen. Deshalb gründet die Hochschule mit Partnern das Hannover Clinical Trial Center. Heiko von der Leyen wird Geschäftsführer. Er kann sich seine Zeit frei einteilen und viel von zu Hause erledigen.[20]

Und immer wieder die Familie

»Oh, was für ein schönes Bild, das habe ich ja noch nie in der Zeitung gesehen«, soll Ursula von der Leyen mal gesagt haben, als sie das Foto einer Amtskollegin inmitten ihrer Kinder auf deren Schreibtisch bemerkte. »Das werden Sie auch nie sehen«, antwortete angeblich die Kollegin. Egal, ob die Anekdote stimmt, so erzählt man es sich in Hannover und später in Berlin. Um von der Leyen eins auszuwischen. Von der Leyens Öffentlichkeitsarbeit mit der Familie ist manchem zu viel.

Der NDR bleibt auch nach der Landtagswahl gern gesehener Gast bei den von der Leyens und filmt eine »Familie, die ihr Glück nicht verbirgt«, wie der Autor der Sendung »Hallo Niedersachsen« im Beitrag sagt. Die ältesten fünf Kinder haben sich als Quintett vor der Bücherwand im Wohnzimmer aufgestellt. Über ihnen schwebt ein kleiner Kronleuchter. Mutter und Vater stehen Arm in Arm im Türrahmen und lächeln sich an, als wären sie frisch verliebt.

»Das Schöne an Musik ist, dass die wunderbar miterzieht. Die Kinder lernen, ihre eigene Stimme zu halten und dennoch auf die anderen zu hören«, sagt Ursula von der Leyen über ihren Nachwuchs. »Ich bewundere sie für ihre Wärme und für ihre Poesie und dass sie das verbindet mit Durchsetzungskraft und Tatkraft«, sagt Heiko von der Leyen über seine Frau. Die Kamera zoomt auf den Schreibtisch, auf einen in rotes Leder gebundenen Gedichtband mit dem Titel *Zauber der Poesie*.

Auch in einem Fragebogen des *Focus* 2004 macht von der Leyen aus ihrem Familienglück keinen Hehl.

Was gefällt Ihnen an sich besonders?, fragt das Magazin. Meine sieben Kinder.

Wie können Sie am besten entspannen? Beim Singen.

Was ist für Sie eine Versuchung? Mein Mann.

Was war Ihr schönster Lustkauf? Zwei Zwergziegen, die noch heute in unserem Garten grasen.

Welches Lied singen Sie gern? »Ave verum« von Mozart – begleitet von meinem Mann an der Orgel.

Schenken Sie uns eine Lebensweisheit. Wo Kinder sind, da ist ein goldenes Zeitalter (Novalis).

Es klingt, als lebe sie wie ihre Eltern einen Roman. Die Homepage ihres Ministeriums schmückt von der Leyen zu Weihnachten mit einem Foto von sich im Kreise ihrer Kinder, dabei hält sie dem Fotografen ein Blech voller Plätzchen entgegen. In der *Bild*-Zeitung erscheint jeden Samstag ihre Kolumne »Was mir am Herzen liegt«, in der sie aus dem Familienalltag plaudert. Es ist eine Art Erziehungsratgeber. Dort schreibt sie zum Beispiel: »Manchmal fragt unsere Tochter Gracia (5), wenn ich abends das Licht ausmachen will: ›Was ist, wenn ich nicht einschlafen kann?‹ Dann beruhige ich sie: ›Entweder du kommst zu mir, oder du denkst daran, dass der liebe Gott dich beschützt.‹ Neulich fragte sie: ›Und wenn du nicht schlafen kannst, Mama?‹ – ›Dann weiß ich, dass der liebe Gott mich beschützt‹, antwortete ich ihr. Dies ist sehr kindlich, aber ich möchte Gracia zeigen, dass Eltern keine Übermenschen sind. Sondern auch wir haben Ängste und Sorgen, aber im Glauben sind wir geborgen und können uns fallen lassen.«[21]

Ein anderes Mal geht es um einen Hund. »Meine Kinder wünschen sich seit Jahren sehnlichst einen Hund. Doch mein Mann und ich sind strikt dagegen. Mein Hauptargument ist sicher das einer jeden Mutter: Einen Hund zu haben bedeutet, sich jeden Tag um ihn zu kümmern. (…) Ich muss eingestehen, ich habe den enormen Willen und die Pfiffigkeit von Kindern weit unterschätzt. (…) Sie haben einfach einen Hund erfunden. Er hat schon einen Namen und heißt Milou. Die Kinder haben einen Gassi-Geh-Plan aufgestellt, der zwischen den Stundenplänen an unserem Schrank hängt. So ist es mir schon passiert, dass Egmont (7) mir, wenn ich abends nach Hause komme, sagt: ›Johanna und Victoria sind nicht da, die gehen mit dem Hund spazieren.‹ (…) Wenn es so weitergeht, haben sie uns sicher bald weichgekocht. Aber insgeheim bewundere ich die Hartnäckigkeit, die Kinder an den Tag legen. Ich finde es prima, dass sie nicht sofort aufgeben und sich nicht so schnell von ihrem Weg abbringen lassen. Das wird ihnen später im Berufsleben helfen, wo sie sich behaupten müssen.«

So schreibt sie Samstag für Samstag, mal über das Ehrenamt, mal über den Religionsunterricht, mal über den Segen von Fremdsprachen und darüber, wie schön Kinder anfangen zu spielen, wenn man ihnen das Fernsehen verweigert. Immer geschmückt mit einer kleinen Anekdote aus dem eigenen Heim. Nie sieht die Familie von der Leyen dabei schlecht aus.

Die strikte Trennung von Öffentlichkeit und Privatleben, die andere Politiker leben, gilt für Ursula von der Leyen nicht. »Natürlich habe ich mit meiner Lebenssituation auch einen gewissen politischen Symbolwert«, sagt sie der *Zeit*.

Ob das Bild nicht zu rosa ist?, fragt sich 2004 die *Hannoversche Allgemeine Zeitung*. Die Opposition im Landtag sieht bei Röschen schon nach wenigen Monaten rot. SPD und Grüne stellen das Familienglück von der Leyens im Plenum öffentlich an den Pranger. In der Debatte vom 15. Dezember 2004 wird so heftig über den Stil der Sozialministerin gestritten, das der Zeitplan aus den Fugen gerät.

»Meine Damen und Herren! Ich verwahre mich im Namen der SPD-Fraktion ausdrücklich gegen diese Art und Weise, seine persönlichen Angelegenheiten in die Politik einzubringen. Das ist wirklich unerhört«, sagt Wolfgang Jüttner von der SPD im voll besetzten Landtag. »Viele Kinder sind ein Gewinn für das Land. Das ist überhaupt keine Frage. Wenn Sie, Frau von der Leyen, aber beanspruchen, Ihre Familie hier nicht zu thematisieren, gleichzeitig aber die Zahl Ihrer Kinder nicht nur für das Handbuch angeben, sondern sie regelmäßig auch in den politischen Alltag einführen, dann instrumentalisieren Sie Ihre Familie für die Politik. Das ist das Problem. Sie tun dies nicht nur bei Veranstaltungen, sondern Sie beschreiben auch jeden Sonnabend, wie es bei Ihnen zu Hause im Detail zugeht.«

Auch die grüne Abgeordnete Ursula Helmhold wettert: »Jeden Samstag liefert uns die *Bild*-Zeitung rührende Geschichten der Sozialministerin frei Haus. Es werden öffentlich Kekse gebacken, es werden Spielplätze besucht, im Gästehaus der Landesregierung wird die Familie als weihnachtlicher Chor vorgeführt.« Wer seine Familie derart einspanne, dürfe sich nicht wundern, dass dann auch öffentlich darüber gesprochen werde.

Ursula von der Leyen ist stolz auf ihre Kinder. Ja soll ich die Kinder denn verstecken?, fragt sie sich und antwortet sichtlich gereizt: »Wir leben in einer Gesellschaft, die den Frauen entweder klarmacht, dass sie Rabenmütter sind, weil sie arbeiten, oder aber ihnen rät, sie möglichst zu verstecken und sich möglichst für ihre Existenz zu entschuldigen. Ich lebe danach nicht. Ich beziehe diese Kinder in meinen Lebensalltag mit ein«, sagt sie. »Ich beziehe diese Kinder mit ein in die Diskussionen, die ich führe, weil ich diesem Land auch zeigen will, dass man mit Kindern auch eine Teilhabe an den Erwerbsmöglichkeiten hat und dass man mit Kindern auch Teilhabe an den Entscheidungsmöglichkeiten hat. Ich werde diese Kinder nicht verstecken und mich nicht für ihre Existenz entschuldigen. Wenn man als Politiker arbeitet, dann steht man als ganze Person da, und wenn ich als ganze Person beurteilt werde, dann stehe ich für dieses Bild in der Öffentlichkeit auch mit allem, was ich lebe, und dazu gehören auch meine Kinder.«

Die Mitglieder der CDU-Fraktion klatschen. Aber der Beifall fällt dürftig aus. Auch den Parteifreunden geht der Familiendünkel inzwischen auf die Nerven. In der Fraktion kursiert der Witz, sie ließe ihre Kinder schon mal doubeln, wenn nicht alle für ein Gruppenfoto zur Verfügung stünden. Es ist viel Neid dabei.

»Vielleicht wäre es besser, wenn es das alles nicht gäbe, diese ganzen Bilder, diese ganzen Sätze. Wenn es keine Fotos gäbe, auf denen ihre Kinder Lämmer auf dem Arm tragen, im Wohnzimmer vor der Bücherwand. Niemand trägt Lämmer ins Wohnzimmer, weil Lämmer riechen«, schreibt der *Spiegel* später, »weil man sich wünscht, dass es noch Unterschiede gibt, zwischen Politik und Uschi Glas.«[22]

Der Weg nach Berlin

Mit »Uschi Glas« kann man aber ein Millionenpublikum erreichen. Nach einem halben Jahr als Ministerin in Niedersachsen hat Ursula von der Leyen, dank ihrer Familien-PR, in allen größeren Talkshows der Republik gesessen: Maischberger, Christiansen, Illner. Das führt sie auch immer öfter nach Berlin. Sie übernachtet dann immer in der Landesvertretung Niedersachsen, in einem Zimmer mit Jugendherbergscharme. Die Auftritte verschaffen ihr Popularität. Auch Angela Merkel wird auf Ursula von der Leyen aufmerksam. Sie bittet sie, in der Herzog-Kommission mitzuarbeiten an einem neuen Gesundheitskonzept für die CDU. Es ist keine große Überraschung, als Ursula von der Leyen im August 2005 von Angela Merkel in ihr Kompetenzteam für die anstehende vorgezogene Bundestagswahl berufen wird. Von der Leyen soll sich im Wahlkampf um die Bereiche Familie und Gesundheit kümmern. Das macht sie. Mit Erfolg.

DIE FAMILIENMINISTERIN

Sternstunden und Niederlagen

Man hört Ursula von der Leyen schon, bevor man sie sieht, lange bevor sie um die Ecke biegt und den überfüllten Raum betritt. Die harten Absätze ihrer spitzen Schuhe hallen in kurzen Abständen über die schmalen Flure in ihrem neuen Ministerium, sie macht schnelle Schritte, sie hat es eilig an diesem trüben Wintertag 2006.

Eigentlich sieht sie aus wie immer, lange blonde Haare, nach hinten gesteckt, sie trägt Bluse und Blazer und nur dezenten Schmuck. Doch etwas ist anders an diesem Tag, es fehlt etwas. Es dauert einen Moment, und dann ist klar, was ihren Auftritt heute von den vielen anderen zuvor unterscheidet: Ursula von der Leyen hat vergessen, ihr strahlendes Lächeln anzuknipsen. Auch ihre Augen leuchten nicht, sie gestikuliert nicht wie sonst mit Händen und Armen, sondern bewegt sich ruhig, ja fast gemessen auf ihren Platz am Kopfende des Presseraums zu.

Der Andrang der Journalisten ist überraschend groß heute, und auch die Fotografen und Kameraleute sind zahlreicher erschienen als sonst. Sie alle wollen einen ungewöhnlichen, ja entscheidenden Moment festhalten: Ursula von der Leyen hat eine Niederlage erlitten. Sie, die energische, hartnäckige, unermüdlicher Streiterin konnte sich nicht wie sonst durchsetzen mit ihren Plänen und Ideen. Sie musste vielmehr einem Kompromiss zustimmen wenige Tage zuvor, als die Spitzenleute der Großen Koalition zu einer abendlichen Krisenrunde in Berlin zusammen-gekommen waren. Und weil jeder in der Hauptstadt sehen konnte, wie stark sie nachgeben musste, wirkt es bei ihr wie ein öffent-liches Scheitern. Natürlich würde sie das nie so beschreiben. Die Worte »Scheitern« oder »Niederlage« existieren für sie nicht.

Dennoch sieht man ihr die Überwindung an, die es sie kostet, nachzugeben und von ihrer eigentlichen Idee Abstand nehmen zu müssen. »Das war eine lange und schwere Geburt«, hatte von der Leyen mit süßsaurem Lächeln gesagt, »aber die Große Koa-lition hat jetzt ein gemeinsames Kind.«

Am Eingang des Familienministeriums ist den Journalisten ei-ne Pressemitteilung verteilt worden. In trockenem Beamtendeutsch wird darin das »gemeinsame Kind der Koalition« erklärt, nämlich die Neuregelung zur steuerlichen Absetzbarkeit von Kinderbetreu-ungskosten. Ursula von der Leyen, die neue Bundesfamilienmi-nisterin, hatte das Thema vom ersten Tag ihrer Amtszeit an vor-angetrieben. Getrieben von dem Wunsch, den Frauen neben der Erziehungsarbeit auch einen Beruf zu ermöglichen, forderte sie eine erhebliche finanzielle Entlastung der Familien im Steuer-recht. Doch wie immer, wenn es in der Politik um viel Geld geht, enden große Wünsche meistens in klassischen Kompromissen. Ursula von der Leyen weiß zwar, dass der Kompromiss im Wesen der demokratischen Politik liegt; wer aber so ehrgeizig ist wie sie, so sehr beseelt und überzeugt von seinen eigenen Ideen und Plä-nen, dem sind Kompromisse ein Gräuel.

Nach der festen Überzeugung der Familienministerin schei-tert der Wiedereinstieg von Müttern in ihren Beruf vor allem an zwei Dingen: Zum einen fehlt es in vielen Städten an geeigneten Kitas mit flexiblen Betreuungsmöglichkeiten, die auch einmal eine Überstunde der Mutter am späten Nachmittag erlauben. Zum anderen stellt sich vielen Eltern die finanzielle Sinnfrage, wenn die Kosten für Kita, Babysitter und Putzkraft den schma-len Verdienst aus der Nebentätigkeit der Frau gleich wieder ver-schlingen.

Kinder, Küche und Karriere!

Also wollte Ursula von der Leyen eine spürbare Verbesserung, ja einen großen Wurf. Wenn sie in ihrem ersten Ministeramt auf Bundesebene schon dem erfahrenen und hartleibigen Finanzminister Peer Steinbrück von der SPD eine Steuerreform zugunsten der Familien abtrotzen musste, dann sollte diese Reform auch einen nachhaltigen Effekt haben. Vor allem sollte sie dazu führen, dass die obere Hälfte der Gesellschaft einen steuerlichen Anreiz erhält, endlich mehr Kinder zu bekommen: die Akademiker, die Selbstständigen, die Doppelverdiener – mithin diejenigen, die es sich auch leisten können, eine Kinderfrau oder anderes Betreuungspersonal einzustellen. Denn es ist zu ihrem großen Bedauern gerade die Bildungselite in Deutschland, die immer öfter kinderlos bleibt. Nur 70 Prozent der Frauen mit Universitätsabschluss haben ein oder mehr Kinder auf die Welt gebracht. Fast ein Drittel der Akademikerinnen bleibt hingegen kinderlos und bestätigt damit ungewollt eine Analyse, die Ursula von der Leyen ihren konservativen Kritikern seit Jahren entgegenhält: »Die Frage ist nicht, ob Frauen arbeiten werden oder nicht. Sie werden arbeiten. Die Frage ist, ob sie Kinder haben werden oder nicht.«

Der neuen Familienministerin stellt sich bezüglich des Themas Nachwuchs auch noch eine andere, durchaus heikle Frage: Aus welchen Schichten stammen heute und in den kommenden Jahren die in Deutschland geborenen Kinder? Haben sie die Möglichkeiten und Fähigkeiten, später als Erwachsene einen ausreichenden Beitrag leisten zu können, um ihren Teil des Generationenvertrages zu erfüllen?

Unbestreitbar zeigt die Statistik, dass Empfänger von Transferleistungen und Familien mit Migrationshintergrund deutlich mehr Kinder bekommen, ebenso Frauen ohne Bildungsabschluss oder mit einer nur geringen beruflichen Qualifikation. Natürlich würde Ursula von der Leyen niemals laut und deutlich sagen, dass beim stetig abnehmenden Nachwuchs in Deutschland die soziale

Mischung nicht mehr stimmt. Aber sie deutet das Problem immerhin an: »Jeder kann sich ausrechnen, dass wir auf die Kinder, die heute geboren werden, schon alleine wegen des demografischen Wandels angewiesen sind«, mahnt die Ministerin immer wieder. Leider aber würden die meisten Kinder heute »eher in Gruppen geboren, wo der Beruf keine große persönliche Identifikationsrolle spielt. Junge Frauen mit einem gewissen Maß an Bildung entscheiden sich dagegen oftmals für den Beruf«, bedauert die Ministerin. »Die neue Generation ist zahlenmäßig viel kleiner, und jedes dritte Kind im Vorschulalter hat heute einen Migrationshintergrund.«

Dass darin ein Problem liegen könnte, zeigt ihr regelmäßiger Hinweis darauf, dass Kinder von Ausländern schon allein wegen ihrer sprachlichen Defizite im Durchschnitt mehr Probleme in der Schule haben. Sie verlassen diese auch öfter als deutsche Kinder ohne Abschluss und starten zudem häufiger ohne eine berufliche Ausbildung ins Erwerbsleben – mit erheblichen und langfristigen Konsequenzen, denn diese Kinder können es als Erwachsene kaum oder nur sehr schwer schaffen, zum produktiven Kern einer Gesellschaft vorzustoßen, die mit immer weniger aktiven Arbeitskräften immer mehr Rentner und Transfergeldempfänger wird finanzieren müssen.

Aus den gleichen Gründen beobachtet von der Leyen auch die Entwicklung in deutschen Problemfamilien sehr kritisch. Auch hier vermeidet sie das politisch nicht korrekte Wort »Unterschicht«, beschreibt aber glasklar das Phänomen: »Es geht doch um Familien, die oft seit Generationen von der Sozialhilfe leben, in denen Bildung nichts wert ist und die isoliert leben«, so von der Leyen in einem *Focus*-Interview. Die Kinder in diesen Milieus »werden geboren und haben schon keine Chance mehr, ihre Fähigkeiten zu entfalten. Für diese Kinder muss der Staat ein Wächteramt übernehmen und sie von der Stunde ihrer Geburt an konsequent und lückenlos begleiten.« Schließlich, so die Ministerin, könne man »die Kinder nicht wie Teile eines Therapieversuchs behandeln«.

Hier spricht nicht die dünkelhafte Tochter aus dem deutschen Großbürgertum, sondern eine Frau, die sehr nüchtern die gesellschaftliche Wirklichkeit analysiert und daraus ihre Schlüsse zieht. Dass sie damit regelmäßig auf der rechten wie linken Seite des politischen Spektrums aneckt, ist ihr egal. Wenn die Konservativen mahnen, der Staat dürfe sich »nicht in die Familien einmischen«, verweist sie kühl darauf, dass Einmischung im Sinne von Kita-Plätzen und Förderung sehr wohl von der Mehrheit der Bürger gewünscht wird – und dass umgekehrt eine Nicht-Einmischung sogar verantwortungslos wäre, wenn sich demografische und soziale Fehlentwicklungen ohne Staatseingriffe verstetigen.

Vor diesem Hintergrund kann es auch nicht verwundern, dass sie die obere Hälfte der Gesellschaft ausdrücklich ermuntern will, sich häufiger als bislang für Kinder zu entscheiden. Dass dazu auch eine steuerliche Förderung gehört, findet sie selbstverständlich, löst aber bei der politischen Linken regelmäßig den Reflex aus, sie bevorzuge Gutverdiener auf Kosten der gern zitierten »kleinen Leute«.

Als Tochter des niedersächsischen Ministerpräsidenten ist Ursula von der Leyen mit Dienstmädchen und Kinderbetreuung groß geworden. Und natürlich haben es später auch ihr Mann und sie nur mit Hilfe von Personal geschafft, die Erziehung von sieben Kindern mit zwei steilen beruflichen Karrieren zu verbinden. Auch die Pflege des Vaters, der an Demenz erkrankt war und mit dem die Ministerin und ihr Mann in Hannover bis zu seinem Tod unter einem Dach wohnten, gelang nur mit einer ganzen Reihe von qualifizierten Hilfskräften.

Für von der Leyen ist es deshalb ganz konsequent, wenn sie im Bereich der persönlichen Dienstleistungen noch ein großes, brachliegendes Potenzial für den Arbeitsmarkt in Deutschland sieht. Wenn Akademikerinnen und Doppelverdienerpaare also heute ein Kindermädchen einstellen und die Kosten für deren Bezahlung von der Steuer absetzen könnten, würde das sicher vielen Betroffenen helfen – und außerdem im Bereich der privaten

Haushalte zahlreiche zusätzliche Arbeitsplätze schaffen. Nicht zuletzt würde eine größere steuerliche Absetzbarkeit dazu führen, die in diesem Sektor übliche Schwarzarbeit zu verringern.

Das eigene Leben als Blaupause

Mit dieser Idee, die in ihrer eigenen Biografie wurzelt, ist Ursula von der Leyen als Bundesfamilienministerin in Berlin gestartet. Sozusagen als lebendes Vorbild für ein Familienmodell, das sie auch anderen ermöglichen will: Kinder, Küche und Karriere – alles geht, wenn der Staat nur ein wenig hilft und die richtigen Rahmenbedingungen setzt. Diese Veränderungen will sie durchsetzen, deshalb ist sie in die Politik gegangen, nicht auf den Golfplatz oder in die Beauty-Farm. »Ich bin als Familienministerin mit meinem eigenen Leben, meiner eigenen Familie sehr stark ein Spiegel für das, wofür ich werbe«, hat sie gleich zu Beginn ihrer politischen Karriere einmal gesagt. Und sie weiß natürlich, welche Wirkung sie als Karrierefrau mit sieben Kindern erzielt: »Inzwischen erlebe ich, dass meine Lebensform auch anderen Mut macht.« Es ist, als ob sie das eigene Leben als Blaupause für die künftigen Gesetzentwürfe ihres Ministeriums nehmen will.

Während ihre Berliner Kabinettskollegen Ende 2005 nach der schwierigen Regierungsbildung noch die Einrichtung ihrer künftigen Ministerbüros aussuchten, war Ursula von der Leyen schon längst losgestürmt. In jedem Interview, in jeder erreichbaren Fernsehsendung vertrat sie ihr Steuermodell, warb für ihre familienpolitischen Ideen. Sie lief und lief nach vorn, einfach immer weiter, ohne sich zwischendurch einmal umzudrehen und sich zu vergewissern, ob ihr noch jemand folgte. Viel zu spät bemerkte sie schließlich, dass sie bei ihrem Sturmlauf einige Grundregeln der Parteiendemokratie missachtet hatte: So waren viel zu wenig Abgeordnete von ihr vorab informiert worden, sie hatte in ihrer Fraktion nicht ausreichend für ihre Ideen geworben, und sie hatte es auch versäumt, die wichtigsten Meinungsführer in Parlament und Partei persönlich anzusprechen und dadurch einzubinden.

Das Voranstürmen entspricht bis heute ihrem Stil, Politik zu machen. Während die meisten Politiker jeden Schritt vorsichtig abstimmen und geduldig bei Parteifreunden und Bürgern um Mehrheiten werben, lautet ihre Devise: »Folgt mir oder lasst es bleiben!«

In der Landespolitik in Hannover hatte diese Methode noch recht gut funktioniert, weil der damalige Ministerpräsident von Niedersachsen, Christian Wulff, die Tochter seines einflussreichen Amtsvorgängers nach Kräften förderte. Doch auf dem gefährlich glatten Parkett der Bundespolitik in Berlin rutschte die flotte Stürmerin aus der Provinz erst einmal gründlich aus und legte gleich zu Beginn eine politische Bruchlandung hin.

Kampf gegen die Konservativen

Und das kam so: Nach wochenlangem Streit und öffentlichem Tauziehen hatten Finanzminister Steinbrück und Familienministerin von der Leyen vereinbart, dass Kinderbetreuungskosten bis zu einer Höhe von 4000 Euro von der Steuer absetzbar werden sollen. Bei Kindern zwischen sieben und 14 Jahren sollte die Absetzbarkeit ab dem ersten Euro gelten, bei kleineren Kindern allerdings erst ab 1000 Euro. Zermürbt von der langwierigen und komplizierten Debatte, die von den Medien recht kritisch als ernster Streit in der noch jungen Koalition bewertet wurde, hatten sich die Minister im Januar 2006 schließlich zu einer Kabinettsklausur in Schloss Genshagen bei Berlin zurückgezogen. In der Abgeschiedenheit des alten preußischen Landsitzes sollte der Streit beendet und der Fahrplan für die nächsten Regierungsjahre ausgearbeitet werden.

Doch die Bundesregierung hatte die Rechnung ohne den Wirt,

also ohne die sie tragenden Fraktionen im Bundestag gemacht. Kaum waren die Minister nämlich mit dem fertigen Beschluss aus Genshagen nach Berlin zurückgekehrt, entbrannte der Streit um die Förderung der Familien aufs Neue. Die Union wollte durchsetzen, dass die geplanten Verbesserungen auch für Familien mit nur einem berufstätigen Elternteil gelten sollen und dass die Steuervorteile für die Betreuungskosten der Eltern erst ab einem Sockelbetrag gewährt werden.

Vor allem den Traditionalisten in CDU und CSU war es sauer aufgestoßen, dass die neue Familienministerin die steuerliche Absetzbarkeit der Kinderbetreuungskosten an die Erwerbstätigkeit beider Elternteile koppeln wollte. Damit bevorzugte Ursula von der Leyen ganz eindeutig das moderne Familienbild, in dem Vater wie Mutter gleichberechtigt einem Beruf nachgehen und die Erziehung der Kinder in gewissem Umfang anderen Menschen überlassen. Weil ihnen das nicht passte, mobilisierten die Traditionalisten in der Union innerparteilichen Widerstand gegen den Regierungsbeschluss von Genshagen. Sie wollten erreichen, dass auch Eltern mit nur einem berufstätigen Partner – also die klassische Einverdiener-Ehe – von der Regelung profitieren können.

Der damalige familienpolitische Sprecher der CDU/CSU-Bundestagsfraktion, Johannes Singhammer, sprach sich besonders vehement für Nachbesserungen am Kinderbetreuungs-Kompromiss des Bundeskabinetts aus. Im Prinzip sei die Einigung zwar »ein wirklich großer Schritt vorwärts für die bessere Vereinbarkeit von Familie und Beruf«, sagte Singhammer. Notwendig sei aber »eine gewisse Symmetrie für Familien, wo nur ein Partner erwerbstätig ist«. Die Unionsfraktion werde, so die subtil vorgetragene Drohung, in den kommenden Abstimmungen »dafür sorgen, dass diese Symmetrie gewahrt bleibt«. Dies sei »aus Respekt vor der Entscheidung für unterschiedliche Lebensentwürfe« sinnvoll.

Dazu muss man wissen, dass Johannes Singhammer fünf Kinder hat und seine Frau, eine ausgebildete Juristin, für die Erziehung der Kinder auf die Ausübung ihres erlernten Berufs verzichtet hat – im Gegensatz zu Ursula von der Leyen. »Das Sein prägt das Bewusstsein« – diesen Satz von Karl Marx kann man auch auf die Familienpolitik anwenden.

Singhammer blieb nicht der einzige Kritiker; andere Abgeordnete aus den Reihen der Großen Koalition schlossen sich an. Ermutigt vom Widerstand der Union gegen die eigene Ministerin nahmen schließlich auch die Sozialdemokraten das Familienpaket noch einmal genau unter die Lupe. Und siehe da – natürlich fanden sich auch bei der SPD genügend Einwendungen, um das Paket noch einmal aufzuschnüren. Den Sozialdemokraten missfiel vor allem, dass gerade wohlhabende Eltern überproportional von den steuerlichen Möglichkeiten profitieren würden. Je höher das Einkommen, desto größer fällt natürlich auch die Steuerersparnis bei absetzbaren Kosten aus. Außerdem waren es nicht gerade die sozialdemokratischen Stammwähler, die sich Kindermädchen leisten konnten.

Auch der Sockelbetrag von 1000 Euro fand bei der SPD wenig Sympathie, weil damit die Wirkung für kleine Gehälter geringer ausfiel. »Gerade für Alleinerziehende wäre es wichtig gewesen, dass die Betreuungskosten auch bei kleineren Kindern ab dem ersten Euro absetzbar sind«, klagte etwa die stellvertretende SPD-Fraktionsvorsitzende Nicolette Kressl.

Dass Steinbrück als Sozialdemokrat dem Paket vorher zugestimmt hatte, spielte bei der nachfolgenden Debatte keine große Rolle mehr. Schließlich ging es in den Augen der Öffentlichkeit nicht um eine finanzpolitische Frage, sondern um das erste große Projekt der neuen Familienministerin, die als Mustermutter und Vorzeigefrau überall gern im Rampenlicht stand.

Kritik am Kabinettsbeschluss kam zu allem Überfluss dann auch noch von den Elternverbänden – und deren Stimme wiegt im gesellschaftlichen Diskurs einer Familienministerin besonders schwer. »Arme Familien, die gar keine Steuern zahlen, werden benachteiligt, wenn die einzige Förderung der Kinderbetreuung in der Möglichkeit besteht, die Kosten von der Steuer abzusetzen«, sagte der Vorsitzende des Bundeselternrats Wilfried Steinert. Auch der Steuerzahlerbund zeigte sich mit dem Beschluss unzufrieden. Das gewählte Verfahren sei sowohl für die betroffenen Eltern als auch für die Finanzämter zu kompliziert, meinte Steuer-Experte Hans-Joachim Vanscheidt.

Damit war klar: Der neue Berliner Kabinetts-Star Ursula von der Leyen war durchgefallen – beim Koalitionspartner, bei wichtigen Verbänden und – was besonders schmerzte – in der Bundestagsfraktion der eigenen Partei.

Also musste nachgebessert werden, denn auch von höchster Stelle war inzwischen der Daumen gesenkt worden: Bundeskanzlerin Angela Merkel hatte intern deutlich gemacht, dass sie nach wochenlangem Streit das Thema Familienförderung endlich »abräumen« wollte, wie Unionsfraktionschef Volker Kauder zu berichten wusste. Also wurde eine Spitzenrunde einberufen, an der neben Kauder noch der damalige SPD-Fraktionsvorsitzende Peter Struck, CSU-Landesgruppenchef Peter Ramsauer und natürlich auch Ursula von der Leyen teilnahmen. Die Familienministerin versuchte ein letztes Aufbäumen, musste dann aber nach stundenlangen Verhandlungen schließlich nachgeben und einem klassischen Kompromiss zustimmen. Danach sollten die Kosten für die Kinderbetreuung künftig vom ersten Euro an steuerlich absetzbar sein – aber nur zwei Drittel der tatsächlich angefallenen Beträge durften von den Finanzämtern anerkannt werden. Ferner sollten Doppelverdiener und Alleinerziehende für Kinder bis 14 Jahre zwei Drittel ihrer Betreuungskosten bei der Steuer geltend machen können – allerdings nur bis zu der bereits in Genshagen beschlossenen Höchstgrenze von 4000 Euro. Bei Paaren mit nur einem Verdiener sollte dies lediglich für Kinder zwischen drei und sechs Jahren gelten.

»Wir erreichen damit eine Verbesserung für alle Familien«, sagte Kauder am Ende der Verhandlungen. Das stimmte zwar, machte die Sache im Ergebnis aber nicht besser. Bei Lichte besehen wurde mit diesem Kompromiss zwar jedem ein bisschen, aber niemandem richtig geholfen. Enttäuscht wurde zudem die mit der Reform ursprünglich verbundene Hoffnung auf neue, sozialversicherungspflichtige Arbeitsplätze im haushaltsnahen Dienstleistungsbereich.

Trotzdem strahlte Kauder nach der Spitzenrunde der Koalition über beide Backen. In Wahrheit war es dem mächtigen Unionsfraktionschef nicht unrecht gewesen, dass der jungen Ministerin mit dem übergroßen Selbstvertrauen gleich zu Beginn die Flügel wieder etwas gestutzt worden waren. SPD-Fraktionschef Struck beendete das leidige Kapitel mit dem lapidaren Satz:»Das ist ein guter Tag für Familien in Deutschland.« Wie immer man dazu stehen mochte – für Ursula von der Leyen war es ganz sicher kein guter Tag gewesen.

Bündnis für Erziehung

Doch es dauerte nicht lange und die Ministerin hatte ihren ersten Dämpfer überwunden. Keine drei Monate später entschied sie sich erneut dafür, einen Stein ins Wasser zu werfen, ohne zu wissen, wie heftig die Wellen schlagen würden. Das Projekt hieß »Bündnis für Erziehung« und sollte Eltern und Lehrern als moralische Grundversorgung dienen. Ihre Gegner waren – wieder einmal – empört.

Die Idee zu dieser Initiative war in den vielen Diskussionen gereift, die Ursula von der Leyen mit Eltern und Pädagogen führte. Darin hatte sie festgestellt, dass es trotz der fortschreitenden gesellschaftlichen Differenzierung eine große Schnittmenge in Fragen der Erziehung und der Vermittlung von Werten gibt. Egal ob Rechte oder Linke, Ossis oder Wessis: Die allermeisten Eltern betonen als Erziehungsziele soziale Kompetenz, Toleranz und Wertebewusstsein. Andererseits hörte die Ministerin viele Pädagogen darüber klagen, wie schwer es inzwischen sei, den Kindern elementare Tugenden wie Pünktlichkeit, Höflichkeit und Zuverlässigkeit beizubringen. In einer Gesellschaft, in der Toleranz oft mit Beliebigkeit verwechselt wird, in der jede dritte Ehe scheitert, der Druck auf die Eltern in der Berufswelt ständig steigt und in der sich feste Institutionen, Bindungen und Gewissheiten auflösen, werden auch die Kinder nicht verschont. Emotionale Brüche, das Schwinden von Autoritäten und nicht zuletzt ein von Eltern wie Lehrern kaum noch zu kontrollierender Medien-Konsum in der Parallelwelt des mobilen Internets hinterlassen ihre Spuren. Mit einem Satz: Eltern und Pädagogen litten nach dem Eindruck von Ursula von der Leyen unter einer wachsenden Unsicherheit, die sich in Zweifel, Orientierungslosigkeit und stellenweise sogar Ohnmachtsgefühlen ausdrückten.

Und so wuchs in der neuen Familienministerin die Überzeugung, dass es höchste Zeit sei, das treibende Schiff zu entern und sich ganz oben auf die Kommandobrücke zu stellen. Zumal sich Regierungschefin Angela Merkel als geschiedene und kinderlose Frau in Fragen persönlicher Lebensentwürfe und Erziehungsstile erkennbar zurückhielt. Also ersann von der Leyen mit ihren Beratern ein »Bündnis für Erziehung«, dem ein »Erziehungsgipfel« vorangestellt wurde. Das war nicht nur begrifflich dem »Bündnis für Arbeit« nachempfunden, das Gerhard Schröder als Kanzler ins Leben gerufen hatte, um gemeinsam mit Gewerkschaften, Wirtschaftsverbänden und Arbeitgebern über Auswege aus der Jobmisere nachzudenken. Dahinter stand auch ganz konkret die Absicht, sich in Anbetracht eines so empfundenen politischen Defizits an die Spitze der Bewegung zu stellen – und sei es auch eine selbst erzeugte Bewegung.

Die Methode ist im Kern immer die gleiche: Zunächst lädt ein Spitzenpolitiker die wichtigsten Vertreter der gesellschaftlichen Gruppen seines Ressortbereichs zu sich ein. Allein mit der Ankündigung eines solchen »Gipfels« ist dann schon viel erreicht: Erstens entsteht der Eindruck, dass sich der einladende Politiker um das von ihm zuvor selbst beschriebene Problem »kümmert«.

Und zweitens wird mit Hilfe der Medien eine starke öffentliche Erwartungshaltung aufgebaut. Kommen die Beteiligten dann unter den Augen der Öffentlichkeit zusammen, trägt der Politiker seine Forderungen vor und versucht, die Gäste unter dem Druck der selbst aufgebauten Erwartung zu Ergebnissen zu zwingen, zumindest aber zu Kompromissen. Ganz nach dem Motto: »Wir können doch jetzt nicht ohne Ergebnis vor die wartenden Kameras treten ...«

Allerdings machte von der Leyen einen großen Unterschied zu Schröder, denn sie hatte aus dem Scheitern seines »Bündnisses für Arbeit« gelernt. Der Ex-Kanzler hatte schlicht die falschen Leute eingeladen, als er die Verbände der Wirtschaft und der Arbeitgeber zu sich bat. Diese Gruppen konnten zwar wohlklingende Ziele formulieren und fromme Wünsche äußern, aber nicht die Schaffung neuer Arbeitsplätze zusichern. Darüber entscheidet nämlich je nach Auftragslage immer noch jede Firma selbst, egal was im fernen Berlin die Präsidenten der Verbände mit dem Kanzler besprechen.

Also schaute sich von der Leyen nach »abschlussfähigen« Partnern um, mithin nach Organisationen, die in der Lage waren, ihre Zusagen bei einem »Erziehungsgipfel« auch in die Tat umsetzen zu können. Das Problem: Bildung und Schulpolitik sind eigentlich Kernkompetenzen der Länder. Die dortigen Kultusminister unterbinden regelmäßig jegliche Versuche des Bundes, sich in ihre Zuständigkeiten einzumischen. Also musste die Bundesfamilienministerin sich eher auf die vorschulische Bildung konzentrieren und dort Ansprechpartner finden, die bundesweit agieren.

Sie brauchte nicht lange zu suchen, denn 73 Prozent der Kindergärten in freier Trägerschaft werden von der katholischen und der evangelischen Kirche geführt. Die Tatsache, dass sich darüber hinaus auch zahlreiche Schulen in Deutschland in kirchlicher Trägerschaft befinden, nutzte die eigentlich nicht zuständige Familienministerin geschickt als politisches Einfallstor für die Frage, welche Werte denn in den dortigen Einrichtungen von den Lehrern vermittelt werden. Nicht zuletzt passte es ihr auch gut ins Bild, dass es gerade die kirchlichen Schulen sind, die das christlich orientierte Bürgertum und mithin eine Kernklientel der CDU für die Ausbildung der eigenen Sprösslinge bevorzugt.

Kritikern ihres »Bündnisses für Erziehung« hielt von der Leyen den politischen Auftrag ihres Amtes entgegen: »Es ist meine Aufgabe, mich als Familienministerin für die Familie einzusetzen«, betonte sie in einem Interview. »Wenn wir nicht anfangen, unseren Kindern bestimmte Werte in der Erziehung mitzugeben, dann nehmen wir ihnen später große Chancen.« Zwar könne der Staat keine Erziehungsrichtlinien verordnen, aber er trage die Verantwortung für Schule und Kindergarten, argumentierte von der Leyen. »Der Staat muss Räume schaffen, in denen Erziehung gelingen kann – auch durch die entsprechende Ausbildung der Erzieher und Lehrer.«

Und so kam es, dass von der Leyen sich für einen provozierenden Auftritt vor der Bundespressekonferenz entschied. Eingeladen auf dem Podium waren nämlich nur der katholische Kardinal Georg Sterzinsky und die evangelische Bischöfin Margot Käßmann. Die Ministerin stellte die beiden Kirchen-Oberen als ihre Bündnispartner vor und beschrieb das Projekt »Bündnis für Erziehung« wie in einer Bibelstunde. »Christliche Werte wie Verlässlichkeit, Hilfsbereitschaft, Respekt und Gerechtigkeit sind die Basis unserer Gesellschaft«, schwärmte von der Leyen zum Entzücken der Kirchenvertreter. Ziel ihres neuen »Bündnisses für Erziehung« sei »eine wertegebundene Erziehung«, und dafür seien die Kirchen die »idealen Partner«. Denn wo, wenn nicht im christlichen Glauben und damit im Humus der beiden Kirchen liege die Wurzel dieser Werte, begründete von der Leyen und bekräftigte: »Das ist das Fundament.« Natürlich seien »christliche Werte universell und nicht von der Kirche gepachtet. Aber man sollte auch keine Scheu haben, ihren Ursprung zu benennen.«

Es war ein französischer Korrespondent, der am Ende der Pressekonferenz nachfragte, ob es angesichts der gemeinsamen Plattform von Ministerium und Klerus in Deutschland noch die Trennung von Staat und Kirche gebe. Auf dieses Stichwort hatten von der Leyens Gegner nur gewartet. Das linke und das liberale Deutschland – parteipolitisch meistens streng getrennt – bebten gemeinsam vor Empörung. Der *Spiegel* sah bereits einen »eskalierenden Kulturkampf« voraus. Das Bündnis der Familienministerin mit den Kirchen in Kernfragen wie der Erziehung »könnte einen Konflikt neu beleben, der seit Jahrhunderten in Deutschland schwelt«, prophezeite das Magazin. Wie viel Macht und Einfluss soll der Staat den Kirchen zugestehen? Wo steht der Thron, wo der Altar? Und welche Aufgaben dürfen die christlichen Glaubensgemeinschaften der Gesellschaft abnehmen?

Auch die FDP war ganz aus dem Häuschen. »Deutschland ist kein Gottesstaat«, polemisierten die Liberalen, die aus ihrer Tradition heraus jeder Einmischung der Obrigkeit in das Privatleben der Bürger skeptisch gegenüberstehen, sei es nun der Staat oder die Kirchen. Die Grünen meinten sogar, ein »christliches Erziehungsdogma« entdeckt zu haben, das es mit aller politischen Kraft zu verhindern gelte. Andere Kritiker warfen von der Leyen vor, mit der ausschließlichen Einladung der beiden großen Kirchen andere Glaubensgemeinschaften wie die der Muslime und Juden in Deutschland außen vor gelassen zu haben. Gleiches gelte auch für andere wichtige Akteure wie etwa Verbände und Gewerkschaften von Pädagogen und Erziehern.

Doch im Gegensatz zum letzten Konflikt um die steuerliche Familienförderung schwappten die Wogen der Kritik diesmal nur von links herein. Der konservative Flügel der Union, sonst nicht verlegen um eine kleine Spitze gegen von der Leyen, spendete ausnahmsweise einmal Beifall. Die Kombination von Kirchen, inneren Werten und Familie stellte eine Mischung dar, der man auf Seiten der Traditionalisten ausgesprochen freundlich begegnete, zumal die Ministerin »eine intensive Wertedebatte« in Aussicht stellte. »In einer globalisierten Welt, in der die äußeren Koordinaten sich völlig verändert haben, wird die innere Ordnung immer wichtiger. Das Gefühl der inneren Heimat – auch das ist wertegebundene Erziehung«, schwärmte von der Leyen.

Das war Musik in den Ohren der Konservativen, die Ministerin hatte dazugelernt. So konnte sie für sich in Anspruch nehmen, eine wichtige Debatte angestoßen zu haben – und diesmal ihre gesamte Partei hinter sich zu wissen. »Viele zum Teil heftige Reaktionen in Medien und von Verbänden zeigen, dass ich einen wunden Punkt berührt habe«, stellte sie nicht ohne Genugtuung fest. Und schließlich nahm sie in einem zweiten Schritt ihren Kritikern die Spitze, als sie später auch die Vertreter der Juden und Muslime sowie diverser Verbände zum Bündnis für Erziehung einlud. Doch als diese Konferenzen schließlich Wochen später ihre Arbeit aufnahmen, hatten die Medien schon wieder ihr Interesse verloren. Ursula von der Leyen hingegen hatte es geschafft, erneut die Schlagzeilen und Talkshows zu dominieren. Nur war ihre Provokation dieses Mal besser kalkuliert und professioneller vorbereitet worden. Als in einer repräsentativen Umfrage von Infratest schließlich stolze 87 Prozent der Befragten ihre Initiative zum »Bündnis für Erziehung« positiv bewerteten, hatte sie endgültig gewonnen.

Wenn man in die Geschichte des noch jungen Ministeriums für Frauen, Familie, Jugend und Senioren zurückblickt, dann fallen den meisten Bürgern kaum die Namen der bisherigen Amtsinhaberinnen ein. Zwar stand auch keine Geringere als Angela Merkel einmal an der Spitze dieses Ressorts; aber das war schon zu Helmut Kohls Zeiten, und Merkel ist aus dieser Periode eher wegen ihrer praktischen Kurzhaarfrisur und ihren wallenden, bunten Röcken in Erinnerung geblieben. Konstant hält sich dafür im allgemeinen Gedächtnis die politische Geringschätzung dieser sogenannten »soften« Politikfelder. Kohl hatte die Bereiche Familie, Gesundheit und Frauen unter drei Ministerinnen verteilt und diesen weiblichen Teil seines Kabinetts spöttisch als

»Dreimädelhaus« bezeichnet. Auch Gerhard Schröder stand seinem Vorgänger in nichts nach, wenn es um die Bewertung der »weichen« Ressorts ging. Für einen in der Wolle gefärbten Macho-Typen wie Schröder waren Familien- und Frauenpolitik schlicht »Gedöns«, rangierten also unter »ferner liefen«.

Ursula von der Leyen war die erste unter den »Ministerinnen für Gedöns«, die es schaffte, aus dem lange belächelten Amt etwas zu machen. Sie drängelte sich nach vorn, wie es keine ihrer Vorgängerinnen gewagt hätte, und suchte geradezu den Konflikt mit den politischen Großwesiren wie etwa dem Bundesfinanzminister. Von der Leyen baute ihr Ressort von Beginn an als eine Art »Querschnittsministerium« aus, wie sie selbst einmal formulierte. Daraus leitete sie jenseits aller Zuständigkeiten und Organigramme das Recht ab, in der Gesundheits- und Sozialpolitik ebenso mitzumischen wie in der Finanz- und Bildungspolitik.

Angela Merkel hat diesen Mut und die schiere Lust, sich täglich ins politische Schlachtgetümmel zu werfen, an Ursula von der Leyen stets bewundert – im Laufe der Jahre allerdings auch zu fürchten gelernt. Merkel ist nämlich eher eine Konsenspolitikerin. Für sie ist es keine Auszeichnung, mit blauem Auge aus dem politischen Boxring zu steigen. Da ist Ursula von der Leyen ganz anders gestrickt. »Es gibt Minister, die gehen keinen einzigen Meter ohne Rückendeckung der Kanzlerin«, hat ein enger Berater von Merkel einmal treffend geäußert. »Frau von der Leyen hingegen stürmt immer gleich los und immer auf eigene Rechnung.«

So ist es denn auch nicht verwunderlich, dass die Familienministerin ungeachtet der öffentlichen Kritik gleich am Anfang zwei große Projekte begann, die sich als wirklich heiße Eisen erweisen sollten: das Elterngeld und das Recht auf einen Kindergartenplatz, kurz »Kita-Garantie« genannt.

Wie die meisten Minister hat auch Ursula von der Leyen eine Art »Küchenkabinett«, also einen Kreis von Beratern, der sie mit neuen Ideen und Anregungen füttert. In den Bundesministerien

gibt es zwar exzellente Fachbeamte, doch jenseits von Experten-
wissen fallen die Regierungsdirektoren und Ministerialräte in
der Regel aus, wenn es um politische und strategische Planungen geht. Das hängt auch eng mit parteipolitischen und persönlichen Vorlieben des jeweiligen Ministers zusammen. Bei der Planung ihrer familienpolitischen Agenda hat Ursula von der Leyen
immer einen genauen Blick auf die skandinavischen Staaten ge-
worfen.

Kita-Garantie und Elterngeld

In Schweden, Finnland, Norwegen und auch in Dänemark mag es
viele Probleme geben, aber die Themen Kinderbetreuung und Vereinbarkeit von Familie und Beruf werden dort seit Jahrzehnten
schon vorbildlich gelöst. Für eine CDU-Politikerin ist es allerdings
nicht ganz ungefährlich, sich aus dem politischen Instrumentenkasten der Skandinavier zu bedienen, denn als gedanklicher
Überbau findet sich dort ein im Kern sozialdemokratischer, zumindest aber stark egalitärer Politikansatz. Zwar ist das Ausmaß des skandinavischen Wohlfahrtsstaats in den vergangenen
Wirtschaftskrisen und unter den Anpassungszwängen der Globalisierung sehr geschrumpft; doch insgesamt hat der Gedanke
einer allgemeinen, staatlich organisierten Wohlfahrt dort immer
noch Modellcharakter.

Kein Wunder also, dass sich in jedem der skandinavischen
Staaten ein familienpolitisches Instrument zur finanziellen Förderung junger Familien nach der Geburt ihres Kindes findet. Zwar
gab es unter dem Stichwort »Erziehungsgeld« bis Ende 2006 auch
in Deutschland eine Hilfe für junge Eltern. Doch die Blaupause
für das dann 2007 eingeführte »Elterngeld« entdeckten Ursula
von der Leyen und ihre Berater in Skandinavien.

Die neue Familienministerin warb mit aller Kraft dafür, diesen Paradigmenwechsel in der Familienpolitik endlich zu vollzie-

hen. Bei dem von ihr favorisierten Modell sollte der sogenannte Achterbahneffekt vermieden werden. Dieser Effekt besteht darin, dass die Geburt eines Kindes bei Doppelverdienerpaaren in der Regel dazu führt, dass ein Partner (meistens die Frau) in ihrem Beruf pausiert und sich damit in die finanzielle Abhängigkeit des anderen Partners (meistens des Mannes) begibt. Das Familieneinkommen bricht dadurch erheblich ein, bis nach einigen Jahren der zu Hause verbliebene Partner seine Berufstätigkeit wieder aufnehmen kann – in der Regel dann in Teilzeit.

Nun kann man zwar argumentieren, dass eine Entscheidung für ein gemeinsames Kind immer auch gegenseitige Abhängigkeit und großes Vertrauen erfordert. Allerdings hat die Emanzipation der Frauen dazu geführt, dass sich in den letzten Jahrzehnten auch in Liebesbeziehungen und dauerhaften Partnerschaften das Ideal der ökonomischen Unabhängigkeit etabliert hat. Vor allem bei Hochqualifizierten, bei denen der finanzielle Achterbahneffekt besonders deutlich ausfällt, wird das Eingehen einer ökonomischen Abhängigkeit als besonders unangenehm empfunden. Die Vermeidung einer solchen Situation gilt deshalb unter Soziologen auch als einer der wichtigsten Gründe für die bei Akademikerinnen verbreitete überdurchschnittlich hohe Kinderlosigkeit.

Nun war Ursula von der Leyen von vornherein klar, dass der Wegfall eines vergleichsweise hohen Gehalts nach der Geburt eines Kindes vom Staat und damit vom deutschen Steuerzahler nicht vollständig ausgeglichen werden konnte. Zwar gibt es in Norwegen tatsächlich eine hundertprozentige Erstattung für die Dauer von 46 Wochen – aber das können sich die wechselnden Regierungen in Oslo nur wegen der milliardenschweren Einnahmen aus den reichen Öl- und Gasvorkommen ihres Landes leisten.

Dennoch sollte auch im wesentlich sparsameren Deutschland das Elterngeld als eine befristete Ersatzleistung eingeführt werden, um den jungen Paaren mit einem Teilausgleich über die finanziell schwierige Frühphase der Familiengründung hinwegzuhelfen. Immerhin erstattet der Staat ein Jahr lang 67 Prozent des letzten Nettoeinkommens, wenn ein Elternteil zur Betreuung eines nach 2006 geborenen Kindes pausiert. Das Elterngeld ist zwar bei der Einführung auf maximal 1800 Euro pro Monat begrenzt worden, stellt jedoch für die meisten jungen Paare schon eine spürbare finanzielle Entlastung dar. In der Begründung des Gesetzes findet sich denn auch ganz ausdrücklich der Hinweis, dass mit dem Elterngeld jungen Menschen Mut gemacht werden soll bei der Entscheidung für ein Kind.

Ursula von der Leyen konnte ihren Triumph kaum verhehlen. »Wir haben ein historisches Zeitfenster genutzt, um in der Familienpolitik ein großes Stück voranzukommen«, sagte sie im Juni 2006, als der erste Entwurf im Bundeskabinett ihrem Eindruck nach »ausgesprochen positiv« aufgenommen worden war. »Das Elterngeld zeigt erstmals, dass es der Gesellschaft nicht gleichgültig ist, wenn sich junge Menschen für ein Kind entscheiden«, jubilierte die Familienministerin.

So weit, so gut. Die energische CDU-Politikerin hatte das Projekt Elterngeld auf die Startrampe gehoben, und das Gesetz wäre wohl auch ohne größere Debatte über die Hürden des Parlaments gegangen, wenn von der Leyen nicht auch noch darauf bestanden hätte, die Männer stärker als bisher in die Erziehung ihrer Kinder mit einzubeziehen. Sie hatte deshalb von den skandinavischen Staaten die Idee übernommen, sogenannte »Vätermonate« mit einzuführen. Danach sollte das Elterngeld nur dann zwölf Monate ausgezahlt werden, wenn für mindestens zwei Monate auch der andere Partner (also in der Regel der Vater) auf eine Berufstätigkeit verzichtet, um sich ganz der Familie widmen zu können.

Vätermonate als »Wickelvolontariat«

Unter den Ersten, die sich öffentlich gegen die Vätermonate aussprachen, befand sich CSU-Generalsekretär Markus Söder. »Der

Staat sollte nicht vorschreiben, von wem die Kinder erzogen werden, sondern das sollen die Eltern selbst entscheiden«, forderte Söder. Wie immer, wenn der CSU-Generalsekretär aus Bayern heraus eine Attacke gegen die Bundes-CDU ritt, war der Angriff sorgfältig geplant. Auch in diesem Fall konnte man getrost davon ausgehen, dass die Breitseite gegen von der Leyen mit dem damaligen CSU-Vorsitzenden und bayerischen Ministerpräsidenten Edmund Stoiber abgesprochen war. Wenig später sprang denn auch der damalige CSU-Landesgruppenchef im Bundestag, Peter Ramsauer, seinem Parteifreund Söder zur Seite. »Wenn es in den Familien funktioniert, kriegt man das auch so gut hin«, meinte der Oberbayer, der selbst vier Kinder hat. Seien die partnerschaftlichen Beziehungen hingegen schwierig, könne auch eine staatliche Steuerung nicht funktionieren. Den Vogel schoss Ramsauer ab, als er die Idee der Vätermonate mit dem launigen Begriff »Wickelvolontariat« belegte.

Doch der Widerstand gegen von der Leyens Pläne blieb nicht auf die CSU beschränkt. Auch der damalige nordrhein-westfälische Ministerpräsident Jürgen Rüttgers, als einer der einflussreichsten CDU-Politiker, positionierte sich gegen seine Parteifreundin. Die Pläne zum Elterngeld seien »alles andere als ein Einstieg in eine zeitgemäße Familienpolitik«, klagte Rüttgers. »Sie benachteiligen Geringverdiener und Alleinerziehende und schreiben den Menschen vor, wie sie zu leben haben.«

Es war vor allem der sanfte Druck auf die Väter, der den Gegnern des Von-der-Leyen-Modells nicht schmeckte. Papa daheim beim »Wickelvolontariat« mit Schnuller und Milchfläschlein, während Mutter draußen im Beruf ihren Mann steht – das war für manche Herren in der Union wohl etwas zu viel Modernisierung auf einmal. Monatelang zog sich die quälende Debatte hin. Geduldig, lächelnd und mit bewundernswerter Energie erklärte Ursula von der Leyen immer wieder landauf, landab die Vorteile ihres Modells, bis sich endlich eine Lösung fand, der SPD, CSU und CDU schließlich zustimmten.

Als ausgerechnet CSU-Generalsekretär Söder gemeinsam mit seinem SPD-Kollegen Hubertus Heil den Kompromiss der Regierungsparteien bei einer Pressekonferenz im Willy-Brandt-Haus präsentierte, konnte er sich ein Grinsen nicht verkneifen. Unter dem Spottgelächter der Journalisten wurde nämlich ein politischer Taschenspielertrick vollzogen. Söders etwas drollige Zauberformel lautete schlicht: »Zwölf minus zwei ist eine Sanktion. Zwölf plus zwei ist ein Bonus.« Das bedeutete, dass das Elterngeld nicht zehn Monate lang gezahlt und um zwei Monate verlängert werden sollte, wenn der bislang berufstätige Partner zu Hause bleibt, sondern generell zwölf Monate gelten sollte und um dann weitere zwei Monate verlängert werden konnte, falls die Herren der Schöpfung danach freiwillig zum »Wickelvolontariat« antreten.

Monatelang hatte der Berg gekreißt und dann diese Maus geboren! Entsprechend hämisch fielen die Kommentare in der Presse aus, doch Ursula von der Leyen war das egal – sie hatte letztendlich gesiegt und mit dem Elterngeld samt Vätermonaten eines der wichtigsten Reformprojekte für eine moderne Familienpolitik gegen erhebliche, ja teils erbitterte Widerstände durchgekämpft. Sogar die SPD zollte der CDU-Frau am Ende ihr ausdrückliches Lob und sprach von einem »Paradigmenwechsel«.

Allerdings musste von der Leyen noch einige bange Wochen durchstehen, denn die Gegner der Vätermonate gaben nicht auf. Einige zogen vor Gericht und hatten zumindest anfangs auch Erfolg damit: Das Landessozialgericht Niedersachsen-Bremen folgte den Argumenten der Kritiker und legte die Frage zur Klärung beim Bundesverfassungsgericht in Karlsruhe vor. Doch die Richter in den roten Roben widersprachen sehr deutlich der Auffassung, dass die Vätermonate zu stark in die Aufgabenverteilung einer Familie eingreifen und deshalb gegen das Grundgesetz verstoßen würden. Im Gegenteil: Das Verfassungsgericht begründete seine Entscheidung mit dem Argument, dass durch die Vätermonate sogar eine allzu einseitige Rollenverteilung in der Familie verhindert würde. Ursula von der Leyen wird jedes einzelne Wort dieses höchstrichterlichen Urteils mit Genuss gelesen und als Bestätigung verstanden haben. Ihre Familienpolitik wurde damit auch noch vom obersten deutschen Gericht geadelt.

Inzwischen sind die Vätermonate ein regelrechter Erfolg geworden. Nahmen die jungen Männer die Gelegenheit anfangs noch sehr zurückhaltend wahr, so stieg der Anteil der Väter zwischen Inkrafttreten des Gesetzes 2007 und Ende 2009 von 15,4 auf 23,9 Prozent. Mittlerweile sind es nach den Zahlen des Statistischen Bundesamtes sogar 25,3 Prozent. Für mehr als jedes vierte neugeborene Kind übernehmen also die Väter eine Zeit lang die volle Verantwortung und verzichten derweil auf ihre Berufstätigkeit. Von dieser Gruppe nimmt ein Drittel sogar noch mehr als die zwei Mindestmonate in Anspruch.

Allerdings sind es eher die besser ausgebildeten Männer in vergleichsweise sicheren Beschäftigungsverhältnissen, die sich eine Auszeit mit dem Nachwuchs gönnen. Nach einer Studie der gewerkschaftsnahen Hans-Böckler-Stiftung sind heute über die Hälfte der Männer mit »Wickelvolontariat« in Großbetrieben und in der öffentlichen Verwaltung beschäftigt. Sie arbeiten in der Regel als qualifizierte Angestellte und verfügen über einen Hochschulabschluss, sind durchschnittlich 37 Jahre alt und haben eine Partnerin, die ebenfalls erwerbstätig ist. Warum Männer in einfachen Tätigkeiten hingegen die Chance der Vätermonate nicht oder kaum nutzen, ist für die Sozialforscher empirisch schwer zu beantworten. Wahrscheinlich ist das traditionelle Bild des Vaters als Ernährer der Familie im Milieu der Arbeiter und einfachen Angestellten doch noch tiefer verankert als bei Akademikern. Dort gilt Man(n) inzwischen nicht mehr als »Weichei« oder »Softie«, wenn ihm das eigene Kind für ein paar Monate wichtiger ist als der Schreibtisch in der Firma.

Auffällig ist bei der Verteilung der Vätermonate allerdings, dass ihre Inanspruchnahme nicht nur vom Bildungsgrad, sondern auch von der Größe des Arbeitgebers abhängt. Je kleiner das

Unternehmen ist, das den Vater beschäftigt, desto seltener entscheidet er sich statistisch gesehen für die Auszeit in der Familie. Daraus kann man den Schluss ziehen, dass der im Unternehmen selbst präsente »klassische« Arbeitgeber in Gestalt eines Handwerksmeisters oder Selbstständigen mit wenigen Angestellten seinen Leuten immer noch sehr stark das Bild vermittelt, dass es nicht im Sinne der Firma wäre, wenn sie den Arbeitsplatz eine Zeit lang gegen den Sandkasten eintauschen. Das hat in der Regel weniger mit Weltanschauungen, sondern mit mangelnder Flexibilität zu tun. Je kleiner ein Unternehmen ist, desto schwerer fällt es natürlich auch, ausfallende Arbeitskräfte zu ersetzen.

Dennoch kann Ursula von der Leyen heute für sich in Anspruch nehmen, dass die Einführung des Elterngelds inklusive der umstrittenen Vätermonate nicht nur eine willkommene Hilfe für junge Familien darstellt, sondern auch dazu beigetragen hat, die eingefahrenen Rollenmuster bei der Erziehung des Nachwuchses zu überdenken oder zumindest einmal offen zu diskutieren. Gesellschaftliche Veränderungen erfolgen meistens nach langen Debatten strittiger Ideen oder Projekte. Indem von der Leyen das traditionelle Familienbild ihrer Partei in Frage stellte und mit dem Erziehungsgeld samt Vätermonaten ein konkretes Gegenmodell anbot, hat sie den Prozess des allmählichen Umdenkens nicht nur angestoßen, sondern durch ihr politisches Handeln auch ganz konkret geformt und – was selten ist – sogar zu einem überzeugenden Ergebnis geführt.

Nun wenden ihre Kritiker ein, dass der Erfolg von Familienpolitik sich ganz konkret messen lasse, und zwar anhand der Geburtenzahlen. Der Staat kann noch so viele Gesetze schaffen und noch so viele Leistungen bezahlen – wenn das Land am Ende immer weniger Kinder hat und langsam in eine demografische Falle hineinrutscht, ist das eigentliche Ziel der Familienpolitik verfehlt worden. Schon Charles de Gaulle mahnte in seinen Memoiren: »Die Erhöhung der Bevölkerungszahl ist zweifellos die wichtigste von allen Investitionen.« Heute wäre die Bundesregierung schon froh, wenn die Zahl der Einwohner in Deutschland wenigstens konstant bliebe.

Viel Steuergeld für wenig Kinder

Um die andauernde Diskussion über den Sinn und Unsinn familienpolitischer Leistungen vom Kopf auf die Füße zu stellen, gab von der Leyen zum Ende ihrer Amtszeit als Bundesfamilienministerin schließlich eine Langzeitstudie in Auftrag. Fünf Jahre später lag das Ergebnis vor, und es fiel auf den ersten Blick nicht so aus, wie sich die Auftraggeberin erhofft hatte.

In der Tat ist es nämlich so, dass sich die Zahl der Neugeborenen in der Amtszeit von Bundesfamilienministerin von der Leyen kaum verändert hat, während die Ausgaben zugunsten der Familien beträchtlich gestiegen sind. Mit einer statistischen Geburtenrate von 1,39 Kindern liegt Deutschland im Vergleich zu anderen EU-Staaten heute immer noch relativ weit hinten; der Durchschnitt der OECD-Staaten beträgt 1,5 Kinder je Frau.

Allerdings lässt sich die Kinderarmut in Deutschland nicht mit mangelndem Geld oder staatlichem Attentismus erklären. Immerhin gibt es hierzulande insgesamt 156 verschiedene familienpolitische Leistungen. Dazu zählen vom Kinder- und Waisengeld über den steuerlichen Kinderfreibetrag, das Ehegattensplitting bis hin zur Finanzierung von Kitas und Kinderspielplätzen alle staatlichen Anstrengungen, die im Sinne der Familien erbracht werden. Der finanzielle Aufwand ist beträchtlich: Im Jahr 2013 gaben Bund, Länder und Kommunen dafür insgesamt über 200 Milliarden Euro aus. Die größten Kostenblöcke sind das Kindergeld mit rund 40 Milliarden Euro, die Mitversicherung von Familienangehörigen (27), das Ehegattensplitting (20), Kita-Plätze (16), Rentenversicherung (11,5), Erziehungshilfen (6,3) und das Elterngeld mit 4,6 Milliarden Euro. Viel Geld für vergleichsweise wenig Kinder also.

Die Autoren der Langzeitstudie bemängelten zudem, dass 85 Prozent der Mittel in Form von Zuwendungen oder Steuererleichterungen direkt an die Familien fließen. Nur 15 Prozent seien hingegen Realtransfers, also etwa Geld für Bildung und Kita-Plätze. Gerade aber mit solchen Realtransfers lassen sich in den Augen der Wissenschaftler mehr Lenkungseffekte im Sinne einer direkten Nachwuchsförderung erzielen als mit reinen Zahlungen oder Steuervorteilen, die in der Regel im Alltag der Familien einfach nur konsumiert werden.

Allerdings ist diese Langzeitstudie des Familienministeriums damals zusammen mit dem Bundesfinanzministerium in Auftrag gegeben worden. Das erklärt ihre Konzeption als reine Kosten-Nutzen-Rechnung. Im Mittelpunkt standen eher Geburtenzahlen und die Bedürfnisse des Staates und der Wirtschaft. Wenn in der Studie beispielsweise die hohe Zahl von Teilzeitbeschäftigungen bei Frauen kritisiert wird, dann mag das aus volkswirtschaftlicher Sicht nachvollziehbar sein; schließlich ist es eine Ressourcenverschwendung, wenn gut und teuer ausgebildete Frauen zu Hause bleiben.

Rein ökonomisch betrachtet wäre es natürlich besser, wenn junge Mütter arbeiten gehen, den Fachkräftemangel der deutschen Wirtschaft lindern, selber Geld verdienen und so dazu beitragen, das Bruttoinlandsprodukt zu vergrößern. Doch gerade in der Familienpolitik hilft der rein ökonomische Blick oft nicht weiter. Die Entscheidung für ein Kind hängt neben finanziellen Erwägungen mit vielen anderen Faktoren zusammen: Man braucht den richtigen Partner zur richtigen Zeit, eine ausreichende Wohnung, einen Kita-Platz und auch verständnisvolle Arbeitgeber, die einem nach der Geburt Schritt für Schritt den Weg zurück in den Beruf ebnen – und das nach dem Wunsch vieler Eltern gern mit reduzierter Arbeitszeit. Eine große Zahl junger Mütter will bewusst nur in Teilzeit arbeiten, um einfach etwas mehr Zeit für das Kind und die Familie zu haben – auch wenn das volkswirtschaftlich suboptimal ist.

Wenn der Staat für die steuerliche Bevorzugung der Ehe auf Einnahmen von rund 20 Milliarden Euro verzichtet, für das Elterngeld aber nur 4,6 Milliarden Euro ausgibt, dann zeigt das die Dimension ebenso klar auf wie die politische Prioritätensetzung. Jedenfalls ist das Elterngeld auch im Sinne einer Unterstützung junger Familien besser angelegt als die steuerliche Privilegierung kinderloser Ehen. Ursula von der Leyen kann es sich mit berechtigtem Stolz auf die Fahnen schreiben, das Projekt gegen alle Widerstände durchgesetzt zu haben. Gemessen an den 200 Milliarden Euro für alle familienpolitischen Leistungen fallen die Aufwendungen für das Elterngeld wirklich bescheiden aus. Dennoch trägt es mehr als andere Leistungen dazu bei, junge Leute bei der Entscheidung für ein Kind gezielt zu unterstützen.

Auch ein anderes politisches Projekt der Familienministerin wurde anfangs erbittert bekämpft, stellt sich heute in der Rückschau aber als der zweite große politische Erfolg von Ursula von der Leyen dar: der flächendeckende Ausbau der Kindertagesstätten und der Rechtsanspruch auf einen Kita-Platz.

Nach dem Bundesparteitag der CDU im November 2006 forderte von der Leyen im Februar 2007 einen massiven Ausbau der Angebote zur Kinderbetreuung für unter Dreijährige. Gebraucht würden mindestens 500 000 solcher Plätze, zusätzlich versteht sich. Bis zum Jahr 2013 sollten für rund 35 Prozent aller Zwei- und Dreijährigen in Deutschland Betreuungsplätze geschaffen werden. Dafür waren rund 750 000 Betreuungsangebote erforderlich. Außerdem forderte die SPD als Koalitionspartner einen Rechtsanspruch auf einen Kindergartenplatz für Kinder ab einem Jahr – ein Anliegen, das auch von der Leyen unterstützte. Mit dem massiven Ausbau von Kita-Plätzen für Kleinkinder griff die CDU-Politikerin einen Vorschlag auf, den schon ihre Amtsvorgängerin Renate Schmidt von der SPD gemacht hatte.

»Ich freue mich, dass Frau von der Leyen jetzt bei uns ist«, sagte damals mit etwas hilfloser Ironie die sozialdemokratische Familien-Expertin Nicolette Kressl. Zwar wurde in Berlin rund um den Bundestag schon über den »dreisten Ideenklau« gelästert, doch bei den Bürgern kam dieser Streit um das politische Urheberrecht gar nicht richtig an. Nahezu unbemerkt hatte von der Leyen es geschafft, dem Koalitionspartner SPD im Handstreich die Vorherrschaft über die Familienpolitik zu entreißen – durch die schlichte Übernahme sozialdemokratischer Positionen. Nach noch nicht einmal einem Jahr im Amt der Bundesfamilienministerin hielten die Deutschen Ursula von der Leyen und die Unionsparteien für familienkompetenter als die SPD, ermittelte damals Infratest dimap.

Diese Strategie der Übernahme hatte in der damals regierenden Großen Koalition den Vorteil, dass die SPD zähneknirschend zustimmen musste, wenn die CDU-Frau die Forderungen der Sozialdemokraten zu den ihrigen machte. In der Union hingegen verfolgte man das Vorgehen der jungen Familienministerin mit wachsendem Unbehagen. »Jeder muss erkennen können, dass es einen Unterschied gibt zwischen der früheren SPD-Familienministerin Renate Schmidt und der CDU-Ministerin von der Leyen«, mahnte der damalige CSU-Chef Edmund Stoiber in seiner Aschermittwochsrede in Passau. »Wir dürfen uns nicht in eine Diskussion hineindrängen lassen, welche Frau die bessere Mutter ist.«

Doch diese Diskussion war nicht mehr aufzuhalten, und sie entbrannte mit voller Wucht. Ähnlich wie zuvor beim Elterngeld und den Vätermonaten meldeten sich vor allem die Konservativen zu Wort. Der damalige CSU-Landesgruppenchef Peter Ramsauer und der thüringische CDU-Politiker Mike Mohring warfen von der Leyen vor, die Unionsparteien vom Leitbild der traditionellen Familie wegzubewegen und sie damit ihren Stammwählern zu entfremden. Auch CSU-Chef Stoiber warnte: »Wir müssen darauf achten, dass wir diejenigen, die sehr stark in den christlichen Werten wurzeln, an uns binden. Diese Menschen wählen Union – oder gar nicht. Jedem in der Union muss klar sein: Wer Stammwähler aufgibt, gibt seine Wurzeln auf.«

»Rabenmütter« und »Gebärmaschinen«

Hatten sich bei der vorangegangenen Debatte um die Vätermonate vor allem die Männer geäußert, so kam die Kritik diesmal
auch sehr stark von den Frauen. Ihnen ging es allerdings weniger um die Frage, ob die Union durch den Schwenk in der Familienpolitik ihre Stammwähler verliere. Vielmehr schwang beim
Großteil der weiblichen Wortmeldungen die echte Sorge um das
Wohl der Kinder mit. Vor allem eine Frage stand im Vordergrund:
Ist es wirklich gut für die Kleinen, wenn man sie schon im Alter
von drei, zwei oder gar nur einem Jahr von der Mutter trennt und
tagsüber in eine Kita gibt? Handeln Eltern, die ihre Kinder »weg-
geben«, um selbst arbeiten zu gehen, nicht egoistisch, weil sie
ihre eigene berufliche Selbstverwirklichung über das Bedürfnis
ihrer Kinder nach Nähe und Geborgenheit stellen? Oder, um den
alten Kampfbegriff zu verwenden: Ist eine Frau, die ihr einjäh-
riges Kind in eine Kita bringt, in Wahrheit nicht eine »Rabenmutter«? Und sind alle anderen, die sich selbst um ihre Kinder
kümmern und dafür auf Geld und berufliche Erfüllung verzichten, wirklich nur altbacken und konservativ? Und nicht zuletzt:
Was soll das gesellschaftliche Leitbild einer christlichen, werte-
orientierten Partei sein? Die moderne Karrierefrau oder die Hausfrau und Mutter?

Edmund Stoiber sprach sicherlich für viele, als er seinen Unmut in einem *Spiegel*-Interview offen ausdrückte: »Es gibt einen Trend, Frauen regelrecht zu stigmatisieren, die für ihre Kinder den Beruf aufgeben.« Stoiber zielte damit auf gebräuchliche
Schmähbegriffe wie »Heimchen am Herd«. Solche Verunglimp-
fungen mussten alle Frauen, die bei ihren Kindern zu Hause geblieben waren, zu Recht als verletzend empfinden. Das heute in
der jüngeren Generation gängige Bild von einer berufstätigen
Mutter ist vor allem der älteren Generation von Frauen suspekt,
weil damit indirekt ihre Stellung und ihre Lebensleistung relativiert werden. Nach dem Motto: Die Älteren waren »Nur-Haus-

frau«, die selbsternannten Modernen hingegen schaffen heute beides: Beruf und Familie! Oder zugespitzt: Die Alten hatten Kind und Küche, die Jungen haben Kinder und Karriere! So etwas schafft Missstimmungen.

Hinzu kommt, dass sicher einige Frauen mit ihrer Entscheidung hadern, in früheren Jahren für die Kinder auf eine Berufstätigkeit verzichtet zu haben. Vor allem wenn der Nachwuchs aus dem Haus ist, stellt sich gelegentlich Reue ein, insbesondere, wenn der Einstieg in den erlernten oder in einen anderen Beruf nicht mehr gelingt. Befindlichkeiten dieser Art bilden neben partei- und machttaktischen Erwägungen die wohl zutreffendste Erklärung dafür, dass so erbittert um Kindergartenausbau, Ganztagsbetreuung und Betreuungsgeld gestritten wurde.

Auch hier legte Stoiber den Finger in die Wunde, als er sich darüber erregte, dass es doch ein »Skandal« sei, wenn die oberste Familienrichterin Deutschlands behaupte, dass Kinder am besten in einem Hort aufgehoben sind, weil sie durch »isolierte Einzelerziehung« zu »Haustyrannen« würden. Richtig Öl in das Feuer goss schließlich der Augsburger Bischof Walter Mixa, als er Ursula von der Leyen vorwarf, sie degradiere mit ihrem Angebot für mehr Kinderbetreuungsplätze die Frauen in Deutschland zu »Gebärmaschinen«.

Bischof Mixa wandte sich damit nach eigenen Worten »gegen eine Politik, die es einseitig fördert, dass junge Mütter ihre kleinen Kinder kurz nach der Geburt in staatliche Fremdbetreuung geben sollen, statt sich ganz und gar ihren Kindern in den ersten drei Lebensjahren zu widmen«. Wer den Müttern diesbezüglich keine Wahlfreiheit zugestehe und dennoch politisch mehr Geburten in Deutschland fordere, müsse sich – so Mixa – den Vorwurf der »Degradierung zu Gebärmaschinen« gefallen lassen.

Damit war der Bischof natürlich jenseits seiner drastischen und unangemessenen Wortwahl weit über das Ziel hinausgeschossen. An der Wahlfreiheit der Eltern rührte von der Leyens Vorschlag für den Ausbau der Krippenplätze sicher nicht – jeder konnte sich weiterhin nach eigenem Gutdünken frei entscheiden. Eine möglichst vollständige Unterbringung aller Kinder in Kitas wie zu DDR-Zeiten hat Ursula von der Leyen nie erwogen. Sie empfand es deshalb zu Recht als »fast schon zynisch, wenn einige jetzt so tun, als ob ein freiwilliges Angebot für einen Kinderbetreuungsplatz ein Zwang sei, sein Kind auch dorthin zu geben«.

Ihren Kontrahenten Mixa belegte die Bundesfamilienministerin im Verlauf der weiteren Debatte denn auch mit der politischen Höchststrafe, nämlich mit schlichter Nichtbeachtung. Auf entsprechende Journalistenfragen, was sie denn zur Kritik des Bischofs sage, antwortete sie kurz und knapp: »So etwas kommentiere ich nicht.«

Doch damit war das Problem nicht aus der Welt, denn der Familienbund der Katholiken in Bayern unterstützte Mixas Position. Bedürfnisse der Familien würden derzeit in der Familienpolitik nur so weit erfüllt, wie es den Interessen der Wirtschaft entspreche, die junge Mütter wegen des Fachkräftemangels möglichst schnell wieder in den Beruf zurückholen wollten, klagte der Landesvorsitzende des katholischen Familienbundes Johannes Schroeter.

Zwar ist Ursula von der Leyen evangelisch. Trotzdem ist es für eine CDU-Politikerin immer misslich, wenn sie ins Kreuzfeuer der deutschen Katholiken gerät. Als Christdemokrat sollte man generell gut mit der Kirche stehen. Dass von der Leyen im Streit mit den Kirchenvertretern prompt Unterstützung von der SPD, den Grünen und den Linken erhielt, machte ihr die Sache vom innerparteilichen CDU-Standpunkt aus betrachtet nicht gerade leichter. Aber in der Politik kann man sich seine Freunde und Helfer eben nicht immer aussuchen. Allerdings sprangen ihr später auch prominente Katholiken bei wie der damalige Erzbischof von Berlin, Georg Kardinal Sterzinsky, sowie eine alte Freundin, die frühere Ratsvorsitzende der Evangelischen Kirche, Bischöfin Margot Käßmann.

Die Gegner von Ursula von der Leyen hatten auf dem Höhepunkt der Auseinandersetzung natürlich flugs eine Umfrage bei der Hand, wonach 70 Prozent der Deutschen die Meinung vertraten, eine Mutter solle möglichst lange zu Hause bei ihren Kindern bleiben. Doch die zur Reform entschlossene Familienministerin ließ sich davon nicht beeindrucken. Nach anderen Umfragen wollte die Mehrzahl der jungen Frauen und Männer Familie und Beruf miteinander vereinbaren, hielt sie in einem Interview mit dem *Stern* dagegen. »Natürlich sollen die Mutter und übrigens auch der Vater möglichst lange bei ihren Kindern bleiben«, räumte von der Leyen ein. »Aber das heißt doch nicht 24 Stunden am Tag, sieben Tage die Woche, 52 Wochen im Jahr. Das hat es in der Menschheitsgeschichte noch nie gegeben.« Einmal in Fahrt, räumte sie auch gleich mit dem verklärten Bild mancher Konservativer von der guten, alten Familientradition auf: »Gehen Sie nur mal 100 Jahre zurück. Vater und Mutter mussten damals hart arbeiten, auf dem Bauernhof oder in der Fabrik. Geschwister oder die Oma kümmerten sich um die Kinder«, erinnerte von der Leyen. »Wo ist die Idylle in den letzten Jahrhunderten denn tatsächlich gelebt worden?«

Ebenso unerschütterlich redete sie gegen die weit verbreitete Meinung an, dass Kleinkindern von drei oder weniger Jahren der Besuch einer Kita schaden könnte. In Schweden etwa besuchen 78 Prozent der unter Dreijährigen eine Kita, in Deutschland nur rund jedes fünfte Kind dieser Altersklasse. Schäden bei den jungen Schweden seien aber nicht feststellbar, argumentierte von der Leyen. Außerdem könne man Kindern nicht früh genug Wissen anbieten. »Kinder lernen vom ersten Lebenstag an, und man kann sie gar nicht davon abhalten«, sagte die Ministerin. »Die Frage ist eher, ob bei manchen Kindern nicht in den ersten Lebensjahren Fähigkeiten verkümmern, sich nie entfalten, weil sie keine Anregung bekommen.« Wenn eine Kindheit etwa ohne Musik und Singen bleibe, ließe sich das später nicht mehr wecken.

Das sollte natürlich nicht als Vorbehalt gegen die pädagogischen Fähigkeiten der Eltern missverstanden werden. Da aber sehr viele Kinder heute allein, ohne weitere Geschwister aufwachsen, sei die Anregung im Spiel mit anderen Kindern äußerst wichtig, argumentierte von der Leyen.

Die »Herdprämie«

Aus diesem Grunde sprach sie sich anfangs auch vehement gegen die Forderung der CSU aus, ein »Betreuungsgeld« an alle Eltern auszuzahlen, die ihre Kinder nicht in eine Kita geben, sondern sie bei sich zu Hause lassen. Die CSU wollte das als eine Art »Belohnung« für die häusliche Erziehung verstanden wissen. Da die Bereitstellung von Kita-Plätzen auch viel Geld kosten würde, so die Argumentation, könne man ebenso gut diejenigen unterstützen, die dem Staat diese Kosten ersparen würden. Das klang zwar auf den ersten Blick einleuchtend, war aber dennoch aus mehreren Gründen ein höchst umstrittenes Projekt. Zum einen sind staatliche Hilfen kaum damit zu begründen, dass sie als Belohnung für die Nichtinanspruchnahme anderer staatlicher Leistungen ausgezahlt werden. Nach dieser Logik müsste man auch alle Theater- oder Opernmuffel in Deutschland belohnen, weil sie diese vom Staat hoch subventionierten Spielstätten nicht nutzen. Zum anderen ist es gerade für Kinder aus Problemfamilien höchst sinnvoll, so früh wie möglich eine Kindertagesstätte zu besuchen. Diesen Kindern kann es nur guttun, unter vernünftiger Aufsicht mit anderen Kindern zu spielen, Regeln zu lernen und Kreativität zu entfalten und zumindest für einige Stunden der Gleichgültigkeit ihrer dauerfernsehenden, trinkenden oder gar prügelnden Eltern zu entkommen.

Auch für Kinder aus Familien mit Migrationshintergrund wäre es besser, in einer Kita mit deutschen Kindern zu spielen, um so möglichst früh und im besten Lernalter die deutsche Sprache aufzunehmen. Und weil gerade in benachteiligten Familien jeder

Euro gebraucht wird, ist es absehbar, dass sie ihre Kinder zu Hause lassen und gern das Betreuungsgeld annehmen. Ursula von der Leyen hat diese Konsequenz treffend in einen Begriff gepackt: Das Betreuungsgeld sei eine »Bildungskatastrophe«, und man müsse aufpassen, dass es nicht in »neue Flachbildschirme« für die Eltern investiert werde.

Doch nicht nur von der Leyen und mit ihr ein Teil der CDU sprachen sich gegen das Betreuungsgeld aus. Auch die SPD lehnte diese Idee der CSU vehement ab. Da die bayerischen Christsozialen aber darauf bestanden und die für die Finanzierung der Kitas zuständigen Länder und Kommunen zudem die Auffassung vertraten, dass der Bund bitte schön den von ihm gewünschten Ausbau der Kindergärten selbst bezahlen solle, hatte sich im Laufe der hitzigen Debatte ein kompliziertes, ja schier unentwirrbares Knäuel entwickelt.

Die Große Koalition schaffte es nicht mehr, den gordischen Knoten in der Familienpolitik ganz zu durchschlagen. Immerhin stellte die damalige Bundesregierung für den Ausbau der Kitas bis 2013 vier Milliarden Euro zur Verfügung. Damit war rund ein Drittel der Gesamtkosten gedeckt, die für den von Ursula von der Leyen beabsichtigten Kita-Ausbau erforderlich waren. Obwohl das ein wirklich faires Angebot an die eigentlich verantwortlichen Länder und Kommunen darstellte, sollte die Umsetzung noch einige Jahre in Anspruch nehmen und auch die beiden nachfolgenden Bundesfamilienministerinnen Christina Schröder und Manuela Schwesig beschäftigen.

Betrachtet man die Situation heute, dann kann man unter dem Strich feststellen, dass sich das Angebot an Kita-Plätzen auch für Kleinkinder unter drei Jahren erheblich verbessert hat, selbst wenn in Großstädten nicht jedes Elternpaar eine Betreuung in unmittelbarer Wohnortnähe findet. Das größte Problem stellt heute eher der Mangel an geeigneten Erzieherinnen und Erziehern dar. Insgesamt aber ist es das unbestreitbare Verdienst von Ursula von der Leyen, den notwendigen Anstoß für den dringend notwendigen Ausbau der Kinderbetreuung gegeben zu haben.

Ungelöst blieb damals der Streit um das Betreuungsgeld. Nach der Bundestagswahl im Herbst 2009 kam eine schwarz-gelbe Koalition aus CDU, CSU und FDP ins Amt. Doch wie zuvor die SPD lehnten auch die Liberalen als neuer Koalitionspartner die von der CSU weiterhin hartnäckig geforderte Leistung als bloße »Herdprämie« ab. Die FDP schlug als Kompromiss vor, das Betreuungsgeld nicht auszuzahlen, sondern in Form von Bildungsgutscheinen zu erstatten. Mit diesen könne dann Musikunterricht, Nachhilfe oder anderes finanziert werden, das der Ausbildung des Kindes zugutekomme. Damit sollte verhindert werden, dass die Eltern das Betreuungsgeld durch den Kauf von Konsumgütern missbrauchen.

Auch dieser Streit ging wochenlang durch das Land, bis die Kanzlerin höchstpersönlich gegen die Idee der Bildungsgutscheine und damit gegen ihren neuen Koalitionspartner FDP entschied. Angela Merkel warnte vor einer »Misstrauensdebatte gegen Eltern«. Familien, die ihre Kinder zu Hause betreuen, müssten selbst darüber entscheiden können, wie sie das Geld verwenden. »Wenn wir die Diskussion anfangen, dass man den Familien nicht mehr zutrauen kann, damit etwas Vernünftiges zu machen – dann tun wir etwas, was mit meinem Menschenbild nicht übereinstimmt«, sagte Merkel. Damit hatte sie nicht nur die Liberalen enttäuscht, sondern auch ihre Familienministerin. Von der Leyen hatte nämlich zuvor offen zu erkennen gegeben, dass ihr die Bildungsgutscheine im Zweifel immer noch lieber seien als die von der CSU verlangte Barauszahlung der »Herdprämie«.

Doch sie sollte sich nicht mehr lange mit diesen Fragen herumschlagen. Wenige Tage nach dem Machtwort der Kanzlerin verließ Ursula von der Leyen das Bundesfamilienministerium. Angela Merkel hatte sie gebeten, von heute auf morgen das Bundesministerium für Arbeit und Soziales zu übernehmen. Einen solchen Wunsch, der eigentlich eine Anordnung ist, kann niemand ablehnen, der in der Politik noch Karriere machen will. Und das wollte Ursula von der Leyen auf jeden Fall, auch wenn sie dem neuen Amt anfangs wenig Begeisterung abgewinnen konnte.

»Zensursula«

Doch bevor sie Ende 2009 das Ministerium wechselte, hatte sie sich noch in einen anderen politischen Kampf verstrickt. Der schwierige Streit um die Modernisierung der Familienpolitik war nämlich nicht das einzige große Thema, das sie als Bundesministerin durchfechten musste. Vor allem das letzte Amtsjahr 2009 stand ganz im Zeichen einer aufgeregten Debatte um die Sperrung von Internetseiten mit kinderpornografischem Material.

Die ganze Dimension des Problems war Ursula von der Leyen erst bewusst geworden, als sie sich im November 2008 auf eine internationale Konferenz zum Schutz der Kinder vor sexueller Ausbeutung in Rio de Janeiro vorbereitete. »Ich habe das Ausmaß des Grauens vorher nicht gekannt«, bekannte sie später in einem Interview mit der *FAZ*. »Mir war nicht klar, dass die Kinder vor laufender Kamera geschändet werden, sie zum Teil getötet werden, die Schreie der Kinder im Internet hörbar sind. Und dass diese bewegten Bilder in Massen im Internet gezeigt werden.«

Ihr Schock wurde noch größer, als sie in Rio mit Experten und Amtskollegen aus anderen Ländern sprach und erfuhr, dass Deutschland im Kampf gegen diese Verbrechen eher hinten als vorne lag. »Mir war nicht klar, dass europäische Länder um uns herum, aber auch Kanada und Neuseeland seit Jahren dagegen kämpfen und an uns vorbeigezogen sind.« In diesen und anderen Ländern gab es Internetsperren, die nach Darstellung dortiger Kriminologen mit Erfolg betrieben wurden.

Schon auf dem Rückflug von Rio nach Berlin reifte in Ursula von der Leyen der Plan, solche Internetsperren auch in Deutschland zu errichten. Kaum angekommen, sprach sie mit dem damaligen Bundesinnenminister Wolfgang Schäuble als Vorgesetztem des Bundeskriminalamtes. Dessen damaliger Chef Jörg Ziercke hatte schon 2008 politische Schritte gegen die ausufernde Kinderpornografie im Netz gefordert. Außerdem band von der Leyen noch Bundeswirtschaftsminister Michael Glos und nach dessen Rückzug im Februar 2009 Karl-Theodor zu Guttenberg ein, weil das einschlägige Telemediengesetz unter deren Federführung stand. In beiden Ressorts regierten Unionspolitiker, was die Vorbereitung und Abstimmung erleichterte.

Karl-Theodor zu Guttenberg unterstützte das Anliegen seiner Kabinettskollegin von der Leyen bereitwillig, denn auch seine Frau Stephanie zu Guttenberg engagierte sich damals als Vorsitzende der deutschen Sektion von »Innocence in Danger«. Diese internationale Nichtregierungsorganisation hatte sich ebenfalls dem Kampf gegen die sexuelle Ausbeutung von Kindern verschrieben und dabei einen Fokus auf das Internet gelegt. Das von der Sozialdemokratin Brigitte Zypries geführte Bundesjustizministerium ließ die Familienministerin zu Beginn ihrer Kampagne außen vor, was sich schnell als Fehler herausstellen sollte. Kaum hatte nämlich Ursula von der Leyen ein erstes Papier zu den geplanten Internetsperren erstellt, schrieb ihr Zypries einen geharnischten fünfseitigen Brief, in dem sie »erhebliche verfassungsrechtliche Risiken« gegen die Sperrung von Webseiten geltend machte, die sie »nicht mittragen« könne.

Unter der in Artikel 5 Grundgesetz geregelten Presse- und Meinungsfreiheit steht schließlich der Satz: »Eine Zensur findet nicht statt.« Nach einem längeren Schlagabtausch mit Interviews und gegenseitigen Vorwürfen lenkte von der Leyen schließlich ein und beteiligte auch das Bundesjustizministerium an dem Gesetzgebungsverfahren. Auch das ist typisch für ihren Politikstil: Am liebsten stürmt sie ohne Absprachen voran und macht alles allein. Nur wenn es wirklich nicht anders geht, bindet sie widerwillig andere mit ein, hält aber auch diesen Kreis so klein wie irgend möglich. Eine freiwillige Beteiligung anderer Politiker käme ihr nie in den Sinn.

Wenige Wochen nach der Konferenz in Rio brachte sie bereits ein Eckpunktepapier zur Bekämpfung der Kinderpornografie im Internet ins Kabinett. Böse Zungen erklärten die Eile damals mit dem herannahenden Wahlkampf. Den Wählerinnen und Wählern wollte sich von der Leyen nicht nur als Reformerin der Familienpolitik, sondern auch als unerschrockene Vorkämpferin gegen Kindesmisshandlungen empfehlen.

Im Einzelnen sah ihr Konzept vor, im Internet ein Stoppschild zu errichten. Dort sollten alle Nutzer landen, die beim Surfen durch das Web auf einer Seite mit kinderpornografischem Material landen oder darauf zusteuern. Diese Webfilter sollten nach ihren Vorstellungen von den Internetprovidern errichtet und mit geheimen Listen gefüttert werden, die aus der einschlägigen Ermittlungsarbeit des Bundeskriminalamts stammen. Die entsprechenden Seiten sollten danach von den Betreibern und Hostern gesperrt werden.

Natürlich war es von der Leyen in der kurzen Zeit nicht gelungen, alle relevanten Internetprovider hinter ihrem Ziel zu versammeln. Sie hatte sich aber auf die acht größten konzentriert, in der Hoffnung, dass der Rest dann mehr oder weniger freiwillig schon folgen werde. Die Chefs dieser acht Unternehmen wurden dabei in einer bemerkenswert aggressiven Art und Weise unter Druck gesetzt, eine entsprechende Vereinbarung zur Kooperation mit dem BKA zu unterzeichnen. Einer der ersten war der damalige Chef der Deutschen Telekom AG, René Obermann. Er wurde im persönlichen Gespräch mit der Ministerin gewarnt, dass sie künftig jeden Betreiber öffentlich nennen müsse, der es zulasse, dass im Internet frei zugänglich die Vergewaltigung von Kindern gezeigt werden könne – nach dem Motto: »Herr Obermann und die Telekom tun nichts gegen Kinderschänder«. In Planung sei auch eine Kampagne »Gemeinsam gegen Kinderpornografie«, die von der Bundesregierung und der Wirtschaft getragen werden sollte. Ob ausgerechnet die Telekom sich diesem Anliegen verweigern wolle?

Das alles wurde mit freundlichem Lächeln und zwischen den Zeilen formuliert, doch die Botschaft war knallhart und glasklar. Kein Wunder, dass der Topmanager sich trotz konzerninterner rechtlicher Bedenken schnell zur Mitwirkung bereit erklärte. Weder er persönlich noch das Unternehmen sollten zur Zielscheibe einer politischen Schlammschlacht ausgerechnet im Wahlkampfjahr werden. Außerdem ist der Bund immer noch der größte Einzelaktionär der Telekom. Da überlegt man es sich genau, ob man dem wichtigsten Eigentümer einen dringenden Wunsch abschlägt.

Auch andere Internetprovider zogen nach. Zum einen konnte von der Leyen in ihren persönlichen Drohgesprächen mit den Managern darauf verweisen, dass Branchenriesen wie die Telekom bereits dabei seien. Zum anderen wollte sich keiner der Unternehmensführer als »Verweigerer« im Kampf gegen die Kinderpornografie öffentlich an den Pranger stellen lassen. Schließlich konnte die Familienministerin acht der großen Internetprovider präsentieren, die bereit waren, einen Kooperationsvertrag mit dem BKA zu unterzeichnen.

Doch damit war sie nicht am Ziel. Justizministerin Brigitte Zypries lehnte diese Vertragslösung nämlich als nicht ausreichend ab. »Effektive Sperrmaßnahmen« würden »eine klare gesetzliche Grundlage« erfordern, schrieb die SPD-Ministerin. Doch Innenminister Schäuble hielt ganz im Sinne seiner Parteifreundin Ursula von der Leyen wacker dagegen: »Kinderpornografie ist abscheulich, und wir sollten mit vereinten Kräften dagegen vorgehen, anstatt mit juristischen Spitzfindigkeiten den Eindruck zu erwecken, unsere Verfassung schützt Kinderpornografie.« Die Vorboten des kommenden Wahlkampfs waren nicht mehr zu übersehen.

Doch der interne Zwist zwischen den Koalitionspartnern war nichts im Vergleich zu dem Sturm, der in der Öffentlichkeit gegen die geplante Sperrung der Internetseiten heraufzog. Bis dahin galt Netzpolitik in Deutschland als Nebensache, als sprödes Technikthema, mit dem die Politiker weder Karriere machen noch nen-

nenswerte Wählermassen beeindrucken konnten. Doch erstmals entbrannte eine breite Debatte darüber, was im digitalen Leben noch erlaubt sein soll und wo der grenzenlosen Freiheit im weltweiten Netz Fesseln angelegt werden müssen. Auf der einen Seite standen die Ordnungspolitiker, die das Internet vor allem als Versteck für Extremisten, Kinderschänder oder Terroristen sahen und entsprechende Kontrollen und Gesetzesverschärfungen forderten. Und auf der anderen Seite artikulierte sich auf einmal die jüngere Generation, die das Internet als ihren Lebensraum betrachtet, in dem sie möglichst ungestört Unterhaltung und Zerstreuung suchen wollte ebenso wie Jobs, Freundschaften und neue Partner.

Rückenwind für die Piraten

Die Grünen und die FDP schlugen sich auf die Seite derjenigen, die im Zweifel für die Freiheit plädierten, während sich Union und SPD bei vielen Netzbürgern diskreditiert hatten. Projekte wie die Vorratsdatenspeicherung, Online-Durchsuchungen oder biometrische Ausweise hatten das Misstrauen aller geweckt, die das Internet als ihren persönlichen Freiheitsraum verstanden und es jetzt als idealen Resonanzboden für ihren Protest nutzten. Den Befürwortern der Internetsperren schlugen in den sozialen Netzwerken auf einmal Wut, Unverständnis und blanker Hass entgegen.

Der digitale Graben zwischen den Parteien wurde zudem noch durch das Erstarken einer Sammlungsbewegung vertieft, die zwar seit 2006 bestand, bislang aber von kaum jemandem in der etablierten Politik ernst genommen worden war: Die Piraten konnten sich eines nie da gewesenen Zulaufs erfreuen. Im Kampf um die politische Sympathie der Digital Natives waren sie das unkonventionelle und radikale Original für grenzenlose Freiheit im Netz, während die Alt-Parteien dem Thema mehr oder weniger

Besuch bei den Eltern: Ursula von der Leyen als 20-Jährige mit ihrem Vater Ernst und ihrer Mutter Heidi Adele Albrecht.

Der Ministerpräsident von Niedersachsen 1976 mit der 18-jährigen Tochter Ursula und seiner Familie im Garten des Hauses in Ilten bei Hannover.

Hausmusik bei Albrechts: Der CDU-Politiker
inszenierte gern das Bild der Musterfamilie.

Im Cowboy-Look:
Die begeisterte Reiterin
als 18-Jährige.

Das große Vorbild: Vater Ernst
mit seiner 23 Jahre alten Tochter
»Röschen«.

Die große Liebe: Ihren Mann Heiko von der Leyen
lernte sie als Studentin kennen.

Großfamilie: Heiko und Ursula von der Leyen 2003 mit ihren
sieben Kindern im Garten des elterlichen Hauses in Ilten.

Vereinbarkeit von Familie und Beruf:
Als Sozialministerin von Niedersachsen 2005 mit ihren Kindern
Sophie, David, Egmont, Victoria, Johanna, Gracia und Donata.

Familie ist alles:
Die wenige Freizeit verbringt Ursula von der Leyen
am liebsten mit ihrem Mann und ihren Kindern.

Wer wohl die vielen Schuhe putzt?
Die Sozialministerin dürfte dafür auch 2003
kaum Zeit gefunden haben.

Tierliebe: Zur Familie gehören auch Pferde,
Ziegen, Hunde und andere Vierbeiner.

Reiterferien in Herford, 2007.

Hohe Schule: Als Dressurreiterin bei einem Turnier
in Verden an der Aller, 2007.

Mit dem damaligen Ministerpräsidenten Christian Wulff
und ihrem Vater Ernst Albecht 2005
bei der Feier zu seinem 75. Geburtstag.

Ihr großer Förderer auf dem Weg in die Politik: Christian Wulff.

Aktenstudium: Die neue Bundesfamilienministerin stößt viele Debatten an.

Schwieriges Verhältnis mit ihrer Amtsnachfolgerin,
Familienministerin Kristina Schröder.

»Lass uns gleich mal telefonieren ...« In der Politik
reichen oft kleine Gesten.

Als erste Verteidigungsministerin legt Ursula von der Leyen
Ende 2013 den Amtseid ab.

Großer Zapfenstreich zur Verabschiedung
des Amtsvorgängers Thomas de Maizière …

… der nicht so glücklich über den Wechsel war,
wie die neue Ministerin.

»Vertragt euch bloß!« Kanzlerin
Angela Merkel und ihre beiden Kabinettsmitglieder.

Im innersten Kreis: Ursula von der Leyen neben der Kanzlerin
mit den Spitzen der Großen Koalition Ende 2013.

Nicht immer ist alles eitel Sonnenschein
zwischen Angela Merkel und Ursula von der Leyen.

Inhaberin der Befehls- und Kommandogewalt: Die neue Verteidigungsministerin erhält ihre Ernennungsurkunde von Bundespräsident Joachim Gauck.

Bewährungsprobe: Merkel will ihre ehrgeizige Ministerin
in dem schwierigen neuen Amt testen.

Der Chef ist eine Frau: Generalinspekteur Volker Wieker
begrüßt die neue Verteidigungsministerin.

An Bord einer Bundeswehr-Transall auf dem Flug
in die Kurden-Metropole Arbil im Irak.

Frühstück mit Bundeswehr-Soldaten im Feldlager Masar-e Scharif.

Unter sengender Sonne im Krisengebiet
nahe des Camps Shaheen in Afghanistan.

Weit gekommen, aber noch nicht am Ziel.

Zu viel des Guten: Das Foto im Top-Gun-Look vor Transall und
dramatischer Wolkenkulisse löst viel Spott aus.

mühsam und ungeschickt hinterherstolperten. Und die anschwellende Protestbewegung entdeckte ihr wirkungsvollstes Instrument: die Online-Petition. Binnen weniger Wochen fanden sich über 134 000 Unterschriften gegen das Sperrgesetz von Ursula von der Leyen. Dieses Vorhaben war der Funke, der das schon länger gärende Gemisch aus Unverständnis, Wut und Unmut auf einmal explodieren ließ.

»Zensi, Zensa, Zensursula« skandierten die zahlreichen Demonstranten und setzten damit den neuen Spitznamen für die Bundesfamilienministerin in die Welt. Ihr blieb nicht anderes übrig, als über »Zensursula« selbstironisch zu lächeln. »Ich finde das pfiffig«, meinte die Ministerin tapfer. Der Spitzname zeige »Humor und Kreativität«. Außerdem sehe sie den Protest als »gelebte Demokratie«. Einschüchtern lasse sie sich nicht, versicherte von der Leyen. »Ich kenne das Muster schon von den Debatten um das Elterngeld oder den Ausbau der Kinderbetreuung. Erst ist Schulterzucken da, dann gibt es kübelweise Kritik, aber dann stellen wir gemeinsam fest: Da ist ein Problem, und wir müssen handeln.«

Doch so locker, wie es scheinen sollte, nahm sie den Aufstand der Netzgemeinde nicht hin. Verbissen trug sie in allen Debatten ihr Muster vor, dass man Kinderpornografie nicht hinnehmen dürfe. In immer drastischeren Worten schilderte sie in jedem Interview, jeder Talkshow das Schicksal der Kinder und die Ungeheuerlichkeiten im Netz. In einer Pressekonferenz zeigte sie den anwesenden Journalisten sogar kinderpornografisches Material, um entsprechende Betroffenheit und Wirkung zu erzielen. Doch der Schuss ging nach hinten los. Es wurde mehrfach Anzeige gegen sie erstattet, doch die Verfahren endeten mit einer Einstellung. Auch die Zuschauer und Leser beeindruckte sie mit ihrer schrillen Rhetorik des Schreckens immer weniger. Jeder merkte, dass es bei der Debatte nicht darum ging, Kinderpornografie im Internet zuzulassen, sondern ausschließlich um die Frage, mit welchen Mitteln man dem Problem am wirksamsten begegnen könne.

Die Kritiker verwiesen darauf, dass mit dem Blockiersystem des BKA eine Infrastruktur für eine Zensur geschaffen werde, die sich leicht ausdehnen ließe. So hatte es gerade in der durch illegale Downloads arg gebeutelten Musikindustrie schon Forderungen gegeben, auch entsprechende Provider in diesem Bereich zu erfassen. Zwar versprach von der Leyen, die Sperrung und die Listen einzig und allein auf Kinderpornografie zu beschränken. Doch das Misstrauen war gesät. Im Oktober 2009 wurde ihr der Negativpreis »Big Brother Award« in der Kategorie Politik verliehen.

Auf der anderen Seite überboten sich die Kritiker darin, alle möglichen Bedenken zu artikulieren und alle denkbaren Umwege zu nennen, mit deren Hilfe das Sperrgesetz unterlaufen werden könne. Doch konkrete Vorschläge, wie denn der Kampf gegen die Kinderpornografie im Netz zu gewinnen sei, kamen nicht, mochte das Wissen über die Funktionsweise des Internets gerade innerhalb der Netzgemeinde auch noch so groß sein.

Am Ende boxte von der Leyen unter hohem Zeitdruck mitten im einsetzenden Bundestagswahlkampf 2009 ein Gesetz durch, das nach dem Urteil vieler Fachleute schlecht gemacht, verfassungsrechtlich bedenklich und vor allem relativ wirkungslos war. Schäuble räumte später denn auch handwerkliche Mängel ein. Die neue Bundesregierung hob das Zugangserschwerungsgesetz Anfang 2010 auf Betreiben der FDP wieder auf, nicht zuletzt, weil sich auch der damalige Bundespräsident Horst Köhler bis dahin geweigert hatte, das Regelungswerk zu unterzeichnen. Zur praktischen Anwendung kam das umstrittene Gesetz von »Zensursula« nie.

DIE ARBEITSMINISTERIN

Viele Ideen, wenig Erfolge

In der Nacht zum 4. September 2009 flogen zwei US-Kampfflugzeuge etwa 15 Kilometer südlich der afghanischen Stadt Kunduz einen folgenschweren Bombenangriff. Ziel waren zwei Tanklastwagen, die von den Taliban in der Nähe des deutschen Feldlagers gewaltsam entführt worden waren. Zwar wussten die Piloten, dass sich zahlreiche Menschen bei den Lastwagen befanden. Doch weil man die Menge für feindliche Taliban hielt und mehrere ihrer Anführer unter ihnen vermutete, gab der zuständige deutsche Oberst Georg Klein den US-Piloten per Funk den Befehl zum Feuern. Niemand hatte eine Chance zu entkommen. Die schweren Tankfahrzeuge waren im Uferschlamm des Flusses Kunduz stecken geblieben, und die Bewohner einiger nahe gelegener Dörfer hatten versucht, den wertvollen Treibstoff aus den Tanks abzuzapfen und die Wagen wieder flottzumachen. Im nächtlichen Bombenhagel der plötzlich herandonnernden F-15-Kampfjets wurden nach Untersuchungen der NATO bis zu 142 Menschen verletzt und getötet, darunter auch Frauen und Kinder. Es war der schlimmste Angriff, den die Bundeswehr in ihrer Geschichte zu verantworten hatte.

Wegen der vielen Opfer schlug der Vorfall hohe Wellen. Der damalige Verteidigungsminister Franz Josef Jung (CDU) dementierte allerdings zunächst, dass es überhaupt zivile Opfer gegeben hatte. Im Laufe der Ermittlungen stellte sich aber heraus, dass diese Aussage nicht haltbar war. Der Minister ruderte zurück, forderte zahlreiche Berichte an und musste seine Aussagen mehrfach korrigieren. Die Lageberichte der Militärs wurden, wie wenig später publik wurde, mehrfach verändert, ergänzt, oder sie widersprachen sich. So entstand in der Öffentlichkeit der Eindruck, es sollte etwas vertuscht werden. Jung verstrickte sich schließlich auch gegenüber dem Bundestag mehrfach in Widersprüche.

Während dieser Zeit hatte Angela Merkel die Bundestagswahl im September 2009 gewonnen. Die SPD musste in die Opposition, und die Kanzlerin bildete mit CDU, CSU und FDP eine neue Koalition. Merkel nahm bei der Regierungsbildung Verteidigungsminister Franz Josef Jung sofort aus der Schusslinie und übertrug ihm am 28. Oktober das Amt des Bundesministers für Arbeit und Soziales. Ursula von der Leyen hingegen sollte nach dem Willen der Kanzlerin auf ihrem Posten als Familienministerin verbleiben. Zwar hatte von der Leyen während der vorangegangenen Koalitionsverhandlungen mit großem Engagement die Arbeitsgruppe Gesundheit geleitet; doch die vielen Spekulationen, die gelernte Ärztin werde deshalb als künftige Bundesgesundheitsministerin vereidigt, trafen nicht zu. Angela Merkel war klug genug, das von starken Lobbyinteressen bedrängte und politisch äußerst undankbare Gesundheitsressort dem studierten Mediziner Philipp Rösler von der FDP zu übertragen. Ursula von der Leyen hingegen sollte nach Merkels Plan weiterhin das tun, was sie am besten konnte: als Powerfrau und Super-Mutter für eine Modernisierung der Familienpolitik innerhalb der Union und der ganzen deutschen Gesellschaft kämpfen.

Doch diese schöne Idee der Kanzlerin war bereits nach 33 Tagen Makulatur: Immer neue Berichte in den Medien enthüllten, dass Jung dem Parlament wichtige Details der Kunduz-Affäre verschwiegen oder falsch berichtet hatte. Der hessische CDU-Politiker war nicht mehr als Regierungsmitglied zu halten – die Bomben im fernen Afghanistan zündeten mit Verzögerung ein zweites Mal im politischen Berlin. Am 27. November 2009 musste Jung seinen Rücktritt als Bundesarbeitsminister einreichen. Noch am gleichen Tag klingelte das Handy von Ursula von der Leyen: Angela Merkel wollte sie sprechen – dringend.

Die Kanzlerin befand sich in einer Zwickmühle. Einerseits musste sie wegen des Regionalproporzes für den ausgeschiedenen Jung wieder einen CDU-Politiker aus Hessen ins Kabinett holen. Andererseits brauchte Merkel inmitten der Wirtschafts- und Finanzkrise eine fähige Kraft, die sich mit den Folgen des Konjunkturabsturzes für Arbeitsplätze und Sozialsysteme politisch wirkungsvoll auseinandersetzen konnte. Und die Zeit drängte. Wenn die Kanzlerin schon nach einem Monat Regierungszeit ihr Kabinett umbilden musste, dann sollte, nein musste es schnell gehen. Also wurde die junge und recht unerfahrene hessische CDU-Bundestagsabgeordnete Kristina Schröder, die damals noch ihren Mädchennamen Köhler trug, Familienministerin. Und Ursula von der Leyen blieb nichts anderes übrig, als ins kalte Wasser zu springen und die Lücke im Bundesministerium für Arbeit und Soziales zu schließen.

Begeistert war sie anfangs nicht. Das komplizierte Sozialrecht und die trockenen Statistiken der Nürnberger Bundesanstalt für Arbeit versprachen auf den ersten Blick wenig Glanz. Doch von der Leyen war klug genug zu verstehen, was die plötzliche Versetzung auch bedeutete: Die Kanzlerin traute ihr anscheinend mehr zu als nur Familienpolitik. Sie und nicht andere waren als Troubleshooter und als »Frau für alle Fälle« ausgesucht worden. Und klar war auch, dass der ehrgeizigen Niedersächsin künftig noch größere Türen offenstehen würden, wenn sie sich im neuen Amt bewähren würde.

Beginn einer wunderbaren Feindschaft

Welche Chuzpe Ursula von der Leyen selbst in schwierigen Situationen besitzt, zeigt die Tatsache, dass sie ihre Bereitschaft zum Wechsel kühl mit der Forderung nach einer Ausweitung ihrer

Kompetenzen verband – und das der Kanzlerin in dem entscheidenden Gespräch auch abrang. Als neue Ministerin für Arbeit und Soziales wollte sie sich wie zuvor als Familienministerin auch um Kinderarmut, die Probleme der Alleinerziehenden und den Wiedereinstieg von Müttern in den Beruf kümmern. Alle diese Themen, so die Begründung, fielen letztlich in die Bereiche soziale Sicherung und Arbeitsmarkt und müssten deshalb vom Familienministerium in ihr neues Ressort Arbeit und Soziales verlegt werden.

Zur fachlichen Unterstützung holte sich von der Leyen gleich noch den Leiter der Abteilung Familienpolitik sowie den Staatssekretär Gerd Hoofe, einen alten Vertrauten, in ihr neues Haus. Noch bevor Kristina Köhler also das Bundesfamilienministerium betrat, hatte sie bereits wichtige Zuständigkeiten und schwer ersetzbare Experten verloren. Es war, wie man so schön sagt, der Beginn einer wunderbaren Feindschaft zwischen den beiden CDU-Politikerinnen. Kristina Köhler blieb nicht viel mehr übrig, als sich zähneknirschend um das zu kümmern, was von der Leyen begonnen hatte und was immer mit ihrem Namen verbunden bleiben würde: den flächendeckenden Ausbau der Kitas. Außerdem erbte Köhler den nach wie vor ungelösten Streit um das Betreuungsgeld, was ihr den Start im neuen Amt zusätzlich erschwerte. Der zähe Kampf um Kompetenzen sollte fortan das Verhältnis der beiden CDU-Politikerinnen trüben. Ungeniert mischte sich von der Leyen auch in den folgenden Jahren immer wieder in die Familienpolitik ein und machte Kristina Köhler das Leben schwer.

Dabei mangelte es Ursula von der Leyen nicht an Herausforderungen, für die sie als Arbeits- und Sozialministerin originär zuständig war. So hatten die Finanzkrise und der schärfste wirtschaftliche Einbruch in der Nachkriegszeit tiefrote Zahlen in den Sozialversicherungen hinterlassen. Die Bundesagentur für Arbeit fuhr im ersten Amtsjahr der neuen Ministerin mit 13,8 Milliarden Euro das bis dahin größte Defizit ihrer Geschichte ein. Zudem war anhand der Entwicklung der Konjunktur und der Arbeitslosenzahlen absehbar, dass die Deckungslücke 2010 noch größer ausfallen würde.

Ringen um Hartz-IV-Reform

Außerdem musste von der Leyen gleich zu Beginn ihres zweiten Ministeramtes auf Bundesebene zwei Urteile des Bundesverfassungsgerichts umsetzen und dabei eines der umstrittensten Gesetzeswerke in der deutschen Sozialpolitik neu fassen: die Hartz-IV-Reformen.

Im ersten Urteil hatten die Karlsruher Richter bereits zwei Jahre zuvor festgestellt, dass die Mischverwaltung von Kommunen und Arbeitsagenturen in den 420 regionalen Jobcentern grundgesetzwidrig sei. Diese Kooperation verstoße gegen das förmliche Gebot der klaren Aufgabentrennung, befanden die Verfassungsrichter. Sie setzten der Politik eine Frist, bis 2011 entsprechende Korrekturen zu beschließen. Ursula von der Leyen stand also von Anfang an unter starkem Zeitdruck. Zum anderen entschied Karlsruhe im Februar 2010, dass die Hartz-IV-Regelsätze ebenfalls verfassungswidrig seien. Die Berechnung sei nicht transparent genug und könne nicht wirklich nachvollzogen werden, lautete das Urteil. Ferner seien sowohl die Bezüge für Kinder als auch für Erwachsene »offensichtlich unzureichend«. Das war eine ziemliche Ohrfeige für die Bundesregierung, aber auch für die SPD, die in der Großen Koalition zuvor das Arbeits- und Sozialministerium geführt hatte.

Bildungsgutscheine statt Geld

Ursula von der Leyen hatte wohl bereits vorab aus Karlsruhe einen diskreten Hinweis erhalten. Schon vor der Urteilsverkündung sagte sie, sie erwarte, dass die Verfassungsrichter der Regierung

»Leitplanken und mächtige Hausaufgaben« aufgeben würden. So hellsichtig diese Einschätzung war, so leichtsinnig waren ihre folgenden Bemerkungen, wie das Problem vor allem bei den Kindern behoben werden könne. Hier müsse »genau definiert werden, was sie brauchen«, kündigte von der Leyen an. Dabei gehe es »nicht nur um Geld, sondern auch um Fragen wie Bildung und Teilhabe«. Sie könne sich deshalb auch Sachleistungen vorstellen, etwa in Form von Nachhilfe und Sportunterricht sowie warmem Schulessen.

Wahrscheinlich hatte bei dieser Idee das Konzept der Bildungsgutscheine Pate gestanden, die sie als Familienministerin schon einmal als Alternative zum Betreuungsgeld ins Spiel gebracht hatte. Damals war sie am Veto der Kanzlerin gescheitert, die der Gutscheinidee wenig abgewinnen konnte. Doch es passt zur Hartnäckigkeit von Ursula von der Leyen, dass sie sich von keiner Niederlage abschrecken lässt, wenn sie einmal von ihrem Projekt überzeugt ist. Und so nahm sie den Kampf um Gutscheine für Bildung und andere wünschenswerte Leistungen unverdrossen ein zweites Mal auf. Auch bei diesem erneuten Versuch sollte sie sich, wie wir heute wissen, im jahrelangen Ringen mit FDP, SPD und den Bundesländern wieder einige Schrammen und Kratzer holen. Aber eine politische Kämpfernatur wie Ursula von der Leyen beeindruckt das wenig. In ihr neues Amt führte sie sich selbst mit der Versicherung ein, sie sei »keine Schmuse-Ministerin«. Schließlich gelang es ihr im zweiten Anlauf ja auch, ihre Idee der Bildungsgutscheine durchzusetzen.

»Ich bin überzeugter denn je, dass wir den verfassungsgerichtlichen Auftrag, den Kindern ihr Existenzminimum an Bildung und Teilhabe zu verschaffen, besser im Wege der Dienst- und Sachleistungen erreichen«, begründete sie ihren Plan in einem *Focus*-Interview. »Die Erfahrungen jetzt zeigen doch gerade, dass Eltern in Hartz IV, die mit vielen eigenen Problemen kämpfen, sich eben nicht automatisch um die Bildung ihrer Kinder kümmern. Mehr Bargeld würde verpuffen, weil es in den Konsum geht statt in Nachhilfe oder Musikunterricht«, bekräftigte von der Leyen. Sie räumte zugleich ein, dass es eine echte »Kärrnerarbeit« sei, die Bildungspakete zu den Kindern aus Hartz-IV-Familien zu bringen. »Das ist mühevoll und dauert, aber Schweiß und Geduld werden sich am Ende auszahlen.«

In der SPD und den Sozialverbänden teilte man diese Sichtweise nicht. Hier wurde wieder ein alter Vorwurf laut, der dem Sprössling aus der Oberschicht schon mehrfach in seiner politischen Karriere begegnet ist: »Frau von der Leyen kennt den Alltag armer Familien nicht, sie weiß nicht, wo deren Probleme liegen und wie man sie ansprechen muss«, behauptete Ulrich Schneider, Hauptgeschäftsführer beim Paritätischen Wohlfahrtsverband. »Sie kann nicht verstehen, dass nicht alle Eltern darauf brennen, ihr Kind Blockflöte lernen zu lassen.«

Der Ton im politischen Berlin wurde aber auch noch aus einem anderen Grund schärfer. Die nunmehr in der Opposition agierende SPD unter ihrem neuen Vorsitzenden Sigmar Gabriel nutzte die neu aufgeflammte Debatte um die Sozialhilfe dazu, sich vom Herzstück der ungeliebten Agenda 2010 zu distanzieren. Im März 2010 standen wichtige Landtagswahlen an, und die SPD sah eine willkommene Gelegenheit, den als Ballast empfundenen Nachlass des Modernisierers Gerhard Schröder politisch zu entsorgen. Für die notwendigen Gesetzesänderungen war die Zustimmung des Bundesrates erforderlich. Da dort die schwarz-gelbe Bundesregierung keine Mehrheit hatte, stand von der Leyen vor einer höchst komplizierten Aufgabe.

Aber auch in den eigenen Reihen regte sich Widerstand. Familienministerin Kristina Köhler, die nach ihrer Heirat mit dem CDU-Politiker und Innen-Staatssekretär Ole Schröder inzwischen dessen Namen trug, positionierte sich gegen ihre Amtsvorgängerin von der Leyen. Kritisch griff Schröder deren Idee auf, die Bildungsgutscheine für Kinder aus Hartz-IV-Familien in Form von Chipkarten auszugeben, um den Verwaltungsaufwand zu verringern. Schröder führte dagegen datenschutzrechtliche Bedenken ins Feld: »Die Chipkarte darf nicht dazu führen, dass wir künftig Bewegungsprofile von Kindern und Jugendlichen erstellen können oder staatliche Stellen präzise Informationen über deren Freizeitverhalten sammeln.«

Ob diese Bedenken der neuen Familienministerin wirklich ernst gemeint waren oder ob es überhaupt einen konkreten Anlass für diese Kritik gab, wird wohl das Geheimnis von Kristina Schröder bleiben. Auf den Fluren des Bundestags wurde jedenfalls gemunkelt, dass Schröder sich jetzt für das Störfeuer revanchiere, das sie ständig von Ursula von der Leyen ertragen musste. Das Verhältnis der beiden CDU-Frauen wurde deutlich spannungsreicher, was man auch schon am Ton ablesen konnte. Von der Leyen erwiderte die Kritik von Schröder mit dem lakonischen Hinweis, dass es heute schon »von der Bibliothekskarte bis zum Städtepass« unzählige Chipkarten gebe, mit denen Kinder Zugang zu Förderangeboten hätten. »Es würde doch niemand auf die abwegige Idee kommen, diese Karten zu verteufeln mit dem Argument, man könne damit herausfinden, in welchem Verein ein Kind Fußball spielt oder welches seine Lieblingsbibliothek ist«, erregte sich von der Leyen. »Ein Mitgliedsausweis erstellt noch lange kein Bewegungsprofil.«

Wie verfahren die Beziehung zwischen den beiden CDU-Ministerinnen am Ende war, illustrierte auch eine Szene aus dem Kabinett, die von einer Kamera vor Beginn der Sitzung eingefangen wurde. Ursula von der Leyen steht zwischen Kristina Schröder und Angela Merkel. Sie hat ihre Hände zu Fäusten geballt, ihre Augen sind nur noch Schlitze, ihr Mund ist verzerrt, sie beißt abwechselnd die Zähne aufeinander und spricht – ihre offenkundige Erregung mühsam beherrschend. Die Kanzlerin hört zu und weist dann die mit großen Augen dabeistehende Schröder mit Nachdruck in die Schranken. Schröder wird rot, sie presst die Lippen aufeinander und ist nun ihrerseits erkennbar wütend, sagt aber nichts. Merkel redet weiter, von der Leyen entspannt sich, sie hat den Streit für sich entschieden. Von einer Sekunde auf die andere schaltet sie um, und – ein maliziöses Lächeln spielt um ihre Lippen. Anteilnehmend, ja fast bekümmert schaut sie jetzt auf ihre Kontrahentin Schröder, während sie sich Mühe gibt, ihre Zufriedenheit zu verbergen. Als von der Leyen ihrer jüngeren Ministerkollegin Schröder dann sogar noch kurz den Rücken tätschelt, wendet diese sich abrupt ab und schaut, als wäre ihr etwas im Halse stecken geblieben. Zu der Szene gab es zwar nie einen Ton, der die Unterhaltung der drei Damen wiedergegeben hätte, aber auch so wusste jeder Zuschauer, dass von der Leyen und Schröder nun endgültig das Kriegsbeil ausgegraben hatten.

Das Scharmützel um den Datenschutz bei Bildungsgutscheinen gehörte rein fachlich gesehen aber noch zur harmlosen Sorte. Ein wirkliches Problem für die neue Arbeits- und Sozialministerin stellte dagegen die Frage dar, wie hoch künftig die Hartz-IV-Sätze ausfallen müssen. Welcher Betrag war konkret erforderlich, damit die Karlsruher Richter der Bundesregierung bei der nächsten Klage nicht wieder eine Abfuhr mit dem Stempel »verfassungswidrig« erteilen würden? Da es in Deutschland über sieben Millionen Hartz-IV-Empfänger gibt, unter ihnen rund 1,7 Millionen Kinder, riss natürlich jeder Euro zusätzlich ein Loch in die ohnehin strapazierten Staatskassen.

Ein weiteres Problem stellte die Einhaltung des sogenannten »Abstandsgebots« dar: Wenn ein Arbeitnehmer in den unteren Lohnklassen nach 40 Stunden Arbeit pro Woche genauso viel oder nur unwesentlich mehr im Portemonnaie hat wie ein Empfänger sozialer Transferleistungen ohne Arbeit, wird das System der sozialen Absicherung moralisch diskreditiert und letztendlich ad absurdum geführt. Das hielt allerdings die Opposition auf der linken Seite des Parlaments nicht davon ab, immer wieder wohlfeile Forderungen nach »kräftiger Aufstockung« zu erheben. Nach monatelangen Berechnungen und Analysen ihres Ministeriums schlug von der Leyen schließlich vor, den Hartz-IV-Satz für Erwachsene um ganze fünf Euro zu erhöhen. Außerdem wollte sie für das

Bildungspaket rund 740 Millionen Euro zur Verfügung stellen. Damit sollten, so wie sie es immer gewollt hatte, unter anderem Zuschüsse gezahlt werden für Lehrmaterial, Mittagessen in Schulen und Kitas sowie für förderwürdige Freizeitaktivitäten.

Sofort brach ein Sturm der Entrüstung los. Die SPD nannte die Anhebung um fünf Euro »willkürlich«, die Linken bewerteten den Vorschlag als »verfassungswidrig« und die Grünen verurteilten das Bildungspaket als »ungeeignet und Bürokratie pur«. Auch viele Juristen wie etwa der Bund der deutschen Sozialrichter äußerten Bedenken. Der Berliner Professor für Sozialrecht, Johannes Münder, fertigte für den Deutschen Gewerkschaftsbund sogar ein Gutachten an. Darin kam er erwartungsgemäß zu dem Ergebnis, dass der Vorschlag der Bundesarbeitsministerin »in Teilen verfassungswidrig« sei. Der damalige DGB-Chef Michael Sommer nahm das Gutachten prompt zum Anlass, um den Abgeordneten des Bundestagsausschusses für Arbeit und Soziales einen Brandbrief zu schreiben.

Diese Aktion war ein klassisches Beispiel dafür, wie man Politik über Bande spielen und dabei weltanschaulich verbundene Organisationen wie in diesem Fall den DGB für seine Zwecke nutzen kann. Die SPD lehnte denn auch jede Zustimmung der von ihr regierten Länder im Bundestag ab und forderte ganz im Sinne des DGB Zugeständnisse. Für den neuen SPD-Chef Gabriel war das ein wichtiger Schritt. Das traditionell gute Verhältnis zwischen Sozialdemokraten und Gewerkschaften hatte sich wegen der Agenda 2010 in der Schröder-Zeit stark eingetrübt. Und so ergriff Gabriel nur allzu gern die Gelegenheit, in dieser Sache mit den mächtigen Arbeitnehmervertretungen an einem Strang zu ziehen.

An diesem Hin und Her zeigt sich außerdem, dass Spitzenpolitiker im föderalen Deutschland gute Nerven und vor allem Ausdauer brauchen. Die auf Bund und Länder verteilte Macht zwingt zum taktischen Denken und am Ende zum Kompromiss und zur Ausgewogenheit. Der Nachteil dieses Systems liegt darin, dass manche Gesetzgebungsverfahren Jahre dauern und dass der Bürger in diesem komplizierten Spiel leicht die Übersicht verliert. Wer aber politische Entscheidungswege nicht mehr nachvollziehen kann, wendet sich schnell von der Politik ab und am Ende vielleicht sogar dem wachsenden Lager der Nichtwähler zu.

Das Ringen um die Hartz-IV-Sätze und die noch viel kompliziertere Neuorganisation der Jobcenter nahmen fast die gesamte Legislaturperiode in Anspruch. In immer neuen Gesprächsrunden zwischen Bund, Ländern und den Parteispitzen wurden Lösungen entworfen und wieder verworfen. Ursula von der Leyen, die als Mittelstürmerin der CDU gestartet war, lernte im Amt der Bundesarbeitsministerin, vorsichtig zu spielen, kurze Pässe zu schlagen, den Ball zu halten und vor allem Geduld zu üben und in mühsamen Verhandlungen Kompromisse zu schließen.

Am Ende wurden die Hartz-IV-Sätze in zwei Schritten um insgesamt acht Euro erhöht. Bei allem Respekt vor den gewählten Volksvertretern mutete dieses Ergebnis dann doch recht mager an – dafür hätte man wirklich nicht jahrelang verhandeln müssen. Für von der Leyen blieb am Ende immerhin der Triumph, sich mit dem System der Gutscheine durchgesetzt zu haben. Ihre Skepsis, den Problemfamilien einfach mehr Staatsgeld auszuzahlen, und ihre begründete Sorge, dass davon bei den Kindern nichts oder viel zu wenig ankomme, hatte bis auf die Linke auch die anderen Parteien überzeugt.

Mindestens ebenso kompliziert und emotional aufgeladen war der dann folgende Streit um die Zuschussrente und das Phänomen der Altersarmut. Das Problem begann schon mit den Begriffen. Wenn eine Regierung in einem offiziellen Armutsbericht feststellt, dass es sehr vielen Rentnern in Deutschland so schlecht geht, dass man bei ihnen von »Altersarmut« sprechen muss, dann stellt sich diese Regierung natürlich selbst ein schlechtes Zeugnis aus. Insofern ist es politisch nicht ungefährlich, wenn Ursula von der Leyen als zuständige »Renten-Ministerin« lauthals das Schicksal der schlechtgestellten Rentner beklagt. Doch die neue Ressortchefin schreckte das nicht. Sie war noch nicht einmal ein Jahr im Amt, als sie zum Unwillen ihrer Partei die Altersarmut zum großen Thema machte und eine dreistufige Reform forderte.

Das Tabu Altersarmut

Erster Schritt sollte eine Erwerbsminderungsrente mit besseren Hinzuverdienstmöglichkeiten sein. Der zweite Schritt bestand darin, die starren Hinzuverdienstregelungen für Frührentner zu lockern. Während sich die Kosten für diese beiden Reformen noch in Grenzen hielten, schlug der dritte Vorschlag schwer ins Kontor. Von der Leyen forderte nämlich eine »Zuschussrente« in Form einer garantierten Mindestrente von damals 850 Euro. Diese sollte dafür sorgen, dass alle Menschen bessergestellt werden, die wenig verdient, aber lange gearbeitet und außerdem nebenbei vorgesorgt haben. Die Kosten sollten anfangs einige Hundert Millionen Euro pro Jahr betragen, sich aber dann bis 2030 auf deutlich mehr als 3,2 Milliarden Euro summieren – pro Jahr versteht sich. Aufgebracht werden sollte das Geld aus Beitrags- und Steuermitteln.

Was so gut und gerecht klang, stieß nicht nur bei der Opposition, sondern auch in den eigenen Reihen auf postwendenden Protest. Vor allem die jungen Abgeordneten von CDU und CSU stiegen auf die Barrikaden. Lautstark kritisierten sie die Geschenke für die Alten auf Kosten der jungen Beitragszahler, die aufgrund der demografischen Entwicklung ohnehin schon überproportional belastet seien. Der CDU-Abgeordnete Steffen Bilger brachte es auf den Punkt: »Dieses Paket hat ein inakzeptables Ungleichgewicht zulasten der jüngeren Generation«, warf er seiner Parteifreundin von der Leyen vor. Mit der Zuschussrente würden den Jungen »zusätzliche Lasten aufgebürdet, ohne dass eine Rücklage für die Zukunft aufgebaut wird«.

Auch Bundesfinanzminister Wolfgang Schäuble senkte den Daumen. Der in Geldfragen immer recht strenge CDU-Veteran stellte schon von der Leyens Grundthese einer weit verbreiteten Altersarmut in Frage. »Die Aussage, es drohe Altersarmut, ist verkürzt«, beschied Schäuble seiner Kabinettskollegin. Kein Mensch wisse, wie hoch die Löhne in 20 Jahren seien und wie sich parallel dazu die Renten entwickeln würden. Schließlich sei der Lebensstandard in Deutschland in den vergangenen Jahrzehnten kontinuierlich gestiegen.

Wenn Ursula von der Leyen aus den vorangegangenen Kämpfen mit politischen Gegnern und vor allem mit der eigenen Partei etwas gelernt hatte, dann war es der Verzicht auf Solotänze und stattdessen die bessere Einbindung von potenziellen Verbündeten. Also organisierte sie flugs einen »Renten-Dialog«, an dem mehrere Ministerien, Bundestagsabgeordnete, Gewerkschaften, Arbeitgeber, Wissenschaftler und Vertreter anderer gesellschaftlicher Gruppen beteiligt wurden. Dort sollten ihre Vorschläge diskutiert und auch fachlich geprüft werden. Das war insofern strategisch gut gedacht, weil damit ein Teil des Streits kanalisiert und in die eigene Arbeitsgruppe hineingezogen wurde. Zum anderen bestand die Möglichkeit, dass man sich am Ende des Diskussionsprozesses selbst das Prädikat »gut« verleihen konnte – natürlich nach »eingehender fachlicher Prüfung«, wie von der Leyen versprach.

In der Tat kehrte dann für eine gewisse Zeit Ruhe ein. Das Thema verschwand aus den Schlagzeilen, der Renten-Dialog wurde ohne große mediale Beteiligung fortgeführt, und alle warteten auf das versprochene Ergebnis in Form eines Berichts. Doch dann nahte die nachrichtenarme Sommerzeit, und von der Leyen brachte ihre Forderung nach einer Zuschussrente erneut auf die Titelseiten der Zeitungen. Sie hatte es wieder einmal nicht lassen können, war medial weit vorgeprescht und sollte dafür von der CDU-Spitze einen kräftigen Dämpfer erhalten.

Besonders erbost über von der Leyen war der mächtige Vorsitzende der CDU/CSU-Bundestagsfraktion Volker Kauder. Die Arbeitsministerin hatte ihm nämlich versprochen, das Thema Zuschussrente nicht eigenmächtig auf die Tagesordnung zu setzen, sich aber dann nicht an ihre Zusage gehalten. In der Union wurde ihr Vorgehen als Erpressungsversuch mit Hilfe der Öffentlichkeit gewertet. Unter den Unionsabgeordneten gärte es, und Kauder sorgte dafür, dass den führenden Medien sein Ärger nicht verborgen blieb. Der damals noch recht einflussreiche CDU-Wirtschaftspolitiker Michael Fuchs zweifelte zudem noch die Berechnungen der Arbeitsministerin an. »Ich bin mit von der Leyens Verfahrensweise nicht einverstanden«, meinte Fuchs. »Was mich besonders stört, ist, dass ihre Zahlen nicht sehr glaubwürdig sind.«

Die Lebensleistungsrente

Der Protest aus den eigenen Reihen schwoll so laut an, dass bereits die ersten Spekulationen auftauchten, von der Leyen denke an Rücktritt. Zwar weiß jeder, der die CDU-Politikerin auch nur ein wenig kennt, dass diese Form des kampflosen Aufgebens für sie niemals in Frage käme – aber offenbar wurde in dem einen oder anderen Hintergrundgespräch mit Journalisten gezielt die besorgte Frage gestellt, wie lange denn die Ministerin diesen Gegenwind aus der eigenen Fraktion noch aushalten könne. Auch die FDP als Koalitionspartner stellte sich quer. Entsprechend wurde von der Leyen in Interviews immer öfter gefragt, ob sie denn ihr politisches Schicksal mit der Zuschussrente verbinde.

Wirklich ernst wurde es allerdings erst, als nach CSU-Chef Horst Seehofer auch Angela Merkel spürte, dass die Vorschläge ihrer Arbeitsministerin innerhalb der Union nicht mehrheitsfähig sein würden. Die Kanzlerin hatte die umstrittenen Vorschläge zudem nachrechnen lassen und dabei festgestellt, dass die Zuschussrente nur einer ganz kleinen Gruppe von Rentnern zugutekäme und das groß diskutierte Problem der Altersarmut nicht würde lösen können. »Je besser ich die Zahlen kenne, desto stärker wachsen meine Zweifel«, wurde Merkel aus dem Kabinettsfrühstück zitiert. Weil die Bemerkung nicht ausdrücklich dementiert wurde, war klar, dass von der Leyen nicht mehr von Merkel unterstützt wurde. Schließlich ließ die Kanzlerin ihren Regierungssprecher Steffen Seibert ausrichten, dass man die Reform »in allen Aspekten und in aller Ruhe besprechen« werde. Das bedeutete nichts anderes als ein Ende der Zuschussrente in der von Ursula von der Leyen vorgebrachten Form. Die ehrgeizige CDU-Politikerin musste zu ihrem großen Verdruss nachgeben.

Die Debatte um die Besserstellung der sogenannten Kleinrentner sollte allerdings noch einige Jahre andauern. Von der Leyen ließ nicht locker und variierte ihre Vorschläge und die Bezeichnungen ihrer Rentenpläne. So wurde zwischenzeitlich die Idee einer »Lebensleistungsrente« geboren. Aber auch damit konnte sie sich nur in Teilen durchsetzen. Zu guter Letzt verständigte sich die Union dann auf eine Verbesserung der Mütterrenten und zog damit in den Bundestagswahlkampf 2013. Diese Forderung war insofern konsequent, weil gerade die älteren Frauengenerationen mangels eigener Berufstätigkeit oft nur über minimale Renten verfügen. Eine Anhebung ihrer Altersbezüge ist also durchaus ein Beitrag zur Linderung von Armut im Alter.

Allerdings kostet diese Wohltat rund sieben Milliarden Euro pro Jahr. Da nach der Bundestagswahl 2013 eine Große Koalition regiert, wurde auch noch das Versprechen der SPD eingelöst, unter bestimmten Voraussetzungen eine abschlagsfreie Rente mit 63 erhalten zu können. Das Problem: Die Addition der Rentengeschenke von Union und SPD beläuft sich bis 2020 auf 60 Milliarden Euro. Die Kritik an diesem Beschluss fiel deshalb vernichtend aus. Vor allem die Wirtschaftsverbände und führende Ökonomen wiesen zu Recht darauf hin, dass solche Großgeschenke an die Rentner angesichts der absehbaren demografischen Probleme unverantwortlich sind.

Karstadt

Als Ursula von der Leyen am 2. September 2010 unter dem Blitzlichtgewitter der Fotografen die Berliner Karstadt-Filiale am Kurfürstendamm betrat, glich ihr Auftritt einem Triumphzug. Gemeinsam mit dem deutsch-amerikanischen Großinvestor Nicolaus Berggruen fuhr sie freudestrahlend die Rolltreppe in den sechsten Stock des Warenhauses hoch, um dort in einem abgesperrten Teil des Kundenrestaurants eine Pressekonferenz abzuhalten. Das sorgfältig inszenierte Bild auf der Rolltreppe sollte die Botschaft des Tages ausdrücken: Jetzt geht es wieder bergauf mit Karstadt!»Das ist ein ganz, ganz großer Tag der Freude«, jubelte von der Leyen inmitten der Filialangestellten, die den Auftritt der selbst ernannten Retter mit einer Mischung aus Staunen und Rührung verfolgten.

Monatelang hatten die 25 000 Mitarbeiter des Warenhauskonzerns um ihre Arbeitsplätze gebangt und ohnmächtig mit ansehen müssen, wie das in die Zahlungsunfähigkeit gerutschte Traditionshaus um sein Überleben kämpfte. Seit der damalige Karstadt-Eigentümer Arcandor am 9. Juni 2009 den Insolvenzantrag gestellt hatte, mussten die Beschäftigten ein Wechselbad der Gefühle durchleiden. Rund um Niedergang und Sanierung der Warenhauskette hatten sie schon so viele Hiobsbotschaften, Verzögerungen und Rückschläge erlebt, dass sie es wirklich kaum glauben konnten, was sie nun mit eigenen Augen sahen.

In den Nachrichtenagenturen war die entscheidende Meldung erst kurz zuvor verbreitet worden:»Karstadt gerettet: Einigung auf Berggruen«. In der Nacht zuvor war aus den USA von der Bank of America die letzte Unterschrift unter dem Sanierungskonzept eingetroffen. Auch das Essener Amtsgericht hatte den Insolvenzplan angenommen und damit den Weg für den neuen Eigentümer frei gemacht. Am 1. Oktober 2010 sollte Nicolas Berggruen nun die Schlüsselgewalt für die Karstadt Warenhaus GmbH mit ihren 120 Filialen erhalten. Die Onlinedienste und Radiosender jubelten bereits über einen »historischen Tag«. Eilends war die Pressekonferenz im Kaufhaus am Kurfürstendamm im Stil eines medialen Triumphzugs organisiert worden. Und mittendrin im Zentrum der Euphorie standen jetzt scheu lächelnd der schillernde und geheimnisumwitterte Milliardär Berggruen, Insolvenzverwalter Klaus Hubert Görg und eine sichtlich zufriedene Ursula von der Leyen.

Hinter der Arbeitsministerin lag ein wochenlanges Tauziehen um die Rettung des Kaufhausriesen. Obwohl nicht sie, sondern eigentlich der damalige Bundeswirtschaftsminister Rainer Brüderle von der FDP zuständig war, hatte sie sich früh in den Verkaufsprozess eingemischt, mit Gewerkschaften und Insolvenzverwalter, Geldgebern, Lieferanten und Vermietern gesprochen. Wo immer möglich, übte von der Leyen politischen Einfluss aus. Dass es ihr dabei neben der Sache auch um ihr eigenes Image als »aktive Helferin« ging, zeigt die Tatsache, dass sie sich in dieser Angelegenheit von einem Partner der Werbeagentur Scholz & Friends beraten ließ. Weil das Finanzkonsortium Highstreet als Vermieter der Warenhäuser aber trotz allem Druck nicht bereit war, die Mieten um 400 Millionen Euro zu senken, hatte von der Leyen zur Feder gegriffen.

Unter dem Datum vom 6. August schrieb sie einen erbosten Brief an die Deutsche Bank und Goldman Sachs, die Gesellschafter von Highstreet. Eine Insolvenz von Karstadt würde nicht nur Tausende Stellen bedrohen, sondern auch »zu ernsten Konsequenzen für die Lieferanten führen«, warnte die Ministerin die Banker. Die Bundesregierung habe »ein aktives Interesse, den Parteien bei der Restrukturierung von Karstadt zu helfen, um damit die Liquidation und den Verlust von 25 000 Arbeitsplätzen zu verhindern«. Da es Widerstände der Vermieter gebe und die Zeit dränge, würde sie gern wissen, »wo die Gesellschafter im Prozess stehen«. Die Ministerin beendete das Schreiben mit dem nachdrücklichen Hinweis, gern könnten die Verantwortlichen der Deutschen Bank und von Goldman Sachs »mich wissen lassen, wo ich helfen kann«.

Natürlich blieb der Brief nicht geheim – das hätte aus Sicht der nach vorn drängenden »Kümmerin« Ursula von der Leyen ja auch keinen Sinn gehabt. Also landete das Schreiben auf verschlungenen Wegen bei einigen Zeitungsredaktionen und führte denn auch prompt zu den gewünschten Schlagzeilen: »Arbeitsministerin schaltet sich in Karstadt-Rettung ein« oder »Von der Leyen erhöht Druck auf Vermieter«.

Als Bundeswirtschaftsminister Brüderle die Meldungen las, bekam er einen Wutanfall. Der Liberale feilte in diesen Tagen gerade an seinem Image als ordnungspolitisches Gewissen der Regierung. Erst hatte er dem öffentlichen Druck standgehalten, Staatshilfen für den bedrängten Autobauer Opel zu gewähren. Und auch jetzt im Tauziehen um den Karstadt-Konzern hielt er konsequent an seiner Linie fest, dass die Politik sich heraushalten und nicht den Vermittler spielen solle. Es sei schließlich nicht die Aufgabe des Staates, Marktbereinigungsprozesse zu unterbinden. »Wer mit verhandelt, ist auch mit in der Haftung«, hatte Brüderle nicht ohne Grund gewarnt. Im Übrigen gehe er davon aus, dass »die beteiligten Unternehmen ihre Verhandlungen alleine und erfolgreich führen können«.

Brüderle fand es realistischer, auf ein Sanierungskonzept zu setzen, das die Schließung besonders unrentabler Kaufhäuser vorsah. Doch davon wollte in der Politik niemand etwas wissen. Allen voran die Bürgermeister der betroffenen Karstadt-Standorte machten mobil und malten Horrorszenarien von verödeten Innenstädten an die Wand, wenn eines der Warenhäuser schließen müsse.

Inszenierung als Retterin

Doch unbeeindruckt von ordnungspolitischen und wirtschaftlichen Bedenken setzte sich die eigentlich unzuständige Arbeitsministerin nachdrücklich in Szene. Sie wollte der Öffentlichkeit, die mit den verunsicherten Karstadt-Beschäftigten sympathisierte, ganz deutlich zeigen, dass es in der Regierung wenigstens einen gibt, der sich um die Leute kümmere. Brüderle hingegen fühlte sich von der medialen Welle, die seine Kabinettskollegin ausgelöst hatte, an die Wand gedrückt. Noch heute ist er schlecht auf diesen Vorfall und den Politikstil der CDU-Politikerin zu sprechen.

Ursula von der Leyen war das egal. Sie genoss den Auftritt als vermeintliche Karstadt-Retterin und sprach den Arbeitnehmern bei der Pressekonferenz im Berliner Kaufhaus ihre Glückwünsche aus. Auch der sonst so beherrschte Investor Berggruen ließ sich mitreißen und spielte in der Selbstdarstellungsshow mit – sichtlich gerührt vom eigenen Engagement als Heilsbringer.

Doch die Freude währte nicht lange. Was Branchenkenner vorausgesagt hatten, trat im Laufe der folgenden Jahre ein. Karstadt war in der bestehenden Größe und Struktur nicht zu sanieren, schrieb weiterhin Verluste und trieb den Geldgebern die Schweißperlen auf die Stirn. Auch die Berufung von Gerhard Schröders Ehefrau Doris Schröder-Köpf in den Aufsichtsrat des Unternehmens änderte nichts, war aber gleichwohl ein bemerkenswerter Beweis dafür, dass die Hannover-Connection offenbar auch über Parteigrenzen hinweg funktionierte. Anders als bei der Übernahme der Warenhauskette angekündigt, mussten 2000 Beschäftigte ihren Arbeitsplatz räumen. Auch war der Konzern nicht wie ursprünglich versprochen als Ganzes zu halten, sondern wurde aufgeteilt in die Premiumstandorte, die klassischen Häuser und die Sportfilialen. Nicht zuletzt stellte sich die von Berggruen versprochene Einlage von 65 Millionen Euro zur Rettung des Konzerns als Darlehen heraus, das er sich kurz nach der Übernahme zurückzahlen ließ.

Auch von der Leyen, die mit Berggruen die Rolltreppen hochgefahren war, geriet jetzt unter Beschuss. Vor allem die Wirtschaftspolitiker der Union murrten. Als im Sommer 2013 klar war, dass die Versprechen des Investors nicht zu halten waren, ging auch die Arbeitsministerin auf Distanz. Inzwischen klüger oder zumindest vorsichtiger geworden, ließ sie ihren Sprecher auf entsprechende Presseanfragen ausrichten, dass sie »derzeit keinen Anlass« sehe, in die Diskussion über die weitere Entwicklung von Karstadt einzugreifen. Wörtlich: »Die Ministerin sieht es grundsätzlich nicht als ihre Aufgabe an, sich in unternehmensinterne Vorgänge einzuschalten oder diese zu kommentieren.« Wie kurz doch das Gedächtnis sein kann ...

Da Karstadt fortwährend Verluste schrieb, stiegen Erinnerungen an die vergebliche Rettung des Bauriesen Philipp Holzmann durch den damaligen Bundeskanzler Gerhard Schröder auf. Auch diese »Rettung« funktionierte nur knapp drei Jahre, dann war der Baukonzern pleite. Das *Handelsblatt* fasste das Dilemma von Ursula von der Leyen in einen Satz: »Selten geht es gut aus, wenn Politiker abgewirtschaftete Unternehmen retten wollen.«

In dem Buch *Die Robin-Hood-Falle* hat Autor Thomas Veszelits genau geschildert, wie Berggruen damals von seinen Beratern auf professionellste Weise als »weißer Ritter« inszeniert worden ist. »Der Sohn des Kunstsammlers Heinz Berggruen wurde zum Heiland verklärt, ihm folgen zu dürfen sahen viele als Privileg an.« Das galt für viele Politiker, aber – das muss man ebenso kritisch einräumen – auch für den ganz überwiegenden Teil der Medien.

Mittlerweile hat der Heiland die Flucht ergriffen und den Tag verflucht, an dem er sich zum Einstieg bei Karstadt entschlossen hatte. Im Jahr 2013 verkaufte Berggruen schließlich die Premium- und Sporthäuser zu je 75,1 Prozent an die österreichische Signa Holding des Investors René Benko. Rund ein Jahr später veräußerte er dann auch die verbliebenen Unternehmensteile an den Österreicher. Doch zur Ruhe gekommen ist Karstadt seitdem nicht. Nach nur fünf Monaten im Amt verließ die Anfang 2014 als Geschäftsführerin verpflichtete ehemalige IKEA-Managerin Eva-Lotta Sjöstedt den Warenhauskonzern wieder. In ihrer Begründung schrieb sie, dass sie »in genauer Kenntnis der wirtschaftlichen Rahmendaten« feststellen müsse, dass »die Voraussetzungen für den von mir angestrebten Weg nicht mehr gegeben sind«.

Bei den Analysten und Banken schrillten daraufhin erneut die Alarmglocken. Die Zahlen von Karstadt sind weiterhin schlecht, und der neue Eigentümer hat kaum eine andere Wahl, als die langwierige Sanierung fortzusetzen. Nach Einschätzung von Branchenkennern wird dabei über kurz oder lang genau das passieren, was schon bei der Übernahme des Warenhauskonzerns durch Berggruen als Schreckensvision an die Wand gemalt wurde: Eigentümer René Benko wird die Ertragsperlen wie das KaDeWe in Berlin oder andere Premiumhäuser behalten und alles andere verkaufen, was sich als nicht sanierungsfähig herausstellt. Immerhin liegen die meisten Filialen in attraktiven Innenstadtlagen, und Benkos Firma Signa ist im Wesentlichen ein Immobilienunternehmen. So wurde im vergangenen Jahr denn auch in »einem ersten Schritt« die Schließung weiterer Warenhäuser für 2015 angekündigt. Von Ursula von der Leyen war dazu nichts mehr zu hören.

Die Schlecker-Pleite

Wesentlich vorsichtiger agierte sie denn auch, als im Juni 2012 die Drogeriemarktkette Schlecker schließen musste und 25 000 Angestellte, davon rund 23 000 Frauen, ihre Arbeit verloren. Zwar sprach von der Leyen mit den Gewerkschaften und dem Insolvenzverwalter über eine bundesweite Auffanggesellschaft, um die betroffenen Frauen besser in andere Arbeitsstellen vermitteln zu können. Doch die Vorstellungen der Gewerkschaften von der staatlichen Mitfinanzierung einer solchen Transfer-Gesellschaft lehnte die Arbeitsministerin ab. Obwohl sie sich ständig zum Fall Schlecker interviewen ließ und dabei stets viel Mitgefühl für die Schlecker-Frauen vermittelte, hütete sie sich davor, falsche Hoffnungen zu wecken. Allzu optimistische Begriffe wie

»Sanierung« oder »Rettung« kamen ihr nicht mehr über die Lippen. Dafür entbrannte eine heftige Debatte, als von der Leyen gemeinsam mit Verdi-Chef Frank Bsirske und dem Chef der Bundesagentur für Arbeit Frank-Jürgen Weise vorschlug, die arbeitslosen Schlecker-Frauen zu Erzieherinnen oder Altenpflegerinnen umschulen zu lassen. Es sei ihr ein Anliegen, die bisherigen Beschäftigten in Mangelberufen umzuschulen, erklärte von der Leyen. Vor allem in strukturschwachen Räumen sei es extrem schwer für die Betroffenen, wieder eine Anstellung im Handel zu finden. Dafür sei der Bedarf bei Erziehern oder in der Altenpflege groß. »Hier müssen wir passgenau qualifizieren«, erklärte die Arbeitsministerin. Für die Dauer der zweijährigen Umschulung sollten die Frauen Arbeitslosengeld erhalten. »Ich will den Frauen Mut zusprechen, einen Neuanfang zu wagen.«

Doch von der Leyen hatte nicht mit dem Protest derer gerechnet, die bereits als Erzieher oder Altenpfleger arbeiten. Man habe eine anspruchsvolle Ausbildung durchlaufen, und es sei lange nicht so, dass man jetzt einfach ein paar arbeitslose Verkäuferinnen auf Kinder und alte Leute loslassen könne, lautete der Tenor der Entrüstung.

Von der Leyen räumte später ein, diese Befindlichkeit unterschätzt zu haben. »Das hat mich am Anfang wirklich überrascht und bei mir Groll hervorgerufen. Denn warum soll eine erfahrene Verkäuferin Mitte dreißig mit eigenen Kindern dafür weniger qualifiziert sein als eine 18-Jährige, die frisch von der Schule kommt und so eine Ausbildung beginnt?«, meinte die Ministerin. Ihre Erklärung für die Entrüstungswelle: Das »deutsche Denken über Berufe ist doch ein sehr statisches. Viele Menschen denken: Einmal Bäcker, immer Bäcker.« Man müsse aber lernen, dass im Laufe eines langen Arbeitslebens der Umstieg von einem auf den anderen Beruf möglich sein müsse.

Die große Aufregung um das Thema war jedenfalls gänzlich überflüssig, denn die Chancen auf einen Berufswechsel wurden weder genutzt noch ausreichend angeboten. Die Bilanz Ende des Jahres 2012 war niederschmetternd: Nur 81 von rund 23 000 Schlecker-Frauen hatten den von der Arbeitsministerin in Aussicht gestellten Weg beschritten und eine Umschulung zur Altenpflegerin oder Erzieherin begonnen.

Für Mindestlöhne

Mehr Erfolg hatte von der Leyen mit ihrem Kampf gegen unfaire Arbeitsbedingungen. Entgegen der Linie des Koalitionspartners FDP und vieler CDU-Wirtschaftspolitiker setzte sie sich früh für einen Mindestlohn ein. Sie warb auch dafür, dass die Beschäftigten in der Lohn- und Zeitarbeit nach einer gewissen Frist grundsätzlich auch die gleiche Bezahlung erhalten sollten wie die Stammbelegschaften. Im Gegensatz zur SPD lehnte sie zwar einen allgemeinen gesetzlichen Mindestlohn ab, aber immerhin vertrat die Arbeitsministerin vehement die Auffassung, dass »wir angesichts der vielen weißen Flecken in der Tariflandschaft Mindestregeln schaffen müssen«.

Mit Sorge und wachsendem Ärger hatte von der Leyen festgestellt, dass die Lohnfindung in einigen Branchen nicht mehr funktioniere. Da Arbeitnehmer mit Minilöhnen ergänzende Sozialhilfe beantragen konnten, gelang es vor allem im Gaststätten-, Hotel- und Bewachungsgewerbe sowie anderen Dienstleistungsbranchen wie dem Gesundheitswesen und dem Handel immer häufiger, Arbeitskräfte für Löhne von fünf Euro oder weniger anzuheuern. Da diese Gruppe mit staatlichen Zuwendungen aufstocken konnte, zahlte letztlich der Steuerzahler denjenigen Teil des Lohns, der zum Erreichen des Existenzminimums fehlte und den die Arbeitgeber sich sparten. Die Dimension des Problems war beträchtlich. Über 1,3 Millionen Menschen waren 2012 als »Aufstocker« darauf angewiesen, ihre Dumpinglöhne mit Hilfe des Staates auf ein existenzsicherndes Niveau anzuheben. Auf

Druck der Arbeitsministerin wurden in zwölf Wirtschaftsberei-
chen sogenannte Branchen-Mindestlöhne vereinbart, die dann
von der Bundesregierung für allgemeinverbindlich erklärt wurden. »Da, wo es keine Tarifverträge gibt, muss eine Grenze nach
unten festgelegt werden«, verteidigte von der Leyen ihr Vorgehen gegen die massive Kritik aus der Wirtschaft.

Ähnliches galt für ihren Vorstoß bei der Leih- und Zeitarbeit.
Auch in diesem Sektor hatte es seit der Lockerung der Regeln im
Zuge der Agenda 2010 eine stürmische Entwicklung gegeben,
die oft zulasten der Betroffenen ging. Binnen zehn Jahren hatte
sich die Zahl der Leiharbeitnehmer auf knapp eine Million ver-
dreifacht. Die Entwicklung drohte sich noch zu beschleunigen,
da ab Mai 2011 auch Arbeitsuchende aus Osteuropa in Deutschland Jobs annehmen durften. »Das ist eine Branche, die mir wirklich Sorgen macht«, gestand die Arbeitsministerin mit Blick auf
den zu erwartenden Ansturm und die absehbaren Folgen für
eine weitere Abwärtsspirale bei den Löhnen. Nach zähen Verhandlungen mit den betreffenden Verbänden und dem widerstre-
benden liberalen Koalitionspartner gelang es ihr schließlich, im
Arbeitnehmerüberlassungsgesetz ab 2012 Mindestlöhne festzu-
setzen.

Auch wenn es durch die Gründung von Mini-Gewerkschaften
verschiedene Versuche gab, das Gesetz zu unterlaufen, so war die
Entwicklung zum sogenannten »equal pay«, also der gleichen Ent-
lohnung von Stammbelegschaft und Leiharbeitern, nicht mehr
aufzuhalten. In dem von Ursula von der Leyen erarbeiteten Gesetz
wurden Mindestlöhne für die Leiharbeit von 7,50 Euro im Osten
und 8,19 Euro im Westen festgelegt. Damit kamen sie der von der
Großen Koalition für 2014 beschlossenen allgemeinen Lohnuntergrenze schon ziemlich nahe. Auch wenn sich die Arbeitsministerin während der gesamten Debatte in der christlich-liberalen
Koalition immer dafür starkgemacht hatte, die unteren Lohn-
grenzen von Arbeitgebern und Gewerkschaften aushandeln zu
lassen, so sicher zeigte sie sich Ende 2012 über die weitere Ent-

wicklung. »Der Mindestlohn wird über kurz oder lang kommen.«
Womit sie – wie man inzwischen sieht – recht behalten sollte.

Frauenquote

Wenn man Alice Schwarzer und Ursula von der Leyen vergleicht,
fallen einem auf den ersten Blick nicht besonders viele Gemein-
samkeiten ein. In den Archiven findet man nur einen kleinen Band
mit dem kämpferischen Titel *Es reicht! Gegen Sexismus im Beruf*,
in dem die beiden Frauen jeweils einen Aufsatz publiziert haben.
Doch die langjährige Herausgeberin der Frauenzeitschrift *Em-
ma* und die CDU-Politikerin kennen sich aus vielen persönlichen
Gesprächen und begegnen einander mit Respekt und Wertschät-
zung. Beide sind auf ihre Weise Vorkämpfer für die Rechte der
Frauen, und beide kennen es nur allzu gut, im eigenen Lager auf
Widerspruch, ja teils erbitterten Widerstand zu stoßen. Schwarzer weiß, dass von der Leyen es vor allem bei den Konservativen
schwer hat. »Mutter von sieben Kindern und Ministerin, da gilt
man in Deutschland als Rabenmutter«, sagte sie einmal in einem
Spiegel-Interview. »Aber wir Frauen können es einfach nicht recht
machen. Und wenn alle Sachargumente ausgehen, kann man sich
bei Politikerinnen ja immer noch über die Frisur lustig machen.«
   Von der Leyens politische Erfolge wie den Kita-Ausbau, das
Elterngeld und die Vätermonate kommentiert Schwarzer durchaus anerkennend. Den zähen Kampf der CDU-Politikerin um die
Frauenquote hingegen bezeichnete sie in einer Diskussionsrunde einmal als »Witz«. Doch das war ein etwas voreiliges Urteil,
denn im jahrelangen Streit um einen festen weiblichen Anteil in
deutschen Unternehmensspitzen wäre die schwarz-gelbe Bundesregierung fast zerbrochen.
   Das Verhängnis nahm Mitte September 2012 seinen Lauf, als
Viviane Reding, die streitbare EU-Kommissarin für Justiz, eine
Richtlinie auf den Weg bringt. Darin wird für alle Mitgliedsstaa-

ten der EU eine verbindliche Frauenquote für Aufsichtsräte festgelegt. Die Kanzlerin kennt das Projekt, will aber den Vorstoß der
EU nicht unterstützen und sagt das auch ihrer Arbeitsministerin.
Die Gründe für Merkels »Nein« sind eher machttaktischer Natur.
Die Regierungschefin weiß, dass der Koalitionspartner FDP feste
Quoten für bürokratischen Unsinn hält. Auch in der Union sind
weite Teile skeptisch bis ablehnend, vor allem auf dem Wirtschafts-
flügel. Und weil die Regierungspartner 2012 ohnehin schon ständig streiten und Merkel nicht ohne Grund um das Erscheinungs-
bild ihrer Koalition in der Öffentlichkeit bangt, lehnt sie die feste
Quote und den Vorschlag von EU-Kommissarin Viviane Reding ab.

Es gehört zum Wesen der Politik, nicht jede Entscheidung gleich
in aller Klarheit publik zu machen. Manchmal ist es klüger, man
bleibt im Ungefähren und wartet ab, bis der richtige Zeitpunkt
kommt oder sich das Problem von allein erledigt. Merkel ist eine
Meisterin dieser Methode. Deshalb versuchte sie auch, das bri-
sante Thema Frauenquote bis nach der Bundestagswahl 2013
auszusitzen. Einerseits wollte sie keinen Krach in der Koalition,
andererseits aber auch nicht auf die Sympathie und die Stimmen der Frauen verzichten.

Doch es ging etwas schief. Am 20. September 2012 brachte
das SPD-regierte Hamburg im Bundesrat einen Antrag für eine
feste Frauenquote ein. Es gab über die Parteigrenzen hinweg
überraschend viele Unterstützer für diesen Antrag, unter anderem vom CDU-regierten Saarland. Obwohl Merkel noch am Abend
vor der Abstimmung bei der saarländischen Ministerpräsidentin
intervenierte, stimmte Annegret Kramp-Karrenbauer dem Hamburger Vorhaben zu – der Antrag wurde im Bundesrat angenommen. Von dort ging er den normalen Weg in den Rechtsausschuss
des Bundestags, wo am 15. März 2013 die nächste Panne passier-
te. Weil offenbar niemand die Fachpolitiker der Union darüber
informiert hatte, dass die Kanzlerin das Thema Frauenquote bis
hinter die Wahl verschieben wollte, folgten die Unionsvertreter gemeinsam mit der FDP ihrem gewohnten Muster: Sie stimmten mit

der schwarz-gelben Ausschussmehrheit gegen den Hamburger SPD-Antrag, anstatt ihn zu verschieben. Damit hatten sie allerdings einen nicht mehr zu stoppenden Gesetzgebungsmechanismus ausgelöst, denn jetzt war zwingend vorgeschrieben, was Merkel unter allen Umständen hatte vermeiden wollen: eine Abstimmung zur Frauenquote im Plenum des Deutschen Bundestags.

Als sich herumgesprochen hatte, dass dieses seit Jahren umstrittene Thema auf die Tagesordnung kommen würde, setzte ein schwer zu überschauendes Werben und Ringen ein. Vor allem in der Bundestagsfraktion von CDU und CSU sammelten Befürworter und Gegner einer festen Quote ihre Truppen. Und wie unter dem Brennglas wurde auch hier die Rivalität von Familienministerin Kristina Schröder und Arbeitsministerin Ursula von der Leyen deutlich. Schröder hatte sich für eine sogenannte Flexiquote starkgemacht. Diese sah lediglich eine freiwillige Selbstverpflichtung der Firmen vor und sollte nach Branchen unterschiedlich, also flexibel gestaltet werden. Damit wollte man auf Warnungen der Wirtschaftsverbände reagieren. Gerade in den hochtechnischen Bereichen der deutschen Industrie habe man massive Probleme, genügend qualifizierte Frauen für die Besetzung von Top-Positionen wie etwa Aufsichtsräten zu finden. Merkel, die eine feste Quote von 30 Prozent in den Aufsichtsräten für politisch nicht durchsetzbar hielt, hatte sich in dieser Auseinandersetzung auf die Seite von Schröder geschlagen und 2012 auch ein entsprechendes Votum des CDU-Parteitags durchgesetzt. Jetzt sah die Kanzlerin mit Sorge, wie verbissen von der Leyen für eine »echte Quote« kämpfte, wie sie selbst sagte.

Die besseren Argumente waren durchaus auf der Seite der Arbeitsministerin: »Was die Frauenpräsenz in Führungspositionen der deutschen Wirtschaft angeht, sind wir unter den Schlusslichtern im internationalen Vergleich, auf Augenhöhe mit Indien, hinter Brasilien, China oder Russland«, erklärte von der Leyen. Deutschland steuere auf einen »dramatischen Fachkräftemangel« zu und könne es sich »nicht länger erlauben, die Hälfte unserer

Talente zu ignorieren«. Sie sei es auch »satt«, dass es in der Berufswelt »zwei Karrierewege gibt: für die Männer die gut ausgeschilderte Straße, für Frauen die Piste, die das Navi nicht kennt«. Mit ihrer Position gewann sie in der Unionsfraktion durchaus zahlreiche Unterstützer.

Kampf gegen die eigene Fraktion

Jedenfalls war die Zahl groß genug, um bei einer Abstimmung die schwarz-gelbe Mehrheit zu verfehlen. Obwohl die Abgeordneten einer Partei normalerweise dem ungeschriebenen Gesetz des »Fraktionszwangs« folgen und sich der Mehrheit ihrer Fraktion anschließen, drohte dieses Mal eine gespaltene Abstimmung – und eine Niederlage der Regierung, herbeigeführt durch die eigenen Leute. Je näher der Termin zur Abstimmung rückte, desto stärker wuchs der Druck auf von der Leyen, die als Rädelsführerin der Abweichler galt. Unionsfraktionschef Volker Kauder nahm die Arbeitsministerin ins Gebet und stellte klar, dass es in einer Koalitionsregierung keine wechselnden Mehrheiten geben könne. Das fallweise Abstimmen mit der Opposition führe zwangsläufig zum Ende der Regierung – ob sie das denn wolle?

Doch von der Leyen zeigte sich wenig beeindruckt. »Ich habe keine Lust mehr, mir zehn weitere Jahre lang leere Versprechen anzuhören«, bekräftigte sie in einem Interview. Es müsse eine gesetzliche Frauenquote kommen, und zwar mit einer »glasklaren Zielvorgabe von 30 Prozent«.

Die Opposition aus SPD und Grünen verfolgte das Tauziehen in der Unionsfraktion natürlich mit höchster Aufmerksamkeit. In zahlreichen Gesprächen versuchten sie, diejenigen CDU-Abgeordneten auf ihre Seite zu ziehen, von denen sie wussten, dass sie sich am liebsten für eine feste Quote aussprechen wollten. Und Ursula von der Leyen ließ durch ihre Haltung durchaus den Schluss zu, dass sie entschlossen sei, das Undenkbare zu tun und gegen die eigene Partei und die Kanzlerin zu stimmen und die Regierung an den Rand des Abgrunds zu bringen.

Angela Merkel befand sich wieder einmal in der Zwickmühle. Viele hätten verstanden, wenn sie von der Leyen als Ministerin entlassen und damit ein starkes Signal an die Abweichler gegeben hätte, die Grenzen nicht zu überschreiten. An Kaltblütigkeit fehlt es der Kanzlerin nicht, das hatte zuvor schon Norbert Röttgen erfahren müssen, als Merkel ihn kurzerhand und ohne Vorwarnung aus dem Amt des Umweltministers entfernte. Auch er hatte hoch gepokert, aber sein Blatt deutlich überreizt.

Bei von der Leyen lagen die Dinge anders. Merkel brauchte sie für den Modernisierungsprozess innerhalb der CDU. Die Ministerin konnte Dinge ansprechen, fordern und durchsetzen, die Merkel zwar guthieß, aber so nicht äußern mochte. Als CDU-Vorsitzende war sie, die ohnehin schon ihre Probleme mit den Konservativen hatte, der ganzen Partei verpflichtet und konnte sich nicht offen auf eine Seite schlagen. Außerdem war von der Leyen beliebt und sprach als eine der wenigen CDU-Spitzenkräfte junge Frauen in den Großstädten an, wo die Union seit Jahren unter schlechtem Wählerzuspruch leidet. Was sollte es also bringen, von der Leyen jetzt zu feuern?

Unmittelbar vor der Abstimmung fand Merkel mit Hilfe von CSU-Chef Horst Seehofer und Fraktionschef Kauder einen Kompromiss. Danach sollte im Wahlprogramm der Union für die anstehende Bundestagswahl 2013 die bisherige Aussage zur Quote verschärft werden. Danach würde es dann in der folgenden Legislaturperiode doch eine feste Quote für die Aufsichtsräte börsennotierter Unternehmen geben – allerdings erst ab 2020. Bedingung dafür sei aber, dass von der Leyen jetzt – gegen ihre Überzeugung – für die Flexiquote stimme und die Regierungskoalition nicht gefährde.

Obwohl man ihr eine goldene Brücke gebaut und Merkel wie Seehofer beide persönlich mit ihr gesprochen hatten, verlangte von der Leyen, dass auch Kauder diesem Konzept öffentlich zustimmen müsse. Erst dann könne sie sich auf den Deal einlassen – vorher nicht. Wer die Machtverhältnisse in einer Regierung kennt, kann vor so viel Kaltblütigkeit nur den Hut ziehen. Von der Leyen hatte ihre Karten bis auf den letzten Punkt ausgereizt.

Der Preis für diese provokante Strategie im Kampf um die Frauenquote war hoch. Ihr bis dahin sehr gutes Verhältnis zu Merkel hatte gelitten, weil sie der Kanzlerin die Grenzen ihrer Politik des Ausweichens und Offenlassens vor Augen geführt hatte. Und in der Bundestagsfraktion von CDU und CSU waren Zischlaute und lautes Murren zu vernehmen, als sie das Wort ergriff. »Politik ist keine Ich-AG«, schmetterte ihr Familienministerin Kristina Schröder entgegen. Es ist ein Satz, den an diesem Tag wohl eine Dreiviertelmehrheit der Unionsabgeordneten unterschrieben hätte.

Doch aus Sicht von Ursula von der Leyen war das nicht weiter schlimm. Sicher, sie hatte sich beim Spiel mit dem Feuer ein paar Brandblasen geholt. Aber ihr Mut und ihre Chuzpe haben sich trotzdem gelohnt. Am Mittwoch, dem 26. November 2014 beschloss der Deutsche Bundestag mit den Stimmen der Großen Koalition aus CDU, CSU und SPD die Einführung einer festen, gesetzlichen Frauenquote ab 2016. Die rund 100 börsennotierten und voll mitbestimmungspflichtigen Unternehmen müssen bis dahin 30 Prozent der Aufsichtsratsmandate mit Frauen besetzen. Tun sie das nicht, bleiben diese Posten unbesetzt. Diese Regelung dürfte rund 160 Frauen in deutsche Aufsichtsräte bringen. Sie gilt auch für Aktiengesellschaften mit der europäischen Rechtsform SE. Mit Blick auf die nach wie vor starke Gruppe der Kritiker ließ Angela Merkel in ihrer Rede vor dem Bundestag keinen Zweifel mehr zu: »Die Frauenquote ist beschlossen, und sie wird kommen.«

Ursula von der Leyen, inzwischen Verteidigungsministerin, saß auf der Regierungsbank und strahlte. Sie hatte nach vielen Jahren Kampf und einem echten Nervenkrieg mit ihrer Fraktion und den beiden Unionsparteien endlich ihr Ziel erreicht. Und man kann schon ahnen, dass dieser Erfolg ihr keine Ruhe lassen wird, denn die Gleichberechtigung ist nicht erreicht, wenn es lediglich 160 Aufsichtsrätinnen in Deutschland gibt. Die entscheidende Frage für die weitere Entwicklung lautet, ob die Quote für einige Aufsichtsräte als politisches Signal auch auf die anderen Führungsgremien der Wirtschaft ausstrahlt. Schaut man in die Chefetagen der großen Unternehmen, dann sind die Spitzenmanager von heute immer noch durchweg männlich. In den DAX-Vorständen, also den Chefetagen der 30 größten Unternehmen, beträgt der Frauenanteil gerade einmal 5,5 Prozent – und weist sogar eine rückläufige Tendenz auf. Da bleibt noch viel zu tun für eine entschlossene Politikerin, die sich geschworen hat, die gläsernen Decken in der Berufswelt zu durchbrechen.

DIE POPULISTIN

Das durchsichtige Spiel mit den Medien

Es war kurz nach sieben Uhr morgens, als die Bremer Polizei die Wohnungstür des drogenabhängigen Bernd K. aufbrach, um nach seinem kleinen Sohn Kevin zu suchen. Das Jugendamt hatte die Polizei alarmiert, nachdem sich ein Kinderarzt, der Chef einer Kindernotaufnahme, das Familiengericht und sogar der Bremer Bürgermeister Jens Böhrnsen persönlich dafür ausgesprochen hatten, den Jungen in eine Pflegefamilie zu geben. Monatelang hatte das Jugendamt den Fall in den Akten, immer wieder hatte es dringende Hinweise gegeben, dass etwas nicht stimmte, doch wirklich passiert war – nichts. Als die Polizisten schließlich in der Küche von Kevins Vater standen, deutete dieser ohne ein weiteres Wort zum Kühlschrank. Hier machten die Beamten ihren grausigen Fund. Kevins Leiche wies Spuren furchtbarer Misshandlungen auf, die Ärzte stellten später mehrere Knochenbrüche und schwere Kopfverletzungen fest, an denen der zweieinhalbjährige Junge nach einer furchtbaren Tortur schließlich verstorben war.

Der dramatische Fall machte bundesweit Schlagzeilen und führte Ende 2006 zum Rücktritt der Bremer Sozialsenatorin Karin Röpke. Die SPD-Politikerin übernahm damit die politische Verantwortung für das krasse Versagen des ihr unterstellten Jugendamtes in der Hansestadt. Kevins Geschichte fiel zeitlich mit ähnlich gelagerten Fällen von Kindesmisshandlungen in anderen deutschen Städten zusammen. Die Hintergründe dieser Taten ähnelten sich auf schockierende Weise: Überforderte, drogenabhängige oder psychisch kranke Eltern vernachlässigten ihre Kinder, ließen sie verwahrlosen und misshandelten sie schließlich, in manchen Fällen sogar mit tödlichem Ausgang. Zwar gab es vor jeder der dramatischen Zuspitzungen Hinweise von Nachbarn oder besorgten Ärzten und Jugendhelfern; aber fast immer waren die zuständigen Jugend- oder Sozialämter überfordert, erkannten die Dramatik des Falles schlicht nicht oder schritten erst ein, als es schon zu spät war.

Allein mit Ignoranz, amtlichem Versagen oder Behörden-Missmanagement lassen sich solche Fälle jedoch nicht hinreichend erklären. Tatsache ist nämlich auch, dass die zuständigen öffentlichen Einrichtungen seit Jahren unter dem enormen Spardruck von Ländern und Kommunen leiden. Die zumeist sehr engagierten Betreuer stoßen aber angesichts der wachsenden Zahl der Problemfälle immer häufiger an ihre Grenzen. Fast 6000 Kinder nehmen die Ämter jedes Jahr wegen akuter Vernachlässigung ihren leiblichen Eltern weg und unterstellen sie staatlicher Obhut. Doch das ist nur die Spitze des Eisbergs. Experten schätzen die Zahl der tatsächlichen Misshandlungen und Verwahrlosungen auf mindestens 25 000 pro Jahr.

Die Häufung der Fälle Ende 2006 ließ der neuen Bundesfamilienministerin Ursula von der Leyen keine Ruhe. Zwar betraf kein einziges der öffentlich stark beachteten Dramen ihren unmittelbaren Zuständigkeitsbereich, weil Jugendfürsorge in der Regel Sache der Kommunen ist. Aber die starke emotionale Anteilnahme der Bevölkerung sowie die bundesweite Berichterstattung in den Abendnachrichten und auf den Titelseiten der Zeitungen ließen ihr keine andere Möglichkeit, als sich des Themas zu bemächtigen.

Der klassische Weg der politischen Initiative liegt in der Gesetzgebung, aber dieser Weg ist langwierig und kompliziert. Angesichts der furchtbaren Missstände verlangte Volkes Stimme sofortiges Einschreiten nach dem Motto: »Da muss man doch jetzt ganz schnell etwas tun!« Also suchte Ursula von der Leyen ein Instrument, mit dem sie dem schockierten Land ihr Engagement und ihre Tatkraft sofort unter Beweis stellen konnte.

Fündig wurde sie beim Kriminologischen Forschungsinstitut des Strafrechtlers Christian Pfeiffer im heimischen Hannover. Der ebenfalls sehr öffentlichkeitsbewusste Jurist war ihr schon aus gemeinsamen Tagen in der niedersächsischen Landespolitik gut bekannt: Pfeiffer hatte drei Jahre lang für die SPD-Landesregierung als Justizminister gearbeitet. Er berichtete der Bundesfamilienministerin von ähnlich gelagerten Misshandlungsfällen in den USA, denen man eine Art staatlichen »Familienbetreuer« zur Seite gestellt hatte. Also erfand Ursula von der Leyen nach dem US-Vorbild flugs ein deutsches »Modellprojekt«, das binnen weniger Tage aus der Taufe gehoben und den Medien im ganzen Land vorgestellt wurde. Danach sollte sogenannten Risikofamilien in sechs Städten eine »Familienhebamme« zugeordnet werden. Diese Betreuerin hatte einzig und allein die Aufgabe, bei den Betreffenden immer mal wieder nach dem Rechten zu schauen – natürlich auch in Bremen. Nüchtern betrachtet entspricht das der ganz normalen Alltagsarbeit von städtischen Sozialarbeitern. Bei Ursula von der Leyen jedoch wurde aus den paar zusätzlichen Kontrollbesuchen in einem halben Dutzend Städten ein mit renommierten Wissenschaftlern entwickeltes »bundesweites Modellprojekt«, das zudem von »Familienhebammen« durchgeführt wurde – eine Berufsbezeichnung, die es bis dato eigentlich nicht gab.

Viel heiße Luft also, aber im gleißenden Scheinwerferlicht der Kameras stand die engagierte Bundesfamilienministerin in erster Reihe und präsentierte den Bürgerinnen und Bürgern in einer emotional hoch aufgeladenen Situation einen wohlklingenden Vorschlag, wie man die Misshandlung von Kindern künftig vermeiden könne. Unter politisch-medialen Aspekten betrachtet war das eine Punktlandung, auch wenn der mit viel Trommelwirbel vorgestellte »Modellversuch« in der wirklichen Welt kaum etwas ändern würde. Letzten Endes hatte von der Leyen den zuständigen Sozialämtern nur gesagt, wie sie ihre Arbeit besser machen könnten. Dass sich aber Problemfamilien mit zusätzlichem Personal wie den »Familienhebammen« immer besser kontrollieren und betreuen lassen, ist eine Binsenweisheit – dafür hätte es weder einer Bundesfamilienministerin noch einer wissenschaftlichen Begleitung durch ein kriminologisches Institut bedurft.

Nun gehört es zum Handwerkszeug eines Spitzenpolitikers, sich möglichst öffentlichkeitswirksam in aktuelle Themen einzumischen oder sich ihrer dadurch zu bemächtigen, dass man sich selbst an die Spitze der Bewegung setzt. Allerdings ist es immer recht schwierig, Dinge in kurzer Zeit nachhaltig zu verändern. Stattdessen gilt es als probates Mittel, einfach irgendetwas zu fordern. Wenn beispielsweise während der Ferienzeit das Thema Einbruch wieder Konjunktur hat und die Zeitungen voll sind mit Geschichten von umherziehenden Diebesbanden, die in urlaubsbedingt leer stehende Häuser einbrechen, gibt es mit Sicherheit irgendeinen Politiker, der höhere Strafen für Einbrecher fordert. »Innen-Experte für härtere Gesetze« lautet dann die schnell geschriebene Schlagzeile. Das suggeriert Tatkraft und Entschlossenheit und passt in der Regel sehr genau zur öffentlichen Stimmung. Dabei versteht es sich von selbst, dass sich die Zahl der Einbruchsdiebstähle weder durch die Forderung von Politikern verringern würde noch durch eine tatsächliche Anhebung der Freiheitsstrafen in diesem Deliktsfeld.

Allerdings ist das Gedächtnis der kurzatmigen Massenmedien und der Öffentlichkeit kurz. Im täglichen Kampf der Politiker um mediale Aufmerksamkeit zählen deshalb eingängige Formulierungen und Ersatzhandlungen wie »Modellversuche«, »Gipfeltreffen« oder schlichte »Forderungen« mehr als durchdachte und wirklich langfristig angelegte Politik. Ursula von der Leyen beherrscht beides. In der Familienpolitik ist ihr mit Einführung des Elterngelds und der Erhöhung der Anzahl der Kita-Plätze eine wirkliche Verbesserung gelungen, die Eltern hilft, Familie und Beruf leichter miteinander zu vereinbaren. Auch haben ihre Reden und Initiativen den entscheidenden Anstoß für ein Umdenken in ihrer Partei und in breiten Schichten der Gesellschaft gegeben. Noch vor wenigen Jahren war die Familienpolitik der CDU geprägt von der traditionellen Alleinverdiener-Ehe und einer entsprechenden Verteilung der Aufgaben zwischen Mann und Frau.

Inzwischen ist dieses patriarchische »Kind-Küche-Kirche«-Modell von einem modernen und zeitgemäßen Familienbild abgelöst worden – zumindest in der Mehrheitsmeinung der Partei. Danach werden Aufgaben partnerschaftlich verteilt. Frauen wie Männer haben zudem beide das Recht, sich neben der Erziehung der Kinder auch noch einem Beruf zuzuwenden – wenn das von beiden so gewünscht ist. An diesen Veränderungen hat Ursula von der Leyen einen großen Anteil, ja am Ende ist es hauptsächlich ihr Verdienst.

Doch sie hat in ihrem Leben als Politikerin auch sehr früh gelernt, dass schöne Bilder, flotte Sprüche und wohlfeile Äußerungen ebenfalls die gewünschte Aufmerksamkeit verschaffen – und davon konnte sie noch nie genug bekommen. Zum Beispiel macht es sich immer gut, wenn sie als gelernte Ärztin und verantwortliche Politikerin vor Schönheitsoperationen warnt. »Schauen Sie doch mal in diese Botox-Gesichter, das sind Mumien«, entsetzte sie sich einmal in einem Interview mit Deutschlands größter Sonntagszeitung. »Aufgerissene Augen, Lippen, die aussehen wie Autoreifen – fürchterlich!« Und als wäre es mit dieser demonstrativen Abscheu noch nicht genug, folgte natürlich prompt der öffentliche Schwur, dass für sie eine Schönheitsoperation »niemals« in Frage kommen werde. Und auch der salbungsvolle Schlusssatz für die Sonntagszeitung durfte natürlich nicht fehlen: »Wie schön ist doch das runzelige Gesicht eines älteren Menschen, das voller Lebenserfahrung ist.«

Es gibt viele solcher Beispiele für die Populistin in Ursula von der Leyen. Von ähnlichem Kaliber wie ihre Warnung vor Schönheits-OPs war etwa ihre öffentliche Ermahnung an die Männer, es am traditionellen Vatertag doch bitte mit dem Alkohol nicht zu übertreiben. Rechtzeitig vor Christi Himmelfahrt nutzte sie ein

Interview mit der *Bunten*, um ihren Ratschlag unter das Volk zu bringen. »Die Väter sollten den Vatertag nicht mit einem Besäufnis begehen«, mahnte die Mutter von sieben Kindern. »Das finde ich schrecklich!« Wie immer bei so einer demonstrativen und wohlfeilen Empörung ist man versucht, die simple Gegenfrage zu stellen: Wer, bitte schön, findet betrunkene Väter denn nicht schrecklich? Aber damit würde natürlich jeglicher Entrüstung der Boden entzogen.

Fromme Wünsche, schöne Überschriften

Ähnlich verhielt es sich mit ihrer Forderung nach der Einführung von Benimmregeln im Internet. Die verantwortlichen Betreiber sollten gemeinsam mit den jugendlichen Nutzern einen Verhaltenskodex entwickeln, regte von der Leyen an. In Online-Netzwerken, Blogs und Chats müsse ebenso wie im Schulalltag ein »achtsamer und wacher Umgang« angestrebt werden. Das ist schön gesagt, aber auch hier stellt sich die Frage, was denn einem solchen Appell folgen soll. Schließlich kann man niemanden im Internet zu freundlicher oder achtsamer Wortwahl zwingen, solange er die Grenze einer strafbaren Beleidigung nicht überschreitet. Mit dieser nüchternen Erkenntnis macht man allerdings keine Schlagzeilen; das gelingt schon eher mit dem Formulieren frommer Wünsche – selbst wenn solche Interview-Äußerungen absolut folgenlos bleiben.

In diese Kategorie passte schließlich auch ihr thematischer Ausflug in das Datenschutzrecht, das eigentlich beim Innen- und Justizministerium liegt. Da aber gerade ältere Menschen oft Probleme mit der modernen Informationstechnologie haben und sie als Familienministerin auch für Senioren zuständig ist, schwang sich von der Leyen kurzerhand zum Schutzengel der »Silver-Surfer« auf, wie Computernutzer jenseits der 60 im Branchenjargon gern genannt werden. Zunächst beklagte von der Leyen pauschal »den massenhaften Missbrauch von Kundendaten« und mahnte sodann einen besseren Schutz älterer Menschen an. Es sei »unfassbar, welche Dimension der illegalen Weitergabe von Kundendaten sich in diesen Tagen auftut«, wunderte sich die Ministerin im Sommer 2008. Die Zustände seien inzwischen so schlimm, dass sie von einer regelrechten »Raubritter-Industrie« sprechen müsse. Diese versuche täglich, Senioren »über Glücksspiele und Wundermittel« auszunehmen. »So abzuzocken ist eine richtige Sauerei«, barmte von der Leyen mitten im politischen Sommerloch.

Man kann sich das beifällige Kopfnicken der Senioren geradezu bildlich vorstellen – seht her, die Familienministerin denkt auch an uns. Die für Datenschutz aber eigentlich verantwortlichen Innen- und Justizminister dürften bei der Lektüre der Bemerkungen von Ursula von der Leyen einen Wutanfall bekommen haben. Es ist nämlich als Mitglied einer Regierung immer brandgefährlich (und gegenüber den Kabinettskollegen auch recht billig), lauthals Zustände zu beklagen, für die man im engeren Ressortsinne vielleicht nicht unmittelbar verantwortlich ist, für die aber am Ende die ganze Regierung geradestehen muss. Da hilft es dann auch nicht mehr, wenn von der Leyen den bestehenden Datenschutz in einem Halbsatz lobt, die zuständigen Minister aber gleichzeitig mit der Bemerkung rüffelt, dass es immer wieder notwendig sei, nachzuarbeiten, »um Gesetzeslücken zu schließen«. Gesetzeslücken wohlgemerkt, die in der Verantwortung ihrer Kollegen und der Bundesregierung liegen, der sie selbst angehört.

Etwas subtiler, aber mindestens ebenso wohlfeil fiel ihr Ratschlag aus, teure Krankenkassen doch künftig zu boykottieren. Auch für Gesundheitspolitik war von der Leyen nicht zuständig, doch vor dem Hintergrund des von der Großen Koalition beschlossenen Gesundheitsfonds konnte sie sich einen Kommentar nicht verkneifen. »Schauen Sie Ihrer Krankenkasse genau auf die Finger und wechseln Sie die Kasse, wenn sie mehr Geld von Ihnen verlangt«, riet sie den Bürgern. Die Auswahl an Kassen sei schließlich groß genug.»Kassen, die gut wirtschaften, werden ihren Versicherten Geld zurückgeben können. Kassen, die schlecht wirtschaften, werden Zuschläge verlangen müssen.« Und denen, so der gute Rat, solle dann gekündigt werden.

Auch hier fragt man sich, warum solche Allerweltsweisheiten unter der Schlagzeile »Von der Leyen ruft zum Boykott teurer Krankenkassen auf« auch noch als mutiger Kreuzzug einer studierten Ärztin gegen die Versicherungsbranche unter das Volk gebracht werden. Dass man teure Anbieter sinnvollerweise gegen preiswertere eintauscht, ist schließlich keine bahnbrechende Erkenntnis. Aber auch hier schaffte es von der Leyen wieder einmal, sich auf Kosten der zuständigen Gesundheitsministerin zu profilieren – und das auch noch mit Binsenweisheiten.

Besonders tückisch im täglichen Kampf um mediale Präsenz ist es, etwas sehr Populäres zu fordern, das andere bezahlen sollen. Auch diese ausgesprochen plumpe Spielart des Populismus beherrscht Ursula von der Leyen mühelos. Kaum im Amt, schlug die neue Bundesfamilienministerin beispielsweise mit strahlendem Lächeln vor, die Gebühren für die Kindertagesstätten erheblich zu senken oder am besten ganz abzuschaffen. Was so gut klang, war gleich aus zwei Gründen recht perfide. Zum einen sind die Länder und Kommunen für die Finanzierung der Kitas verantwortlich, weshalb sie versuchen, durch entsprechende Gebühren die Kosten in Grenzen zu halten. Zum anderen setzte von der Leyen ihren schönen Vorschlag just zu einem Zeitpunkt in die Welt, als die SPD gerade zu einer Klausurtagung zusammengekommen war, um unter anderem auch über familienpolitische Fragen zu diskutieren. Noch bevor die Genossen aber das erste Wort ausgetauscht hatten, lief von der Leyen schon mit ihrer Forderung nach kostenfreien Kitas über die Nachrichtenagenturen. Das war vom Nachrichtenwert kaum zu toppen – und so beherrschte die CDU-Politikerin und nicht der damalige Koalitionspartner SPD an diesem Tag den politischen Diskurs.

Nach den Regeln der Mediendemokratie war das innerhalb einer Koalition ein grobes Foul und entsprechend verärgert reagierte denn auch der damalige SPD-Vize Kurt Beck. Die Bundesfamilienministerin möge doch bitte selbst einmal für die Finanzierung ihres Vorschlags sorgen, ärgerte sich der bärtige Pfälzer. »Man sollte immer eher über den eigenen Geldbeutel reden als über den anderer Leute«, so Beck. Schließlich könne man die enormen Kosten für die Kitas ja nicht einfach auf die Städte und Gemeinden oder auf die kirchlichen Träger abwälzen.

Doch nicht nur bei der SPD herrschte Unmut, auch in der CDU schüttelte mancher über so viel Populismus nur noch den Kopf. Man brauche »keinen Wettbewerb von wohlklingenden Vorschlägen, sondern einen Wettbewerb an realistischen, umsetzbaren Perspektiven«, rüffelte der damalige niedersächsische Kultusminister Bernd Busemann stellvertretend für viele in der CDU seine Parteifreundin von der Leyen. Diese Äußerung war schon für sich genommen eine ziemliche Ohrfeige, aber Busemann fügte noch die spitze Frage hinzu, ob die Bundesfamilienministerin denn gedenke, die Kosten ihres Vorschlags in Höhe von rund drei Milliarden Euro jährlich zusätzlich aus ihrem Etat zu finanzieren.

Doch Ursula von der Leyen wäre in der Politik nicht so weit gekommen, wenn sie sich Unmut und Kritik – egal aus welcher Richtung – immer gleich zu Herzen genommen hätte. Spricht man sie auf die zahlreichen negativen Reaktionen auf ihre Vorschläge an, entgegnet sie zumeist freudestrahlend, dass sie doch eine recht muntere Debatte angestoßen habe und schon allein deswegen nicht so falschliegen könne. Vor so viel Chuzpe kann man manchmal nur den Hut ziehen.

Der »Familien-TÜV«

Dass viele ihrer politischen Ideen nicht nur auf die Verbesserung der tatsächlichen Verhältnisse gerichtet sind, sondern mindestens ebenso stark auf einen positiven PR-Effekt abzielen, ist Teil des Geschäfts. Manchmal ist es aber auch so, dass es bei ihren Vorschlägen nur noch um die Show geht und um sonst eigentlich nichts. Eines der Paradebeispiele für ihre typische Eigenpropaganda war die Idee vom »Familien-TÜV«. Mitten in der nachrichtenarmen Sommerzeit platzierte sie einen entsprechenden Plan für mehr familienfreundliche Arbeitgeber in Deutschland. Auch hier funktioniert das populistische Muster wie aus dem Bilderbuch, denn wer, bitte schön, würde schon widersprechen, wenn sich die Ministerin und Mutter von sieben Kindern mehr Familienfreundlichkeit im Berufsleben wünscht?

Das Problem an solchen frommen Wünschen besteht jedoch darin, dass sie kaum umzusetzen sind. Denn man kann Familienfreundlichkeit in den Betrieben in Deutschland so wenig verordnen wie Höflichkeit oder gute Umgangsformen. Natürlich wusste von der Leyen, dass man ihr derartige Einwände entgegenhalten würde. Und deshalb wollte sie es auch nicht bei einem bloßen Appell belassen, sondern bestand darauf, dass die Bundesregierung bei diesem Thema mit gutem Beispiel vorangehen möge. Also erwirkte sie einen Kabinettsbeschluss, wonach jedes Bundesministerium ein »familienfreundlicher Arbeitgeber« werden sollte. Dieses Prädikat verdient ein Arbeitgeber, wenn er »die Ziele der Unternehmen und Behörden und die Mitarbeiterinteressen in eine Balance bringt«, erklärte von der Leyen bei der sorgfältig geplanten Pressekonferenz. Natürlich gehören dazu flexible Arbeitszeitmodelle, Programme zum Wiedereinstieg nach der Elternzeit oder die Schaffung eigener Kita-Plätze beim Arbeitgeber.

Das alles klingt auch wirklich sehr gut, ist aber am Ende nicht mehr als die Aufzählung der bereits bestehenden gesetzlichen und tariflichen Möglichkeiten. Dennoch schaffte es von der Leyen auch mit dieser Idee wieder in die Schlagzeilen, weil sie den Begriff »Familien-TÜV« erfand und den Medien die schöne Schlagzeile in den Mund legte, dass alle Ministerien jetzt zum TÜV müssten – inklusive dem Kanzleramt. Es gab fast keine Zeitung, die nicht mit dieser Überschrift über den Vorstoß der Ministerin berichtete. Wenn man allerdings heute auf den Fluren der Berliner Ministerien nach dem »Familien-TÜV« von 2008 fragt, zucken die Beamten meist nur mit den Schultern. Gerade in den Leitungsfunktionen der Bundesressorts und vor allem im Kanzleramt wird von frühmorgens bis in die Nacht gearbeitet. Das ist wahrscheinlich gut für die Regierung, verdient aber sicher nicht das Prädikat »familienfreundlich«.

Als Chefin und somit als Arbeitgeberin gilt von der Leyen übrigens als sehr fordernd. Wenn ihr etwas wichtig ist – und das ist fast immer so –, dann müssen Vorlagen, Reden und Vermerke binnen kürzester Zeit fertiggestellt werden. Dafür sind schon so manche Abend- und Nachtstunden in ihrem Ministerium aufgebracht worden. Auch müssen Redeentwürfe und andere Papiere oft genug überarbeitet, verändert, erweitert oder sogar ganz neu geschrieben werden, weil sie sich selten mit den ersten Entwürfen zufriedengibt. Man fragt die betroffenen Referenten besser nicht danach, ob sie der Arbeitgeberin Ursula von der Leyen den Stempel des »Familien-TÜV« geben würden. Wenn es um die eigenen Ansprüche an ihre öffentliche Arbeit geht, kennt von der Leyen für ihre unmittelbaren Mitarbeiter kein Pardon – Familie hin, Familie her.

Jugendliche als Testkäufer

Einmal jedoch hatte es die Ministerin mit ihrer Gier nach Schlagzeilen so übertrieben, dass sogar Angela Merkel höchstpersönlich einschreiten musste. Stein des Anstoßes war eine Reform des Jugendschutzgesetzes, die den Einsatz von minderjährigen Testkäufern für Alkohol oder Zigaretten vorsah. Hintergrund dieser Rechtsverschärfung war die Tatsache, dass Jugendliche offenkundig immer leichter alkoholische Getränke erwerben konnten, weil die Geschäftsinhaber oder Verkäufer es mit den Altersbeschränkungen nicht mehr ganz so genau nahmen oder sich davon täuschen ließen, dass viele Jugendliche aufgrund ihrer Größe und ihres Aussehens älter scheinen, als sie tatsächlich sind. Hinzu kam, dass die Industrie vor einigen Jahren spezielle Getränke entwickelt hatte, die besonders gern und häufig von jungen Leuten konsumiert wurden. Dazu zählten Biere mit Fruchtaromen und vor allem Limonaden mit hochprozentigen Alkoholika wie etwa Wodka, Rum oder Whiskey, die sogenannten Alkopops. Diese süßen Softdrinks überdecken den bitteren Geschmack des hochprozentigen Alkohols, sodass die Getränke oft sehr schnell und auch in größeren Mengen konsumiert werden – mit entsprechender Wirkung.

Dazu passten auch Erkenntnisse von Medizinern, Pädagogen und Suchtberatungsstellen, dass die Jugendlichen in den letzten Jahren tatsächlich in zunehmender Menge Alkohol trinken. Richtigerweise nahm sich deshalb auch die Politik des Themas an. So wurden bundesweite Kampagnen entwickelt, die vor den Gefahren unkontrollierten Alkoholgenusses warnten. Auch der Handel wurde deutlich ermahnt, beim Verkauf von Alkoholika die gesetzlichen Altersbeschränkungen zu beachten und sich gegebenenfalls Ausweise vorlegen zu lassen. Ähnlich verhielt es sich mit Zigaretten.

Doch Ursula von der Leyen reichte das nicht. Als Bundesfamilienministerin fühlte sie sich besonders stark verpflichtet, einen weithin sichtbaren Beitrag zum Kampf gegen den Jugendalkoholismus zu leisten. Die zahlreichen Appelle und die aktuellen Kampagnen waren ihr zu wenig – sie wollte sich mit einem regelrechten Kreuzzug gegen gewissenlose Geschäftsleute profilieren. Und da sie einmal dabei war, sollte es nicht nur um Alkohol und Zigaretten gehen, sondern auch um Filme mit gewalttätigen Szenen, die für Jugendliche auf dem Index standen.

Um die Verkäufer all dieser gefährlichen Waren zu enttarnen, wollte die Ministerin Kinder und Jugendliche als verdeckte Testkäufer einsetzen. Diese sollten mindestens 14 Jahre alt sein und beim Besuch eines Geschäfts unauffällig von Zivilbeamten einer Aufsichtsbehörde begleitet werden. Als Begründung für den Einsatz der minderjährigen Agent Provocateur nannte von der Leyen die »laschen Kontrollen« im Handel. Wenn die Behörden künftig mit Jugendlichen in die Läden gehen dürften, »dann bekommt der zahnlose Tiger Jugendschutzgesetz endlich ein scharfes Gebiss«, glaubte von der Leyen. Etwas nüchterner klang die offizielle Begründung ihrer Beamten. Die geplanten »Testkäufe von Kindern und Jugendlichen erleichtern die Arbeit der Kontrollbehörden«, hieß es im Gesetzesentwurf des Bundesfamilienministeriums.

Doch kaum wurde das Vorhaben bekannt, hagelte es Proteste von allen Seiten. Die Grünen bezeichneten die Testkäufer als »Schnapsidee«, und der SPD-Gesundheitsexperte Karl Lauterbach meinte sogar, der Einsatz junger Testkäufer grenze »an Kindesmissbrauch«. Auch der Berliner Jugendsenator Jürgen Zöllner von der SPD äußerte sich kritisch. Der Einsatz von Kinderspitzeln sei juristisch äußerst fragwürdig. Außerdem könne man nicht sicher sein, »dass unter diesen Bedingungen erfolgte Verstöße gerichtsfest sind und geahndet werden können«.

Regelrecht vernichtend fiel das Urteil des Deutschen Kinderschutzbundes aus. »Es ist juristisch höchst bedenklich, wenn Kinder zu verdeckten Ermittlern gemacht werden sollen, die andere dann zu einer Straftat anstiften sollen«, meinte Paula Honkanen-Schobert, die Geschäftsführerin des Kinderschutzbundes. »Sie als Lockvögel zu missbrauchen ist nicht mit der Würde des Kindes vereinbar.« Entsprechend negativ kam der Plan auch bei der Presse an; fast alle führenden Zeitungen druckten kritische bis ablehnende Kommentare.

Angela Merkel hatte die Debatte genau verfolgt, sich aber zunächst nicht dazu geäußert. Als Kanzlerin sollte man ohnehin nicht zu jeder Einzelfrage des Regierungsgeschäfts Stellung nehmen. Außerdem entspricht es ihrem Stil, den Dingen erst einmal ihren Lauf zu lassen und sich erst dann, wenn erkennbar ist, in welche Richtung es geht, der Mehrheitsmeinung anzuschließen. Dieses Verhalten hat ihr zwar schon früh den Vorwurf der »Profillosigkeit« oder gar der »Beliebigkeit« eingetragen; in Wahrheit aber entspricht diese Taktik des Beobachtens und Abwartens genau dem Regierungsstil ihres großen Förderers und Lehrmeisters Helmut Kohl. Auch er war klug und vorsichtig genug, sich im Tagesgeschäft nicht zu allem und jedem zu äußern, bevor nicht erkennbar war, wie ein Streit oder eine politische Debatte enden würde. Sich zu früh einzumischen birgt nämlich immer die Gefahr, am Ende in der Minderheit zu landen oder sich für eine Position starkgemacht zu haben, die beim Abschluss der Debatte eine erkennbare Mehrheit gegen sich hat. Und genau das sollte einem Regierungschef nicht allzu oft passieren, denn sonst herrscht viel zu schnell der Eindruck vor, dass dem Kanzler oder der Kanzlerin der politische Instinkt abhandengekommen sei.

Doch im Fall der »Kinderspitzel« machte Merkel eine Ausnahme. Schon zu Beginn der Debatte ließ sie über ihren Regierungssprecher mitteilen, dass sie bei dem Thema noch »Gesprächsbedarf« sehe. Das heißt in der codierten Verlautbarungssprache der Berliner Politik nichts anderes als »Kommando zurück«.

In der Tat musste von der Leyen nach einem vertraulichen Gespräch mit der Kanzlerin ihre »Testkäufer-Pläne« wieder aufgeben. Die von Anfang an recht krude Idee war zwar bis zur Kabinettsvorlage gereift, dann aber bei Merkel schlicht durchgefallen. Dagegen kann selbst die resoluteste Ministerin nichts ausrichten. Warum die Kanzlerin entgegen ihrer Gewohnheit in diesem Fall so schnell den Daumen gesenkt hatte, kann nur vermutet werden. Viel spricht dafür, dass die ehemalige DDR-Bürgerin Merkel hellhörig wurde, als die Medien aus den jugendlichen Testkäufern auf einmal »Kinderspitzel« machten, die unter heimlicher Beobachtung eines verdeckten Behördenmitarbeiters andere Leute zu Straftaten verleiten sollten. Das erinnerte die Kanzlerin dann wohl doch zu sehr an die Methoden des DDR-Spitzelapparats – und damit wollte sie weder sich noch die Beschlüsse ihrer Regierung verglichen wissen.

Ursula von der Leyen ertrug die Niederlage mit Fassung. Zum einen gab es mehr als genug andere Themen, mit denen sie sich in Szene setzen konnte, um von dem unseligen Kapitel »Kinderspitzel« abzulenken. Zum anderen wusste sie, dass Merkel ihr grundsätzlich vertraute und sie stützte, wo immer es ging. Schließlich hatte die Kanzlerin Ursula von der Leyen nicht ohne Grund in ihr Kabinett berufen. Die Bundesfamilienministerin sollte als Speerspitze der Modernisierung die bis dato rückständige Familienpolitik der CDU grundlegend erneuern.

Kleinere Pannen sind im politischen Geschäft nicht weiter schlimm, wenn es gelingt, die Aufmerksamkeit des Publikums rasch auf andere Dinge zu lenken. Dazu braucht man gute Ideen, clevere Berater und vor allem die Medien. Der geschickte Umgang mit Journalisten gehört deshalb für Spitzenpolitiker zum unverzichtbaren Handwerkszeug. Denn was nützen die besten politischen Konzepte und die klügsten Reden, wenn niemand von ihnen erfährt und niemand darüber diskutiert?

Ursula von der Leyen ist es von Kindesbeinen an gewöhnt, im Rampenlicht der Öffentlichkeit zu stehen. Wie wichtig ein gutes Bild im Fernsehen oder in der Zeitung ist, wurde ihr schon vom Vater eingeimpft.

Der »Spin-Doctor«

Der seit Jahren anhaltende PR-Erfolg von Ursula von der Leyen ist aber nicht nur ihr eigener Verdienst, sondern hat auch viel mit der umsichtigen und trickreichen Arbeit ihres langjährigen Pressesprechers Jens Flosdorff zu tun. Der heute 45-Jährige begann nach Jura-Studium und erstem Staatsexamen ein Volontariat bei der *Hannoverschen Allgemeinen Zeitung* und arbeitete danach kurze Zeit als freier Journalist. Während dieser Zeit lernte er die damalige Landessozialministerin von der Leyen kennen und begann schließlich einen Job als Referent im Pressestab ihres Ministeriums in Hannover. Seitdem ist der schlanke, hochgewachsene Mann mit den blauen Augen nicht mehr von ihrer Seite gewichen. Diese Treue belohnte von der Leyen durch eine stete Förderung seiner Karriere. Flosdorff rückte noch in Hannover an die Spitze des Pressestabs vor und folgte seiner Chefin dann 2005 nach Berlin in die Bundespolitik.

Diente er im Bundesfamilien- sowie im Bundesarbeitsministerium noch als erster Sprecher und Leiter des Pressereferats, so stieg er mit dem Wechsel der Ministerin ins Verteidigungsressort sogar zum Abteilungsleiter auf.

Im Laufe der Jahre haben von der Leyen und ihr smarter Medienmann allerdings immer wieder zu Methoden gegriffen, die mindestens unüblich sind, in manchen Fällen sogar gegen die guten Sitten verstoßen. So ist Flosdorff in Berliner Journalistenkreisen bekannt dafür, dass er auf Nachfragen oft gar nicht reagiert oder immer wieder Dinge bestreitet, die sich später als wahr herausstellen. Auch das Mittel der subtilen Drohung gehört zu seinem Handwerkszeug. Formulierungen wie »so kann ich unsere Zusammenarbeit nicht fortsetzen« oder »Sie werden ja sehen, wie weit Sie damit kommen« gehören da noch zu den kleineren Schnitzern. Gezielte Klagen bei den Vorgesetzten hartnäckiger Journalisten oder das Verwehren jeglicher Interviews oder Gesprächsmöglichkeiten mit seiner Chefin stellen dagegen schon massivere Einschüchterungsversuche dar.

Auch beim Abstimmen von Interviews gibt es regelmäßig Ärger. Leider ist es in Berlin im Gegensatz zum angloamerikanischen Sprachraum Sitte, dass Interviews für Zeitungen oder Zeitschriften vor Drucklegung vorab schriftlich zur Genehmigung vorgelegt werden müssen. Flosdorff hat bei solchen Abstimmungen nicht nur kein Problem damit, Formulierungen herauszustreichen, die Ursula von der Leyen laut Tonbandaufnahme im Interview unzweifelhaft gebraucht hat. Er besitzt auch noch die

Stirn, völlig neue Antworten in ein Interview hineinzuformulieren und den Journalisten dann zu sagen, dass ihre Frage leider nicht mehr zur neuen Antwort passt und entsprechend anders gestellt werden müsse.

Solche Anmaßungen sind mittlerweile leider auch in anderen Berliner Ministerien üblich – wenngleich nicht in dieser Ausprägung. Vor allem das inzwischen gebräuchliche Umformulieren von Interviews sorgt häufig für Unstimmigkeiten zwischen Journalisten und Pressesprecher. Doch in aller Regel dringen interne Vorgänge wie diese nicht nach außen, auch wenn auf den Fluren der Bundespressekonferenz immer häufiger über die plumpen Propaganda-Methoden der Bundesregierung geklagt wird. Allerdings gab es 2007 einen krassen Fall von Medienbeeinflussung, der doch einmal öffentlich wurde und prompt für ziemlichen Ärger sorgte. Ursula von der Leyen hatte damals eine Werbekampagne für das neue Elterngeld und die umstrittenen Vätermonate in Auftrag gegeben. In Anzeigen, Werbespots und auf Plakaten wurde dabei mit kleinen Kindern und dem niedlichen Spruch geworben: »Krabbeln lerne ich bei Mama, laufen dann bei Papa«.

Auch wenn diese Art der regierungsamtlichen Eigenwerbung mit Steuergeldern finanziert wird, ist dagegen nichts zu sagen, solange die Mittel aus den dafür vorgesehenen und vom Parlament bewilligten Etats stammen. Allerdings hatte das Bundesfamilienministerium die Kampagne zur Einführung des Elterngeldes auch noch mit sendefertigen Radiobeiträgen und druckreifen Zeitungsartikeln begleitet. Diese waren gespickt mit Zitaten von begeisterten Vätern und Müttern und natürlich auch mit O-Tönen der Ministerin selbst. Diese ausschließlich positiven Beiträge wurden Hunderten kleinen Radiostationen und Lokalzeitungen in ganz Deutschland angeboten.

Da es in solchen Redaktionen oft an Personal und Geld mangelt, kommt es leider immer häufiger vor, dass vorproduzierte und kostenfrei angebotene Werbebeiträge gern genommen werden. So auch in diesem Fall. Nach einem Bericht von »Report Mainz« hatten 68 von knapp 200 angeschriebenen Radiosendern das Werbematerial der Bundesfamilienministerin gesendet. Auch in etlichen Zeitungen wurden die angebotenen Werbeartikel abgedruckt. Das Problem dabei ist, dass den Hörern und Lesern der Eindruck vermittelt wird, dass es sich dabei um Berichte unabhängiger Journalisten handelt. In Wahrheit aber stammten die Beiträge von einer Agentur, die das Ministerium bezahlt hatte. Die Firma A&B One brüstete sich gegenüber ihrem Auftraggeber sogar noch damit, dass mehr als 55 Millionen Personen die getarnten Werbebeiträge gelesen oder gehört hatten – ein zweifelhafter Erfolg.

Obwohl dieser Fall in Medienkreisen hohe Wellen schlug, waren weder von der Leyen noch ihr Pressesprecher Flosdorff bereit, sich von dieser fragwürdigen Praxis zu distanzieren. Es habe sich im Gegenteil um eine »absolut saubere Informationskampagne« gehandelt, lautete die Sprachregelung des Bundesfamilienministeriums. Schließlich gebe es zum Thema Elterngeld einen »hohen Informationsbedarf« in der Öffentlichkeit, und man sei mit den sende- und druckfertigen Beiträgen nur der Pflicht zur umfassenden Information nachgekommen. Außerdem hätten die Redaktionen ja frei entscheiden können, ob sie die angebotenen Sendungen und Artikel annehmen oder nicht.

Zu einem anderen Urteil gelangte die Landesmedienanstalt Nordrhein-Westfalen, die im Auftrag aller Landesmedienanstalten darüber wacht, dass die Grenzen zwischen redaktionellem Programm und bezahlter Werbung eingehalten werden. Sie bewertete die vom Bundesfamilienministerium in Auftrag gegebenen Hörfunkbeiträge zum Elterngeld als unzulässige politische Werbung. Grund: Es sei versäumt worden, diese bei Ausstrahlung im Programm als PR-Beiträge kenntlich zu machen. Nach der Bewertung der Landesmedienanstalt stellte das einen klaren Verstoß gegen den Rundfunkstaatsvertrag dar – was nicht gerade eine Kleinigkeit ist.

Immerhin führte dieser Fall von Medienbeeinflussung durch Gratis-Reklame dazu, dass sich das Bundespresseamt kritisch zu dieser Praxis äußerte und damit Flosdorff und seiner Chefin bedeutete, es mit der trickreichen Propaganda bitte nicht zu übertreiben. Zwar setzt auch das Bundespresseamt für seine offizielle Werbung oft Radiobeiträge und Artikel ein, die von PR-Leuten im Auftrag der Regierung erstellt wurden. Im Unterschied zum Bundesfamilienministerium achtet man aber stets darauf, dass ein entsprechender Hinweis keinen Zweifel über die Urheberschaft der Beiträge aufkommen lässt.

Für Ursula von der Leyen und ihren Spin-Doctor Flosdorff stellte der Vorfall aber nicht mehr als einen kleinen Betriebsunfall dar. Die grundsätzliche Linie, möglichst oft in den Medien zu erscheinen, wurde fortgeführt, ebenso der Stil der Inszenierung und der Konzentration auf Positiv-Meldungen und populäre Forderungen. Zum Handwerkszeug gehört es ferner, sich bei den Medien auf die Redakteure und Korrespondenten zu konzentrieren, die der Ministerin grundsätzlich freundlich begegnen. Von der Leyen hat es im Laufe der Jahre geschafft, eine Art informellen »Inner Circle« zu bilden, der vor allem aus Journalistinnen besteht. Dieser Kreis wird zu Reisen, vertraulichen Hintergrundrunden oder sogar in von der Leyens Privathaus eingeladen. Das schafft Nähe, Verbundenheit und natürlich auch einen nicht zu unterschätzenden Informationsvorsprung. Umgekehrt sorgt die kuschelige Nähe dieser Umarmungsstrategie auch für eine gewisse mediale Beißhemmung – was von der Leyen und ihr Strippenzieher Flosdorff kühl einkalkulieren. Manche der Journalistinnen aus dem »Inner Circle« dürfen inzwischen als wahre Bewunderinnen der CDU-Politikerin gelten – und berichten entsprechend vorsichtiger oder wohlwollender.

DIE VERHINDERTE BUNDESPRÄSIDENTIN

Der kurze Traum
vom Schloss Bellevue

Am 31. Mai 2010 wurde Angela Merkel um 11.50 Uhr ein kleiner
Zettel in den Konferenzraum des Konrad-Adenauer-Hauses gereicht. Die Kanzlerin saß dort gerade in der traditionellen Mon-
tagsrunde des CDU-Präsidiums und wollte sich eigentlich nicht
stören lassen. Unwillig warf sie einen kurzen Blick auf die Nach-
richt. Der Bundespräsident bitte um ihren Rückruf, stand dort zu
lesen, es sei dringend. Merkel schüttelte den Kopf. Sie werde sich
gleich nach der Sitzung melden, ließ sie ausrichten, jetzt gehe es
nicht. Doch zehn Minuten später rief das Bundespräsidialamt wieder an. Diesmal verließ Merkel den Konferenzraum, um zu telefonieren. Wenige Minuten später kam sie zurück, brachte die Sitzung des CDU-Präsidiums schnell zu Ende und bat anschließend
den CDU-Generalsekretär und die stellvertretenden Vorsitzenden
der CDU zu einer vertraulichen Unterredung in ihr Büro. Es war
etwas passiert. Bundespräsident Horst Köhler hatte gerade an-
gerufen und der Kanzlerin vorab mitgeteilt, dass er um 14 Uhr
zurücktreten werde. Gutes Zureden hatte sich als zwecklos erwiesen, Köhler war nicht mehr umzustimmen.

Der überraschende Rückzug des Bundespräsidenten Ende Mai
2010 erfolgte zu einem für Merkel denkbar ungünstigen Zeitpunkt.
Die Koalition von CDU, CSU und FDP war damals gerade sieben
Monate im Amt und hatte bereits mit erheblichen Schwierigkeiten zu kämpfen. Nach der heftig kritisierten »Mövenpicksteuer«

für Hoteliers und dem nicht umgesetzten Wahlversprechen der FDP nach kräftigen Steuersenkungen war in den Medien bereits von einem »Fehlstart« die Rede. Außerdem wimmelte es im Koalitionsvertrag nur so von Formelkompromissen, die ständig Anlass zu neuem Streit boten. Da sich in Interviews und öffentlichen Äußerungen auch der Ton zwischen den politischen Partnern erheblich verschärft hatte, war die Stimmung in Berlin auf einen Tiefpunkt gesunken. Nicht zuletzt hatte die christlich-liberale Regierung in Nordrhein-Westfalen Anfang Mai gerade erst die wichtige Landtagswahl im bevölkerungsreichsten Bundesland verloren und musste dort einer rot-grünen Koalition Platz machen. Es war also nicht gerade der ideale Moment für Angela Merkel, um ihr zerstrittenes Regierungsbündnis in Berlin zu einer neuen gemeinsamen Kraftanstrengung zusammenzuschweißen. Doch genau die war mit der Demission von Horst Köhler plötzlich notwendig geworden: Nach Artikel 54 Grundgesetz musste die Bundesversammlung spätestens dreißig Tage später zusammentreten, um einen Nachfolger zu wählen. Der Kanzlerin blieb also nicht viel Zeit, um einen neuen Bundespräsidenten zu finden.

Die Stimmenverhältnisse in der Bundesversammlung, die den Bundespräsidenten wählen würde, waren nur auf den ersten Blick eindeutig. Zwar verfügte die Union mit knapp 500 Stimmen über den mit Abstand größten Block. Ohne die eindeutige Unterstützung der FDP aber würde eine Wahl nicht gelingen. Merkel musste also einen Kandidaten bestimmen, der auf die volle Zustimmung des liberalen Koalitionspartners zählen konnte.

Sich mit der SPD auf einen gemeinsamen Kandidaten für das Schloss Bellevue zu verständigen, war politisch ausgeschlossen. Eine solche Lösung hätte über kurz oder lang zu einem Bruch der Berliner Koalition geführt. Zu sehr fühlte sich die FDP 2010 schon an den Rand gedrängt, zu stark war das Gefühl der Liberalen, dass sie trotz eines Rekordergebnisses bei der Bundestagswahl 2009 ihre zentralen Vorhaben in der gemeinsamen Regierung mit der CDU nicht umsetzen konnten.

Umgekehrt lehnte Merkel jede Überlegung ab, einen Mann oder eine Frau auf Vorschlag der FDP in das Präsidialamt zu schicken. Da die Union fast die Hälfte der Wahlmänner und Wahlfrauen in der Bundesversammlung stellte, wäre ihr ein solcher parteipolitischer Verzicht zugunsten der Liberalen in den eigenen Reihen stark angekreidet worden. Nicht zuletzt gilt die Wahl eines Bundespräsidenten traditionell als Vorzeichen für die weitere Entwicklung der Politik. Auch deshalb wollte Merkel keinen Zweifel aufkommen lassen.

Kein Konsens-Kandidat

Die damals von führenden Medien geforderte Kür eines überparteilichen und allseits respektierten »Konsens-Kandidaten« wie Joachim Gauck wäre der Kanzlerin im Jahr 2010 als Schwäche oder als Vorbereitung einer Großen Koalition ausgelegt worden. Auch wenn die Entwicklung dann in den folgenden Jahren tatsächlich auf Gauck und eine Große Koalition hinauslief, so konnte Merkel in der damaligen Lage kein Interesse daran haben, ihre unter Druck stehende christlich-liberale Regierung durch eine falsche Entscheidung bei der Köhler-Nachfolge weiter zu schwächen. Alles andere als ein gemeinsamer Kandidat der schwarz-gelben Koalition aus den Reihen der Union wäre mit ihr nicht zu machen gewesen. Außerdem brauchte die Kanzlerin einen Kandidaten, der den Druck in der Berliner Spitzenpolitik aushalten konnte und wollte. Gefragt war somit ein gestandener Profi-Politiker und niemand, der wie Köhler das höchste Staatsamt aus Gründen der persönlichen Frustration einfach hinwarf.

Genau diese Fragen werden am Tag des Rücktritts bei der ersten Lagebesprechung in Merkels Büro im Konrad-Adenauer-Haus erörtert. Neben dem Generalsekretär ist an diesem Montag auch Christian Wulff als stellvertretender CDU-Vorsitzender dabei, nicht allerdings Ursula von der Leyen, die damals noch nicht zur obersten Parteispitze gehörte. Christian Wulff hat die Ereignisse dieser Tage in seinem 2014 erschienenen Buch *Ganz oben, ganz unten* genau beschrieben. Er selbst habe sich angeblich nicht als potenzieller Kandidat gefühlt, sondern eher Wolfgang Schäuble oder Ursula von der Leyen dafür gehalten, schreibt er. Wie auch immer seine wirkliche Einschätzung am ersten Tag ausgefallen sein mag – jedenfalls ist Wulff klug und umsichtig genug, um nach seiner Rückkehr nach Hannover ein lange verabredetes Interview mit einer großen Sonntagszeitung abzusagen. Er will sich jetzt nicht zu schnell öffentlich äußern, sondern sich alle Optionen offenhalten. Um 18 Uhr an diesem Montag beruft Angela Merkel eine Telefonkonferenz der CDU-Führung ein. Nach Aussagen von Teilnehmern spricht Wulff dabei so lange, dass der Eindruck einer unausgesprochenen »Bewerbung« entsteht. Auch Norbert Lammert, der Bundestagspräsident, meldet sich mit gut vorbereiteten Worten und vermittelt den gleichen Eindruck.

Am nächsten Tag wird in den Zeitungen heftig spekuliert. Dabei taucht erstmals auch der Name von Ursula von der Leyen auf, verbunden mit einer spitzen Frage, die nur aus der Feder eines männlichen Journalisten stammen kann: Eine Kanzlerin und eine Bundespräsidentin – ginge das überhaupt? Oder wären zwei protestantische Frauen aus dem Norden Deutschlands an der Spitze des Staates nicht vielleicht ein bisschen zu viel des Guten, zumindest aus Sicht der Mitglieder von CDU und CSU?

Während sich in der aufgeheizten Stimmung des Berliner Politikbetriebs die Gerüchte überschlagen, tritt am Dienstag die eigentliche Runde der »Königsmacher« zusammen: Angela Merkel berät gemeinsam mit CSU-Chef Horst Seehofer und dem FDP-Vorsitzenden Guido Westerwelle die Lage. Nach allem, was man heute weiß, werden bei diesem Treffen vier Namen ventiliert: Wulff, Schäuble, Lammert und von der Leyen. Einen parteiübergreifenden Kandidaten schließen die drei Parteichefs aus – sie wollen ein starkes Signal für die schwarz-gelbe Koalition aussenden.

Allerdings gibt es schon erste Vorentscheidungen: Westerwelle signalisiert, dass es schwer werden würde, in der FDP Wolfgang Schäuble durchzusetzen. Dessen strikte Ablehnung jeglicher Steuersenkungen hatte bei zu vielen Spitzenvertretern der Liberalen für Unmut gesorgt. Auch will Merkel in der Eurokrise nicht auf ihren erfahrenen Finanzminister verzichten. Ähnliches gilt für Lammert, der auf dem Posten des Bundestagspräsidenten als schwer ersetzbar gilt und der zudem in der CSU auch nicht ohne Misstrauen gesehen wird. Also bleiben als ernsthafte Kandidaten nur Wulff und von der Leyen übrig. Am Ende des Sondierungsgesprächs lässt Merkel ihre beiden Koalitionspartner Seehofer und Westerwelle wissen, dass sie »zuerst« mit Christian Wulff sprechen werde. Damit hatte die Kanzlerin intern ihre Wahl bereits getroffen.

Doch das Bild in den Medien ist ein ganz anderes. Dort wird nicht Wulff, sondern Ursula von der Leyen einige Tage lang als fast sichere Nachfolgerin von Köhler gehandelt. Für diese Fehlspekulation gibt es viele Gründe, aber Ursula von der Leyen hat dazu durch eine missverständliche Geste kräftig beigetragen. Auf die Frage, ob sie als Bundespräsidentin zur Verfügung stehen würde, fuhr sie mit beiden Händen von unten nach oben über ihre Lippen und deutete eine Art Reißverschluss an – verbunden mit einem wissenden Lächeln. Die Presse deutete dies als Hinweis darauf, dass sie zwar mehr wisse, aber nicht darüber sprechen könne. Auffällig war auch, dass sie am Mittwoch eine Viertelstunde früher zur Kabinettssitzung erschien und vor den versammelten Fotografen vom damaligen Wirtschaftsminister Rainer Brüderle herzlich umarmt wurde. Daraus entstand der Eindruck, dass Brüderle ihr bereits gratulieren wollte.

Angela Merkel allerdings hatte von der Leyen keinerlei Anlass gegeben, die blühenden Spekulationen zu glauben oder sie durch Mimik und Gestik sogar noch zu befeuern. Im Gegenteil hatte die Kanzlerin nicht ihre Arbeitsministerin, sondern Christian Wulff gebeten, am Dienstagabend nach Berlin zu kommen, um mit ihr unter vier Augen gemeinsam zu Abend zu essen. Dort fragte sie ihn dann geradeheraus, ob er sich vorstellen könne, in das Schloss

Bellevue umzuziehen. Wulff fühlte sich geehrt, haderte aber noch etwas mit der Frage, ob er sich aus der gestaltenden Politik als Ministerpräsident in die eher repräsentative Rolle des Bundespräsidenten zurückziehen wolle. Außerdem wollte er noch mit seiner Frau Bettina sprechen und bat die Kanzlerin deshalb um eine Nacht Bedenkzeit. Das Ehepaar Wulff hatte sich mit dem noch jungen gemeinsamen Kind in Hannover gerade einigermaßen eingerichtet und fühlte sich nach dem öffentlichen Trubel zu Beginn ihrer Beziehung nun endlich wohl. Ein Umzug in die Hauptstadt verbunden mit der neuen Aufgabe als Bundespräsident würde das Leben der jungen Familie völlig auf den Kopf stellen.

An dem entscheidenden Dienstagabend war Bettina Wulff mit ihrem Mann nach Berlin gefahren und hatte dort mit einem alten Bekannten in einem Restaurant in der Nähe des Kanzleramts gewartet, während ihr Mann mit Merkel sprach. Noch auf der nächtlichen Rückfahrt nach Hannover am Dienstagabend besprach das Paar das Angebot der Kanzlerin. Bettina Wulff sagte ihrem Mann ihre volle Unterstützung zu, wenn er als neuer Bundespräsident nach Berlin wechseln würde. Am nächsten Morgen telefonierte Wulff dann noch mit einigen Vertrauten in Hannover, ehe er wie verabredet um 12 Uhr bei Merkel anrief und ihr seine Bereitschaft übermittelte, für das Amt an der Spitze des Staates zu kandidieren.

Während intern die Würfel also schon gefallen waren, erschienen am Mittwoch in den Zeitungen noch große Porträts der künftigen Bundespräsidentin von der Leyen und ihrem Mann Heiko als »First Man«. Obwohl Merkel auch am Mittwoch nicht mit von der Leyen über einen Wechsel gesprochen hatte, kann man es der Arbeitsministerin nicht verübeln, dass sie allmählich anfing, den Spekulationen, die teilweise bereits als Gewissheit behandelt wurden, Glauben zu schenken. Auch gab es aus Kreisen der Koalition zahlreiche Wortmeldungen zu ihren Gunsten. Eine »Prinzessin« im Schloss Bellevue und die erste Frau an der Spitze des Staats – die Begeisterungsmaschine der Medien lief auf Hochtouren.

Aber Merkel hatte von Anfang an mehr auf Wulff und seine langjährige Erfahrung als Ministerpräsident gesetzt. Er erschien ihr für das auf Bedacht und Umsicht angelegte Amt des Bundespräsidenten geeigneter als die politische Frontkämpferin von der Leyen. Außerdem war er bei CDU und CSU leichter durchzusetzen als die streitbare Modernisiererin. Zu oft hatte sie die Partei vor den Kopf gestoßen und vor allem die konservativen Kreise gegen sich aufgebracht.

Merkel wusste aber auch, dass ihre Wahl vor allem taktisch interpretiert werden sollte. Schon im Gespräch mit Wulff hatte sie vorausgesagt, dass man ihr vorwerfen würde, mit ihm den letzten ernst zu nehmenden innerparteilichen Konkurrenten vom Spielfeld zu nehmen. »Man wird sagen, dass ich dich abschiebe«, hatte sie Wulff gewarnt. Die entsprechenden Schlagzeilen der vergangenen Jahre, denen zufolge die Kanzlerin einen Rivalen nach dem anderen mehr oder weniger sanft aus dem Weg geräumt habe, hatte sie natürlich registriert. Und in der Tat bekam Merkel den Unmut über ihre Personalentscheidung deutlich zu spüren. Der *Spiegel* goss den Protest gegen Wulff sogar in eine aggressive Titelzeile: »Der falsche Präsident«.

Erst drei Tage nach dem Rücktritt von Horst Köhler wurde klar, dass die Medien mit ihren Spekulationen völlig falschgelegen hatten. Gemeinsam mit Horst Seehofer und Guido Westerwelle präsentierte Merkel am Donnerstagabend ihren Kandidaten Wulff der überraschten Öffentlichkeit.

Haltung bewahren

Für Ursula von der Leyen brach da plötzlich eine schöne Welt zusammen, zumindest ihre Hoffnung auf ein Amt, das sie sich in den vergangenen drei Tagen immer mehr erträumt hatte. Auch wenn sie sich nach außen nichts anmerken ließ, so berichten Vertraute doch übereinstimmend, dass sie nach der Ernennung von

Wulff eine ganze Zeit lang darunter gelitten habe, dass Merkel ihr einen anderen Kandidaten für diese herausgehobene Aufgabe vorgezogen hatte. Sie habe sich wie in einer emotionalen Waschmaschine gefühlt, erzählte sie später einmal. Besonders schmerzlich und auch enttäuschend wurde die Entscheidung der Kanzlerin dadurch, dass von der Leyen drei Tage lang in der Öffentlichkeit wie die sichere Präsidentin behandelt wurde – und sich auch so behandeln ließ –, ehe ihr Traum vom Schloss Bellevue wie eine Sternschnuppe verglühte.

Im Verhältnis der beiden CDU-Frauen hat diese Episode zwar keinen Bruch, aber doch eine deutlich sichtbare Narbe hinterlassen. Von der Leyen nahm es Merkel ganz im Stillen übel, dass sie ihr angesichts der grassierenden Spekulationen nicht frühzeitig einen Wink gegeben hatte. So wären ihr die Enttäuschung und die öffentliche Demütigung zu einem großen Teil erspart geblieben. Merkel wiederum sah dazu keinen Anlass. Sie soll von der Leyen aber später einmal erklärt haben, dass es ihr unmöglich war, in dem komplizierten Abstimmungsprozess mit CDU, CSU und FDP schon vorab den vertraulichen Hinweis zu geben, dass Ursula von der Leyen doch nicht Bundespräsidentin werden würde.

Viel spricht aus heutiger Sicht dafür, dass die Wahrheit irgendwo dazwischenliegt. Danach war Wulff Merkels erster Kandidat und von der Leyen eben nur die zweite Wahl – aber das kann man niemandem offen sagen, erst recht nicht in einer so aufgeheizten und von wilden Spekulationen erfüllten Atmosphäre. Letzten Endes stand die Kanzlerin nach dem Rücktritt von Köhler unter hohem Druck. Wollte sie schnell und erfolgreich einen Kandidaten finden, musste sie unter größter Geheimhaltung ihre Gespräche führen und dabei eine strikte Reihenfolge und Regie durchhalten. Erst wenn Wulff abgesagt hätte, wäre sie überhaupt in der Lage gewesen, mit von der Leyen zu sprechen. So blieb der ehrgeizigen Bundesarbeitsministerin nur der Trost, dass ihr die Medien zumindest zugetraut hätten, das höchste Staatsamt zu übernehmen.

DIE VERTEIDIGUNGSMINISTERIN

Die erste Frau

Die Ministerin hat die Hand vor den Mund gelegt. Ihre Fingernägel bohren sich in die Oberlippe. Ein dumpfer Knall erschüttert die Stille. Gleich darauf fallen Schüsse, es müssen die Salven eines Maschinengewehrs sein. Soldaten schreien. Das Unglück ist eher zu hören, als zu sehen. Alles ist voller Staub. Ursula von der Leyen schließt die Augen. Die Ministerin sitzt im Kino auf einem Plüschsessel im Berliner Zoo Palast, neben ihr die Regisseurin Feo Aladag. Aladag hat zum »VIP-Screening« ihres Films »Zwischen Welten« eingeladen. Von der Leyen ist der Ehrengast. Der Film beschreibt das Leben der Bundeswehrsoldaten in Afghanistan. Es ist eine Geschichte über den Krieg, nicht reißerisch erzählt, sondern meist in langen, stillen Einstellungen. Trotzdem: Es ist ein Kriegsfilm. Ein junges afghanisches Mädchen wird angeschossen. Ein Soldat stirbt. Die Bedrohung ist allgegenwärtig.

Ursula von der Leyen schließt immer wieder die Augen. Ihre Hand löst sich nur für kurze Momente vom Mund. Erst als im Saal das Licht wieder angeht, lässt auch von der Leyen wieder ihr Lächeln erstrahlen. Sie wirkt angegriffen. Ursula von der Leyen ist seit drei Monaten Verteidigungsministerin, als sie im Kino beim Anblick des Kriegs zusammenzuckt.

»Haben Sie sich jemals zuvor schon Kriegsfilme angesehen?«, wird die Ministerin gefragt.

»Nein! Nie!«, sagt von der Leyen. Es klingt, als finde sie schon die Vorstellung völlig abwegig.

Eine Verteidigungsministerin, die erschrocken die Hand vor dem Mund hält, weil sie einen Kriegsfilm guckt, geht das? Kann eine Frau Inhaberin der Befehls- und Kommandogewalt sein, wenn sie schon vor einem Sprengstoffanschlag auf der Leinwand die Augen verschließt?

Es gibt ein Foto von Hillary Clinton in ähnlicher Pose. Der Fotograf Pete Souza hat es aufgenommen, am 1. Mai 2011 im »Situation Room« des Weißen Hauses. US-Präsident Barack Obama und seine engsten Mitarbeiter verfolgen die Operation »Neptune Spear«, den Einsatz, bei dem am Ende Osama bin Laden getötet wird. Die Männer im Raum starren mit versteinerten Mienen auf den Monitor. Nur US-Außenministerin Clinton hält sich die Hand vor den Mund, sie scheint als Einzige im Raum ihr Entsetzen nicht verbergen zu können. Das Entsetzen in Clintons Gesicht, das Entsetzen einer der mächtigsten Frauen der Welt, macht das Bild zu einer Ikone der Fotografie. Es wird weltweit, tausendfach gedruckt. »Frauen können ihre Emotionen schlechter verbergen«, sagt die Soziologin Lori Brown später dem US-Nachrichtensender CNN. Im Zentrum militärischer Gewalt, wie bei der Ergreifung von Osama Bin Laden, möge das deplatziert wirken, »aber die Zeiten ändern sich«, sagt Brown.

Haben sich in Deutschland die Zeiten geändert? Als Ursula von der Leyen im Dezember 2013 zur Bundesverteidigungsministerin ernannt wird, ist sie die erste Frau im Amt. Die Personalentscheidung der Bundeskanzlerin wirkt modern und fortschrittlich. Es ist die größte Überraschung zum Auftakt der neuen Großen Koalition. Von der Leyen wäre gern Außenministerin geworden, die deutsche Hillary Clinton, doch das Auswärtige Amt wird von der SPD besetzt. Das Gesundheitsministerium ist von der Leyen inzwischen zu klein. Als Angela Merkel ihr das Verteidigungsministerium anbietet, greift sie zu. Für die Bundeswehr ist es ein großer Schritt. Für von der Leyen auch.

.

Zum ersten Mal
in Afghanistan

»Von nun an ist alles historisch«, schreibt die *Süddeutsche Zeitung*. Am vierten Advent 2013, wenige Tage nach ihrem Amtsantritt, besucht Ursula von der Leyen das Regionalkommando Nord in Mazar-e Scharif. »Ihr erster Weg führt in den Speisesaal. Um 7.10 Uhr nimmt Ursula von der Leyen als erste deutsche Verteidigungsministerin ein weißes Tablett in die Hand und stellt sich in die Warteschlange der Soldaten im Auslandseinsatz. Um 7.13 Uhr greift sie erstmals als Verteidigungsministerin mit der Zange ein Sesambrötchen. Dann füllt sie eine Schüssel mit Haferflocken und Milch, wählt ein Plastiktöpfchen mit Maracuja- und eines mit Erdbeermarmelade.«

»Die Kommunikation nach Hause funktioniert?«, fragt Ursula von der Leyen. Sie beschmiert gerade eine Brötchenhälfte mit Maracujamarmelade. »Ja, das funktioniert«, antwortet die Soldatin zu ihrer Rechten. »Lassen Sie es sich schmecken«, sagt von der Leyen. Es soll aufmunternd klingen. »Lassen Sie es sich schmecken«, sagt sie noch einmal. Die Soldatinnen und Soldaten schweigen. Die meisten wissen nicht so recht, wo sie hingucken sollen, also gucken sie auf ihren Teller. Von der Leyen weiß nicht so recht, was sie fragen soll.

Ein Tross von 43 Reportern verfolgt das Frühstück im Feldlager. Fotografen, Fernsehteams mit ihren Kameras, Journalisten mit Notizblocks umringen den Tisch. Die Delegationsgröße ist ein Rekord. So viele Journalisten waren noch nie mit einem Minister am Hindukusch. Sogar eine Kollegin der Illustrierten *Bunte* ist mit dabei. So wird selbst aus einem Marmeladenbrötchen ein historisches Ereignis. Von der Leyen schaut mal nach rechts, mal nach links, bis alle Fotografen und Kameraleute ein gutes Bild von ihr haben. Die Soldaten am Tisch wirken wie Kulisse.

Eine Stunde später gibt die Ministerin ihr erstes Pressestatement. »Ich durfte mein Frühstück mit den Soldaten teilen«, sagt sie mit ernstem Gesicht und leiser Stimme. Dies habe ihr »einen ersten Einblick in ihre Lebenswelt ermöglicht«.

Später gibt es eine Führung durch das Feldlager. Es ist kalt und windig auf dem riesigen Parkplatz des Feldlagers Masar-e Scharif. Die Ministerin hat ihren Mantel gegen eine Daunenjacke mit Fellkragen getauscht. Dazu trägt sie Jeans und Schnürstiefel. Sie begrüßt jeden Soldaten mit Handschlag und winkt den Richtschützen, die unerreichbar oben auf den Fahrzeugen hinter ihren Maschinengewehren stehen. »Ich bin beeindruckt«, sagt sie immer wieder oder auch mal: »Das ist schwer beeindruckend.«

»Vielleicht fragen Sie mal etwas zur Einsatzerfahrung«, raunt ihr der Regionalkommandeur General Jörg Vollmer ins Ohr, als es ein bisschen eintönig wird.

»Wie lange sind Sie schon im Einsatz?«, fragt von der Leyen.

Sie begrüßt einen Hauptfeldwebel aus Bayreuth. Ein Glücksfall. Der Soldat, ein stämmiger Typ, steht mit Maschinengewehr, Schussweste und Munitionsgürteln vor einem gepanzerten Fahrzeug. »Ich habe heute meinen neunhundertsten Einsatztag«, sagt der Hauptfeldwebel. Enrico B. ist zum siebten Mal in Afghanistan. Das sei nicht einfach für seine Familie. Der Feldwebel hat fünf Kinder im Alter zwischen fünf und 16 Jahren. Von der Leyen schüttelt ihm gleich noch einmal die Hand. Endlich vertrautes Gebiet.

Afghanistan ist für von der Leyen völlig neues Terrain. Sie habe die Anfänge des Einsatzes nicht mitbekommen, sagt sie. Wo sie sich einordnet, wie sie sich positionieren will, ob sie eher wie ihr Vorgänger Thomas de Maizière für mehr militärische Verantwortung und größeres internationales Engagement stehen will oder lieber dem ehemaligen Außenminister Guido Westerwelle folgt, der für diplomatische Zurückhaltung eintrat, das kann sie noch nicht sagen. Sie müsse noch viel lernen, betont von der Leyen auf dieser Reise immer wieder. Ihre Botschaft nach der ersten Reise als Verteidigungsministerin lautet: Es gehe darum, »dass die Soldaten nicht nur für uns da sind. Ich will zeigen: Ich bin für die Soldaten da. Darauf können sie sich verlassen.«

Gleichgültigkeit ist keine Option

Auf der Sicherheitskonferenz in München hat sie nach zwei Monaten im Amt ihren ersten großen Auftritt als Verteidigungsministerin. Die Konferenz ist eine Institution. Eine Art Klassentreffen der sicherheitspolitischen Szene. Staatschefs, Verteidigungs- und Außenminister aus aller Welt sind angereist. Von der Leyen steht hinter einem Stehpult und hat ihre stärkste Waffe gezückt. Das Lächeln. Es geht um deutsche Verantwortung in der Welt, um Krisen, um Konflikte und um Krieg. Ursula von der Leyens Lächeln wirkt zum ersten Mal nicht gewinnend, sondern befremdlich.

»Wir sind bereit, unseren Beitrag in Mali zu verstärken«, sagt sie. »Und wir sind bereit, den Einsatz der Europäischen Union in der Zentralafrikanischen Republik zu unterstützen«, wenn dies angezeigt sei. Das klingt, als werbe sie für eine Wende in der Sicherheitspolitik, für mehr deutsches Engagement. »Gleichgültigkeit ist keine Option«, sagt von der Leyen. Auch Außenminister Frank-Walter Steinmeier sagt, »es wird zu Recht von uns erwartet, dass wir uns einmischen«. Der Bundespräsident wird noch eindringlicher: »Die Bundesregierung sollte sich als guter Partner früher, entschiedener und substanzieller einbringen«, sagt Joachim Gauck. Hat Deutschland nun endlich seine Position im Umgang mit dem Militär gefunden?

Auch zwei Jahrzehnte nach dem Ende des Kalten Krieges tun sich die Deutschen im Umgang mit ihren Soldaten noch immer schwer. Von der Leyens Vorgänger de Maizière hat das immer wieder beklagt. In seinen Reden sprach der ehemalige Verteidigungsminister gern von der »Angst vor der eigenen Stärke«. Deutschland müsse erwachsen werden. Verändert hat sich nichts. Die Bündnispartner lästern seit Jahren ganz offen. Alles, was Deutschland für das Bündnis leiste, sei entweder *too little or too late* – zu wenig oder zu spät. Spätestens seit der deutschen Enthaltung beim Libyen-Einsatz haben die Verbündeten erhebliche Zweifel an der Zuverlässigkeit der Deutschen. Die Bundesregierung brauche mehr außenpolitischen Gestaltungswillen, sagt auch Markus Kaim, Leiter der Forschungsgruppe Sicherheitspolitik der Stiftung Wissenschaft und Politik. »Wir leben in einer globalisierten Welt. Deutschland profitiert von dieser Globalisierung wie kaum ein anderes Land, also haben wir auch ein Interesse an einer einigermaßen stabilen Welt«, sagt Kaim.

Auf der Sicherheitskonferenz in München wirkt es für einen Augenblick so, als wolle sich Deutschland tatsächlich stärker engagieren. »Wir können nicht zur Seite schauen, wenn Mord und Vergewaltigung an der Tagesordnung sind, schon allein aus humanitären Gründen«, begründet von der Leyen ihren Vorstoß. Steinmeier einigt sich mit seinem französischen Amtskollegen darauf, mehr deutsche Soldaten nach Mali zu schicken. Die dadurch entlasteten Franzosen könnten sich dann stärker als bisher in Zentralafrika engagieren, wo Frankreich über deutlich mehr Expertise verfüge als Deutschland. Doch schon ein paar Wochen später ist klar: Von der Leyen, Steinmeier und Gauck meinen jeder etwas völlig anderes, wenn sie von deutscher Verantwortung sprechen. Gauck fordert größere Einsatzbereitschaft der Bundeswehr und meint damit auch Kampfeinsätze. Von der Leyen und Steinmeier bieten logistische Unterstützung, Entwicklungs- und Ausbildungshilfe an, aber »keine Kampftruppen«, sagt die Ministerin. Es bleibt also erst mal alles so, wie es ist. Was auch dem Wunsch der Bundeskanzlerin entspricht.

Das Großreinemachen

U-Boot heißt der Raum 04/100 im Verteidigungsministerium, in dem die Ministerin mit ihren Mitarbeitern oder den Obleuten des Verteidigungsausschusses Themen bespricht, die relevant sind für die Sicherheit Deutschlands. Im U-Boot geht es um Dinge, von denen die Öffentlichkeit nichts erfahren soll. Am Abend des 19. Februar 2014 betritt Ursula von der Leyen den fensterlosen, holzgetäfelten Konferenzraum im vierten Stock des Bendlerblocks mit kühler Entschlossenheit. Ihre Wut ist längst verraucht. Es ist der Beginn einer Inszenierung. Nur Ursula von der Leyen weiß, wie sie ausgehen wird.

Die Ministerin setzt sich an die Stirnseite des zu einem Hufeisen aufgebauten Konferenztisches. Als mit einem dumpfen Klicken die Schlösser der armdicken Tresortüren einrasten, verschwinden bei den Mobiltelefonen der anwesenden Staatssekretäre und Offiziere in Sekunden die Balken, die den Empfang anzeigen. Nichts dringt mehr nach außen, nichts dringt nach innen. Ein Dutzend Spitzenbeamte und Militärs sitzen von der Leyen gegenüber, sie sollen Ordnung in das Beschaffungswesen der Bundeswehr bringen. Doch der wichtigste Mann fehlt: Staatssekretär Stéphane Beemelmans.

Von der Leyen hat Beemelmans von ihrem Amtsvorgänger Thomas de Maizière übernommen. Der Staatssekretär steht seit ein paar Tagen öffentlich in der Kritik, weil er Ende 2013 den Bundestag bei dem Rüstungsprojekt Eurofighter nicht wie vorgeschrieben über die Freigabe von knapp 55 Millionen Euro für eine Ausgleichszahlung an die Industrie informiert hat. Beemelmans ist zuständig für das Beschaffungswesen der Bundeswehr. Ein weites und schwieriges Feld. Selten läuft der Einkauf von Panzern, Flugzeugen und Schiffen reibungslos ab. Probleme bereiten zu dieser Zeit die Bestellung des Schützenpanzers Puma und die Auslieferung des Transportflugzeugs A400M. Auch mit der Ministerin ist Beemelmans schon aneinandergeraten, vor zwei Wochen in einer Besprechung zum Marinehubschrauber, einem der vielen Problemprojekte. Beemelmans konnte eine Frage zur Zulassung nicht beantworten. »Dann beenden wir die Sitzung jetzt«, sagte von der Leyen knapp. »Wir sehen uns morgen Abend um 18.30 Uhr wieder, dann haben Sie die Informationen.«

Als zuständiger Beamter für Rüstungsprojekte hätte Beemelmans jetzt hier im U-Boot einleitende Worte sprechen sollen. Da er nicht da ist, ergreift von der Leyen das Wort: »Ich schlage vor, wir arbeiten die Liste mit den Projekten Stück für Stück ab«, sagt von der Leyen. Die Ministerin unterbricht die Sitzung auch nicht mehr, als Beemelmans ein paar Minuten später eintrifft. Drei Stunden lässt sie sich zu den 15 wichtigsten Rüstungsprojekten vortragen. Von der Leyen nimmt die Beamten mit ihren Fragen auseinander wie in einem Schauprozess. Am Ende akzeptiert sie keinen einzigen der Berichte. »Weil ich Indizien dafür hatte, dass sie in sich nicht stimmig waren. Und wenn ich sie ins Parlament gebe, werde ich dafür zur Verantwortung gezogen«, sagt sie. Wenige Stunden später feuert sie Stéphane Beemelmans und den Abteilungsleiter Rüstung Detlef Selhausen gleich mit. Für das Verteidigungsministerium ist das der Beginn einer der gravierendsten Einschnitte der vergangenen Jahre.

Der Plan der Ministerin ist kühl berechnet: Mit dem Großreinemachen in aller Öffentlichkeit will sie demonstrieren, dass sie mit den teils Jahre zurückliegenden Fehlern bei der Beschaffung von Transportflugzeugen, Kampfhubschraubern und Panzern nichts zu tun hat. Von der Leyen hat noch viel vor, das Verteidigungsministerium soll nicht ihre Endstation sein. Das Beispiel ihres Vorgänger Thomas de Maizière, der beinahe über die Beschaffung der Drohne Euro Hawk gestürzt wäre, ist ihr Warnung genug.

Der Informationsfluss im Wehrressort hat jetzt nur noch ein Ziel: die Ministerin. Alles wird zentralisiert. Ein neu geschaffenes Leitungsreferat mit Kontrollfunktion wie ein kleiner Planungsstab soll die wichtigsten Themen der Amtszeit im Blick haben und der Ministerin direkt zuarbeiten. Auch die Abteilung Politik berichtet direkt an die Ministerin. Für die Reform des Rüstungssektors sollen externe Berater engagiert werden.

Der Radikalumbau ist ein Risiko. Für alle künftigen Fehler und Affären hat die Ministerin nun keinen Sündenbock mehr. »Jeder Fehler«, sagt ein Parteifreund, »geht nun mit ihr mit.« Außerdem hat von der Leyen dem gesamten Haus ihr Misstrauen ausgesprochen. Damit hat sie sich Feinde gemacht.

Als Drachenburg über dem Rheintal beschreiben Beobachter

und Mitarbeiter das Ministerium auf der Bonner Hardthöhe. Andere nennen es eine Schlangengrube, unregierbar. Das klingt so, als wären geheime Mächte oder wilde Tiere am Werk. Doch das Problem ist von Menschen gemacht. Diagnostiziert wird es seit Jahrzehnten.

Helmut Schmidt, damals Verteidigungsminister, klagte bereits 1969: Die Schwerfälligkeit der ministerialen Maschinerie habe »in der gesamten Bundeswehr zu Versäumnissen und Fehlleistungen« geführt. »Prestigebetonte Kompetenzstreitigkeiten zwischen zivilen und militärischen Abteilungen« führten zu »Enttäuschung und Verbitterung« der Truppe. Heute sieht es nicht viel besser aus. Im Jahr 2010 zeichnete die Reformkommission unter Arbeitsagentur-Chef Frank-Jürgen Weise ein erschreckendes Bild von den Zuständen im Ministerium: Gut ausgebildete und hochmotivierte Mitarbeiterinnen und Mitarbeiter behinderten sich gegenseitig »in Strukturen, die nicht erfolgsfähig sind«.

Der Hofstaat dieser Drachenburg hat schon so manchen Verteidigungsminister vom Thron gestürzt. Kein anderes Ministerium verfügt über vergleichbare Möglichkeiten, sich eines missliebigen Ministers zu entledigen. Es geht um Krieg, um Rüstungsgüter, um Fragen der Ehre – da findet sich schnell ein Anlass, ein Fehler, eine Affäre. Und die wird ebenso schnell durchgestochen. Georg Leber etwa stolperte über ungesetzliche Abhöraktionen seines Militärischen Abschirmdienstes und trat zurück. Manfred Wörner glaubte dubiosen Gerüchten über den angeblich schwulen General Günter Kießling und verlor gänzlich an Ansehen. Gerhard Stoltenberg trat zurück, weil im Apparat jemand den Beschluss nicht umgesetzt hatte, die Lieferung von Panzern in die Türkei zu stoppen. Rudolf Scharping brachte Truppe und Generalität gegen sich auf, als er im Streit um die neue Struktur der Bundeswehr den damaligen Generalinspekteur Hans-Peter Kirchbach zum Sündenbock machte und hinauswarf. Als Scharping dann noch mit seiner Freundin im Pool planschte, während seine Soldaten auf dem Balkan kämpften, war sein Ende als Verteidigungsminister besiegelt. Franz Josef Jung stürzte über die Kunduz-Affäre, da war er schon nicht mehr Verteidigungsminister, sondern Arbeitsminister. Ursula von der Leyen wird Verteidigungsminister, weil ihr Vorgänger Thomas de Maizière nach einer Affäre um die Beschaffung einer Drohne angeschlagen war und von Merkel ins Innenministerium zurückversetzt wurde.

Ministerin in Ausbildung

»Wir werden Ihnen hier eine ganze Reihe von Fotooptionen ermöglichen. Ich hoffe, das Wetter spielt mit für die Bilder«, sagt der Presseoffizier. Ursula von der Leyen, sportlich gekleidet in Jeans und senfgelber Steppweste, posiert hoch oben auf den Hügeln Anatoliens vor der Abschussrampe eines Flugabwehrsystems »Patriot«. Unten im Tal ist die türkische Stadt Kahramamaras zu sehen. Irgendwo am Horizont liegt die syrische Grenze. Mit zwei Patriot-Flugabwehrbatterien schützen hier 300 deutsche Soldaten die Grenzregion vor Raketenangriffen aus Syrien. Von der Leyen hat ein hartes Wochenende hinter sich. Die deutsche Außenpolitik wird seit ein paar Wochen von der Krise zwischen Russland und der Ukraine bestimmt. Putin hat die Krim annektiert. Alle sind interessiert daran, zu erfahren, was die neue Verteidigungsministerin dazu zu sagen hat. Im *Spiegel* sagt sie: »Jetzt ist für die Bündnispartner an den Außengrenzen wichtig, dass die Nato Präsenz zeigt.« Es klingt nach Truppenaufmarsch im Baltikum, es klingt nach Eskalation, nach Aufrüstung, nach Krieg. Von der Leyen löst in der fragilen weltpolitischen Lage damit einen Sturm aus. Sie habe nur den Bündnispartnern Unterstützung zusichern wollen, sagt sie noch am Sonntagabend in der ARD-Talkshow von Günther Jauch. Sie lächelt sich aus der Affäre. Zwei Tage später in der Türkei, an der Nato-Außengrenze, wiederholt sie, es gehe nicht um zusätzliche Truppen, »sondern um Präsenz und Übungen«, die es in der Nato ständig gebe.

Seit 100 Tagen ist die Ministerin im Amt. Es ist kaum eine Woche vergangen, in der von der Leyen keine Schlagzeilen und die passenden Bilder dazu produziert hat. Sie hat keine Gelegenheit ausgelassen, sich und die Bundeswehr in den Medien zu profilieren. An diesem Wochenende ist das zum ersten Mal schiefgegangen. Von der Leyen bekommt schmerzhaft zu spüren, dass ihre Äußerungen heute ganz andere Folgen haben als die PR-Kampagnen, mit denen sie im Familien- und im Arbeitsministerium Aufsehen erregt hat. Die Worte der Inhaberin der Befehls- und Kommandogewalt werden sensibel gewogen und weltweit registriert. Doch von der Leyen deutet ihren Fehltritt auf eigentümliche Weise um. Sie glaubt, nur weil sie eine Frau ist, werde bei ihr alles militärisch interpretiert, militärischer als etwa bei ihren Vorgängern Franz Josef Jung oder Thomas de Maizière.

Tatsächlich liegt zwischen der Ministerin und dem Militär noch immer eine große Distanz. »Das sind, glaube ich, alles Szenarien, die man versucht, jetzt durchzudiskutieren«, sagt sie in diesen Tagen über die Rolle der Nato im Ukraine-Konflikt. »Aber Sie diskutieren doch mit«, sagt ein Journalist vom *Stern*. »Da sitzen Leute, die viel genauer Bescheid wissen als jemand, der seit 112 Tagen dabei ist«, sagt von der Leyen mit einem süffisanten Grinsen, »ich gucke mal, was sich da so tut im Maschinenraum der Nato.«

Die Ministerin sitzt in verschiedenen Funktionen schon seit acht Jahren am Kabinettstisch. Seit acht Jahren arbeitet sie im Machtzentrum der Republik. Trotzdem klingt sie in diesen Momenten, als wäre ihr der »Maschinenraum der Nato« völlig fremd. Hat sie nie zugehört, wenn Thomas de Maizière und Guido Westerwelle um die richtige Strategie in Afghanistan oder in Libyen rangen?

In Hintergrundgesprächen, in denen sie Journalisten über die sicherheitspolitische Lage informiert, verweist sie regelmäßig an ihr Führungspersonal. »Ich rede hier über Geräte, die ich gar nicht beherrsche«, sagt von der Leyen dann etwa, »eigentlich ist das hier Ihr Feld«, und wendet sich an General Markus Kneip, ihren Leiter der Abteilung Strategie und Einsatz. Kneip sitzt bei solchen Gelegenheiten immer direkt neben ihr. Wenig später bittet sie den Abteilungsleiter Politik, Geza von Geyr, einzuspringen. »Dass müssen Sie beantworten. Da sind Sie tiefer drin.« Meist lacht sie dann, als hätte sie einen guten Witz gemacht.

Um Waffen macht Ursula von der Leyen von Anfang an einen großen Bogen. Ihre Berater halten es in den ersten Wochen für besser, dass sie sich nicht mit Drohnen ablichten lässt. Die Ministerin soll größtmögliche Distanz wahren zur Affäre, über die Thomas de Maizière beinahe gestolpert wäre. »Irgendwie scheint sich diese Ansage dann verselbstständigt zu haben«, sagt einer der Berater heute.

Im Juli besucht die Ministerin das Kommando Spezialkräfte, KSK, in Calw. Sie ist dort gerade mit dem Fallschirm gelandet. Um die Augen kann man noch den Abdruck der Schutzbrille erkennen. Das Programm ist eng getaktet. Um 11.10 Uhr: Begrüßung, für die Medien gibt es einen »Fotopunkt«. Um 11.40 Uhr: Vorführung der Einsatzkräfte, von der Leyen wird fast vom Sturm der Rotorblätter eines Hubschraubers weggeweht. Für die Medien ist wieder ein »Fotopunkt« vorgesehen. 12.05 Uhr: Besuch des Schießausbildungszentrums. Wieder gibt es einen »Fotopunkt«. Solange andere schießen und von der Leyen aus der Distanz zuguckt, ist alles kein Problem. Das Problem baut sich erst um 12.30 Uhr vor ihr auf. Die »Ausrüstungs-, Waffen- und Geräteschau«.

Die Soldaten haben auf einem Tisch, so lang wie ein Handballfeld, alle ihre Utensilien ausgebreitet. Links liegen Spritzen, Medikamente, alles was die Spezialkräfte im Einsatz brauchen, um sich und ihre Kameraden zu retten. Ursula von der Leyen streift am Tisch entlang und lässt sich die Ausrüstung minutiös erklären. Doch dann wechselt das Thema der »Ausstellung«. Auf dem Tisch liegen jetzt ein Dolch, verschiedene Pistolen, Maschinengewehre, am Ende der Tafel wartet ein Scharfschützengewehr. Auf der Höhe des Dolches unterbricht Ursula von der Leyen abrupt ihren kleinen Spaziergang, dreht sich scharf nach rechts und läuft im Stechschritt auf die Schlafsäcke und Winterjacken zu, die in der Mitte der Halle präsentiert werden. Das Kommando Spezialkräfte ist eine Kampftruppe, die Soldaten gelten als die besten der Bundeswehr. Das Arsenal an Waffen gehört zu ihrem Beruf. Warum will die Verteidigungsministerin damit nicht optisch in Verbindung gebracht werden?

Im Bendlerblock in Berlin hält von der Leyen auch die Soldaten auf Distanz. Der Flur, auf dem das Ministerbüro liegt, ist schon bald nach ihrem Amtsantritt nur noch für von der Leyen und ihre engsten Mitarbeiter zugänglich, alle anderen müssen klingeln. Dahinter steckt zwar nur protestantisches Pflichtbewusstsein, die Ministerin schläft unter der Woche in ihrem Büro und möchte von niemandem im Nachthemd überrascht werden. Doch bei den Soldaten kommt das nicht gut an.

Unser Heer muss schöner werden

Ein Bett, ein Spind, eine Nasszelle. So karg lebt auch Deutschlands oberster Soldat, Generalinspekteur Volker Wieker. Der General wohnt unter der Woche in der Julius-Leber-Kaserne in Berlin. Vier goldene Sterne hat der Mann auf seinen Schulterklappen, ob er in seiner Stube über wohnliche Beleuchtung verfügt, ist nicht überliefert. Die Stuben in deutschen Kasernen sind spartanisch eingerichtet.

Von der Leyen will das ändern. Die Bundeswehr soll »zu einem der attraktivsten Arbeitgeber in Deutschland« werden, das hat die Ministerin gleich nach Amtsantritt verkündet. Es war ihre erste große PR-Aktion, im Januar, als die Welt noch nichts von der Ukraine-Krise oder dem Islamischen Staat gehört hatte. In Zeiten des demografischen Wandels ist Nachwuchs knapp. Deshalb müsse etwas getan werden für die Soldaten. Dazu gehören auch mehr Kitas. Nur eine familienfreundliche Bundeswehr ist auch eine attraktive Bundeswehr, sagt die Ministerin.

Die Details ihres Konzepts will sie Anfang Juni in einer Pressekonferenz erklären. Doch der Plan geht nicht auf. Fünf Tage vorher verrät die *Bild*-Zeitung Einzelheiten. Die Truppe soll mit Flachbildschirmen, Kühlschränken und wohnlicher Beleuchtung glücklich gemacht werden. Die Soldatinnen und Soldaten sollen sich »wohlfühlen«, wenn sie für eine Dienstreise oder für längere Zeiten in den dienstlichen Unterkünften wohnen. Der rüde Kasernenhofton und Neonbeleuchtung passen da nicht ins Bild. Von der Leyen wünscht sich Freiräume für die Soldaten, »damit sie trotz aller dienstlichen Belastungen und Entbehrungen ihren Beruf und ihr Privatleben in einer guten Balance halten können«.

Eilig verschickt von der Leyen eine Pressemitteilung mit der Überschrift »Bundeswehr wechselt auf die Überholspur«. Der Pressestab der Ministerin arbeitet schon an diesem Tag mit Höchstgeschwindigkeit. Aber es ist zu spät. Von der Leyen kann die Deutungshoheit nicht mehr zurückgewinnen. Statt Lob für den Neuanfang bei der Bundeswehr erntet die Ministerin Kritik.

»Die Ministerin verpasst uns mit dieser Agenda das Image von Weicheiern und Warmduschern«, sagt ein hochrangiger Offizier im Ministerium, »kein Mensch wird doch Soldat, weil er wohnliche Beleuchtung für seine Stube bekommt.« Ein Offizier vom Heer klagt: »Jetzt sieht das so aus, als würden wir einen ganz normalen Job machen. Aber unser Job ist nicht normal. Da fühlt man sich doch veräppelt.« Für regelrecht grotesk hält der ehemalige Generalinspekteur Harald Kujat die Pläne der Ministerin. »Da sind echte Laien am Werk. Von der Leyen hat ganz offensichtlich keine Ahnung vom Militär«, sagt Kujat dem Magazin *Focus*. Die Ministerin komme ihm vor »wie eine gute Hausfrau, die ihre Kinder versorgt«. Kujat wird sich später für seinen Tonfall entschuldigen, seine Meinung ändert er nicht.

Die Bundeswehr als familienfreundliche Wellnessoase – geht das? Konkret sieht die Attraktivitätsoffensive nicht nur wohnlichere Stuben vor. Um den Kasernenhofton zu vertreiben, hat die Ministerin den führenden Offizieren Coaching auf den Stundenplan gesetzt. Für mehr Flexibilität gibt es Heim- und Telearbeit, auch Führen in Teilzeit soll bald möglich sein. Das Konzept verspricht weniger Versetzungen von einem Standort zum anderen und einen »Tag der Bundeswehr«. Große Ziele.

Im Ministerium ist vor allem der Widerstand gegen das »Führen in Teilzeit« groß. Wie soll etwa der Kommandant des Segelschulschiffs »Gorch Fock« auf hoher See in Teilzeit arbeiten, fragen sich die führenden Militärs. »Ein Kompaniechef kann nicht halbtags führen«, sagt Kujat, »die Verantwortung eines Vorgesetzten ist nicht teilbar.« Von der Leyen solle sich lieber um die wirklich wichtigen Dinge kümmern. Was die Soldaten vor allen Dingen brauchten, sei eine vernünftige Ausrüstung. »Das macht den Soldatenberuf sicherer und damit attraktiv.«

»Gerade weil die Zeiten ernst sind, muss man sich um die Attraktivität kümmern«, sagt Ursula von der Leyen auf einer vorgezogenen Pressekonferenz. Doch nicht nur die Soldaten kritisieren das Konzept. Im Verteidigungsausschuss stellt der verteidigungspolitische Sprecher der SPD-Fraktion Rainer Arnold fest, dass vieles von dem, was von der Leyen ankündigt, ohnehin schon geplant gewesen sei. Und die 100 Millionen Euro, die von der Leyen in den nächsten Jahren ausgeben will, seien zwar besser als nichts, würden aber hinten und vorn nicht reichen. Tatsächlich sind die Kasernen, wie auch von der Leyen in wenigen Wochen rausfinden wird, in einem derart maroden Zustand, dass ein Flachbildschirm und eine neue Stehlampe nur marginal zur Wohnlichkeit beitragen können. Die Soldaten klagen über schimmelige Duschen, undichte Fenster und Ratten. Ein Screening des gesamten Unterkunftsbestands ergibt ein katastrophales Ergebnis. 38 Prozent der Unterkünfte sind in einem schlechten Zustand. Weitere neun Prozent werden gar als »nicht nutzbar« klassifiziert.

Und noch etwas kritisieren die Experten: Die Informationsbroschüre mit dem Titel *Aktiv. Attraktiv. Anders.*, die Ursula von der Leyen hat drucken lassen, um die Bundeswehr als Arbeitgeber zu bewerben, »könnte auch von IBM stammen«, sagt SPD-Politiker Arnold der *Süddeutschen Zeitung*. Die Öffentlichkeitsarbeit des Ministeriums dürfe sich nicht zu weit vom Alltag der Truppe entfernen. Dann sagt Arnold, das Folgende sei ironisch gemeint: Es sei nun so viel von Fachkräften die Rede – die Bundeswehr aber suche ja letztlich Fachkräfte für »Gewaltanwendung«. Man müsse aufpassen, dass man nicht »von einem Extrem ins andere« falle.

Keiner der Kritiker hat etwas dagegen, dass die Ministerin sich darum bemüht, die Arbeitsbedingungen der Soldaten zu verbessern. Natürlich muss die Bundeswehr in Zeiten des demografischen Wandels um Nachwuchs werben. Aber Werbung ausgerechnet mit der »Familienfreundlichkeit« scheint falsch. Die Bundeswehr ist kein normaler Arbeitgeber. Die Bundeswehr ist ein Arbeitgeber, der das Töten lehrt, Gehorsam fordert und Feindbilder schafft. Wer heute bei der Bundeswehr einen Arbeitsvertrag unterschreibt, um Zeit- oder Berufssoldat zu werden, der unterschreibt, dass er unter Umständen in den Krieg ziehen muss. Einfach mal kündigen geht dann nicht.

Im pazifistischen Nachkriegsdeutschland hat man die Soldaten jahrelang als Brunnenbauer im Flecktarn, die Bundeswehr als Technisches Hilfswerk verkauft. Auslandseinsätze galten als Stabilisierungseinsätze. Ähnlich friedlich warb die Bundeswehr um Nachwuchs. Am Verteidigungsministerium prangte lange das Plakat einer Ärztin in Uniform. Ein Werbespot, in dem die Bundeswehr schießende Soldaten, Panzer und Kampfjets in Top-Gun-Ästhetik zeigte, wurde 2011 nach wenigen Stunden gestoppt.

Erst als in Afghanistan immer öfter Soldaten töteten und getötet wurden, setzte sich nach und nach ein realistischeres Bild der Bundeswehr in der Öffentlichkeit durch. Karl Theodor zu Guttenberg nannte den Einsatz schließlich »Krieg«, machte Frontbesuche und verteilte Tapferkeits- und Gefechtsmedaillen. Das war ein Fortschritt. Das Verhältnis der Deutschen zum Militär schien sich zu normalisieren. Ursula von der Leyen scheint diese Entwicklung mit ihrer Kampagne nun wieder zurückzudrehen. Doch dann kommt die Chance, eine historische Entscheidung zu fällen.

Die historische Entscheidung

»Come on over. It's good to have you here«, sagt Ursula von der Leyen, »kommen Sie ruhig näher. Schön, dass Sie hier sind.« Die Ministerin winkt den kurdischen Kämpfer in grüner Flecktarnuniform mit dem schwarz geschminkten Gesicht zu sich vor die Kameras. Zehn Fernsehteams stehen aufgereiht hinter einer Kordel.

Von der Leyen steht in »Bonnland«. Bonnland ist idyllisch. Fachwerkhäuser, ein Bach, Streuobstwiesen. Nur ein ausgebranntes Autowrack und die ungewöhnlich leeren Straßen deuten an diesem sonnigen Herbsttag darauf hin, dass mit dieser Idylle etwas nicht stimmt. Bonnland ist unbewohnt, ein geräumtes Dorf, in dem die Bundeswehr den Krieg übt. Es ist das Übungsgelände der Infanterieschule in Hammelburg. Heute haben die Soldaten auf einer der Wiesen drei Panzerabwehrwaffen des Typs »Milan« aufgebaut. 32 kurdische Kämpfer, angereist aus Arbil, sollen lernen, wie diese Waffe funktioniert. Jeweils zu sechst hocken sie um eine Rakete herum.

»Zwei Minuten 30 Sekunden. Das war eure beste Zeit bisher«, sagt ein deutscher Ausbilder. Die kurdischen Kämpfer haben die Waffe in Rekordzeit aufgebaut. Sogar die BBC ist angereist, um sich das Schauspiel anzusehen. Deutschland bildet kurdische Kämpfer aus und liefert Panzerabwehrraketen in den Irak, mitten in einen Krieg. Wie konnte es dazu kommen?

Wenige Monate zuvor, im Sommer 2014, als die selbsternannten Gotteskrieger des »Islamischen Staates« im Norden des Iraks begannen, alles niederzumetzeln, was sich ihnen in den Weg stellt, schien von der Leyen deutsche Unterstützung noch völlig undenkbar. Schon im Juni suchte die internationale Staatengemeinschaft nach Wegen, einen Völkermord zu verhindern. Schon im Juni stellt sich die Frage: Muss sich da nicht auch Deutschland engagieren? »Das ist eine Debatte, die hier in den USA von den USA geführt wird«, hat von der Leyen damals noch gesagt, während ihres Antrittsbesuchs in Washington. Die Amerikaner müssen im Irak alleine klarkommen, war damals ihre Botschaft. »Aber die USA erwarten mehr Unterstützung von Deutschland, was werden Sie anbieten?«, wird sie gefragt. Die Deutschen engagierten sich doch nun schon sehr im Baltikum, lautet ihre Antwort in jenem Moment.

Es ist der Nato-Gipfel in Newport, Wales, der alles ändert. Kanzlerin Angela Merkel muss sich von den USA unangenehme Fragen gefallen lassen, ob Deutschland nicht noch ein wenig mehr tun könnte. Ideen haben die USA bereits. Die Beteiligung an den laufenden Luftschlägen wäre zum Beispiel eine große Hilfe. Die Amerikaner schmieden eine Koalition gegen den »Islamischen Staat«. Es soll eine Neuauflage der »Koalition der Willigen« aus dem Irak-Krieg von 2003 werden. Diesmal allerdings mit deutscher Beteiligung.

Luftschläge, selbst Krieg führen, das kommt nicht in Frage. So weit geht die neue deutsche Verantwortung nun doch nicht. Die rettende Idee: Waffenhilfe. Man könnte Waffen in den Nordirak liefern, um die unterlegenen Kurden im Kampf gegen den Islamischen Staat zu unterstützen. Es ist eine gemeinsame Entscheidung von Steinmeier, von der Leyen und der Kanzlerin. Auf einer gemeinsamen Pressekonferenz verkünden von der Leyen und Steinmeier im Schulterschluss: »Es ist unser sicherheitspolitisches Interesse, den IS zu stoppen.« Doch von der Leyen hat längst alles darangesetzt, dass es so aussieht, als hätte sie die Waffenlieferungen persönlich durchgesetzt. In der *Bild*-Zeitung ist sie die Erste, die das Wort »Waffenlieferung« ausspricht. »In einem atemlosen Hin und Her ringt Verteidigungsministerin Ursula von der Leyen der Kanzlerin eine Kursänderung ab«, schreibt zur Überraschung von Merkel und Steinmeier der *Spiegel*. Im Interview mit der *Zeit* sagt die Ministerin: »Wichtiger als die Frage, ob und welche Waffe wir am Ende liefern, ist die Bereitschaft, Tabus beiseitezulegen und offen zu diskutieren.«

Von der Leyen ist geübt im Tabubrechen. Doch dieses Mal geht es nicht um Väter am Wickeltisch und Frauen in den Vorständen von DAX-Konzernen. Dieses Mal geht es um Krieg und um Völkermord. Die Terrormilizen des IS sind nur schwer zu stoppen. Rund 15 000 Kämpfer bilden im Irak und in Syrien den Kern der Streitmacht. Darunter »6000 Kämpfer mit guter militärischer Ausbildung und Kampferfahrung«, ein Großteil »erfahrene Djihadisten«, heißt es in einem vertraulichen Papier. Von der Leyens Fachleute der Abteilung »Strategie und Einsatz« haben es aufgeschrieben. Die Terroristen entwickelten sich »zu einem zunehmend destabilisierenden Faktor für die gesamte Region bis nach Nordafrika«, so das Fazit. Von der Leyen hat keine Bedenken. Dass die deutschen Waffen in die falschen Hände fallen könnten, kann die Ministerin nicht aufhalten. Man könne doch jetzt nicht drei Monate diskutieren, sagt sie, »es geht darum, elementare Menschenrechte zu verteidigen«. Die Ministerin in ihrer Paraderolle. Ursula von der Leyen gegen alle Widerstände, gegen die ewigen Zauderer und Bedenkenträger. Ursula von der Leyen verhindert einen Völkermord.

Das forsche Vorgehen der Ministerin sorgt vor allem bei Frank-Walter Steinmeier für Verärgerung. Dem Außenminister geht von der Leyens Formulierung vom »Tabubruch« zu weit. »Als hätten wir ein für alle Mal eine rote Linie überschritten und würden das jetzt immer so machen«, sagt ein hochrangiger Diplomat, »solche Entscheidungen werden für den Einzelfall getroffen.«

Drei Monate später kommt es zum Eklat zwischen den beiden Ministern. Von der Leyen kündigt den Obleuten im Verteidigungsausschuss völlig überraschend an, dass die Bundeswehr sich auf zwei Auslandseinsätze vorbereite. Zum einen wolle man zwei Aufklärungsdrohnen vom Typ Luna samt 50 bewaffneten Fallschirmjägern zu deren Schutz in die Ostukraine entsenden. Sie sollen dort die Grenze zu Russland überwachen und damit den frisch ausgehandelten Waffenstillstand stabilisieren. Zum anderen werde man das Training für die irakischen Sicherheitskräfte ausweiten und eines von acht Ausbildungscamps im Nordirak übernehmen. Die *Bild*-Zeitung berichtet. Der Außenminister ist nicht informiert.

»Steinmeier war stocksauer«, sagt eine Parteifreundin, »der ist fast aus dem Hemd gesprungen.« Der Außenminister sitzt kurz nach dem PR-Scoop von der Leyens im AK 1, dem Arbeitskreis für Außen- und Verteidigungspolitik der SPD-Bundestagsfraktion, und beschimpft in scharfem Ton seine Kabinettskollegin. Steinmeier hält es für problematisch, dass über einen bewaffneten Einsatz in der Ukraine öffentlich spekuliert wird. Das erschwere die Verhandlungen. »So wütend habe ich den noch nie gesehen«, sagt ein Teilnehmer.

Wenig später gelangen Papiere aus dem Auswärtigen Amt an die Presse. Dort hält man eine Irak-Mission zur Verstärkung der Ausbildung der Sicherheitskräfte für verfassungswidrig. Ein solcher Einsatz sei nur dann zulässig, wenn er im Rahmen eines »Systems der kollektiven Sicherheit« stattfinde, unter dem Dach der Vereinten Nationen oder der Nato. Auch der Drohnen-Einsatz ist fortan kein Thema mehr.

Mit *Tina* am Horn von Afrika

Ursula von der Leyen sitzt in der Sonne an Deck eines Minenschnellboots und isst Spaghetti. Die Ministerin besucht die Marine im Libanon. Sie hat wie üblich Journalisten mitgenommen. Weniger üblich ist die Auswahl der Journalisten. Mit an Bord sind Zeitschriften wie *Gala*, *Bunte*, *Super Illu*, *Bild der Frau* und *Tina*. Die Berichte in den Illustrierten lesen sich endlich einmal anders als die der ewig nörgelnden Hauptstadtjournalisten. »Sie trägt einen dunkelblauen Hosenanzug mit hellblauer Bluse, der

Wind spielt mit ihren schulterlangen Haaren. Sie ist dezent, aber perfekt geschminkt«, schreibt die *Bunte*, und die *B.Z.* aus Berlin berichtet: »Am Horn von Afrika und im Libanon macht die Bundeswehr einen Topjob. Das Wetter war toll, dazu das hellblaue Meer. Die Journalisten waren freundlich, und die Soldaten hatten nicht wirklich etwas zu meckern.« Für die Ministerin hat sich die Reise gelohnt.

Politik braucht PR, sonst bekommt sie keiner mit. Ursula von der Leyen wird nicht als Kandidatin für die Nachfolge Angela Merkels gehandelt, weil sie fleißiger, härter und schneller im Kopf ist als andere Politiker in der Union. Die Ministerin war bislang so erfolgreich, weil sie die Disziplin der Öffentlichkeitsarbeit perfekt beherrscht. »Da steckt viel Strategie, viel Kunst, viel Arbeit dahinter, das bekommt ja sonst auch keiner so hin«, sagt ein ehemaliger Mitarbeiter aus dem Arbeitsministerium, »aber es wäre toll, wenn dieses PR-Talent gepaart wäre mit inhaltlicher Arbeit.« Das sei Politik fürs »Schaufenster«, sagen Kritiker, »von der Leyen erinnert mich an Guttenberg. Erst kommt das Event, dann der Inhalt.«

Tatsächlich ist es gar nicht so einfach, kontinuierlich für positive Schlagzeilen zu sorgen. Die Themen wechseln immer schneller. Wichtige Projekte sind für die Öffentlichkeit oft zu komplex. Den richtigen Aufhänger für eine Medienkampagne zu finden, erfordert Talent. Von der Leyen durchforstet gleich zu Beginn ihrer Amtszeit das Verteidigungsministerium systematisch nach PR-tauglichen Themen. So lässt sie etwa prüfen, ob die Bundeswehr nicht die von Boko Haram in Nigeria entführten Mädchen befreien kann. Die Bundeswehr als Freund und Helfer kommt immer gut an. Die Offiziere im Haus winken ab. Sie geht auch der Frage nach, ob man nicht den Schadenersatz für die Kunduz-Opfer erhöhen kann. Doch da läuft das Verfahren noch.

Beraten lässt sich Ursula von der Leyen auf der Jagd nach Aufmerksamkeit von zwei Männern: ihrem Pressesprecher Jens Flosdorff und ihrem Staatssekretär Gerd Hoofe. Die beiden haben schon für von der Leyen gearbeitet, als sie noch Landesministerin in Niedersachsen war. Sie haben sich genau wie ihre Chefin mit jedem Ministeriumswechsel in ein neues Fachgebiet eingearbeitet. Flosdorff sorgt dafür, dass die Ministerin nach außen glänzt. Gerd Hoofe hält ihr im Ministerium den Rücken frei. Ohne diese beiden, sagt ein langjähriger Mitarbeiter, wäre Ursula von der Leyen nicht da, wo sie heute steht. Mit diesem handverlesenen Team bespricht sie alles. Von den beiden lässt sie sich »schlauquatschen«, wie sie das nennt.

Im Verteidigungsministerium ist das eine gefährliche Strategie. Das Haus ist mit den 180 000 Soldaten, die dazugehören, deutlich größer als das Familien- und das Arbeitsministerium. »Man muss im Haus auch Akzeptanz gewinnen«, sagt ein Verteidigungsexperte, »nur mit Leuten von außen geht das nicht.« Man brauche Leute, die sich im Ministerium auskennen, »die für den Minister die Minenkarte lesen und die Minen im besten Fall auch noch entschärfen können«, sagt ein Offizier.

Natürlich hört von der Leyen auch den Generalen um sie herum zu. Aber sie vertraut ihnen nicht. Die wichtigen Entscheidungen fällt sie mit Flosdorff und Hoofe im stillen Kämmerlein. So bleiben alle drei Fremde in der Drachenburg. Und so lässt sich auch erklären, warum von der Leyen im ersten Jahr ihrer Amtszeit seltsam widersprüchlich wirkt. Sie will den Kurden Waffen ins Kriegsgebiet schicken. Neben Waffen fotografieren lassen will sie sich nicht. Sie will, dass Deutschland mehr Verantwortung übernimmt in der Welt, Kampftruppen schließt sie sofort aus.

Als Familienministerin war der eigene Lebenslauf die beste Werbung. Von der Leyen hat ihre Botschaften gelebt. Selbst wenn manchem die kitschigen Bilder von Röschen mit sieben Kindern und stinkenden Ziegen vor dem Klavier auf die Nerven gingen, die Inszenierung war glaubwürdig. Deshalb hat sie funktioniert. Aber jemandem, der mit allem, was militärisch ist, fremdelt, dem kauft man den militärischen Auftritt nicht ab. So gerät die Inszenierung als Verteidigungsministerin hin und wieder zur Farce.

Von der Leyen steht früh am Morgen auf dem Nato-Flughafen im schleswig-holsteinischen Hohn, um die Waffenlieferungen für die Kurden im Nordirak persönlich auf den Weg zu bringen. Dabei entsteht ein Foto vor einem Transall-Transportflugzeug. Von der Leyen trägt eine enge Jeansjacke, die auch als Lederjacke durchgehen könnte. Die Arme hat sie vor dem Oberkörper verschränkt. Im Hintergrund zeichnet sich im noch dunklen Blau des Morgens die Silhouette des startbereiten Flugzeugs ab. Von der Leyen guckt in die Ferne. So wirkt es zumindest auf dem Foto, das später über die Agenturen läuft. Sie sieht aus wie eine Feldherrin. Von der Leyen wird hinterher sagen, das mit der Jacke sei ein Zufall, die habe sie sich von ihrer Tochter geliehen, und sie schaue auch nicht in die Ferne, sondern zu ihrem Gesprächspartner hin. Trotzdem: Das Bild wirkt inszeniert. Es provoziert Spott. Selbst wenn sie im Kopierraum ihres Ministeriums stehe, schaue sie in die Ferne und lasse sich fotografieren, sagt SPD-Chef Sigmar Gabriel später in der SPD-Fraktion.

Eine Reise mit Hindernissen

Vier Minuten nach dem Start des Hubschraubers NH90 hören die Piloten einen lauten Knall. Flammen schlagen aus einem der beiden Triebwerke. Glühende Metallteile krachen in die Rotorblätter. Die Ladeklappe und die Scheibenwischer setzen sich in Bewegung, Notleuchten blinken, das Kabinenlicht flackert, die Monitore werden schwarz. Es ist viel Glück im Spiel im Juni 2014 irgendwo im Grenzgebiet zwischen Usbekistan und Afghanistan, aber am Ende gelingt es den beiden Bundeswehrsoldaten an Bord, den Hubschrauber notzulanden. Eine Heerschar von Technikern der Bundeswehr wird sich mit der Maschine beschäftigen, und es wird Monate dauern, bis sie die Ursache finden.

Das Drama um den modernsten Transporthubschrauber der Bundeswehr ist nur ein Beispiel von vielen. Die Liste der Ausrüstungsmängel, mit denen Ursula von der Leyen im ersten Jahr ihrer Amtszeit zu kämpfen hat, nimmt kein Ende. Im Sommer ihres ersten Jahres im Amt tobt in Deutschland eine Diskussion, ob die Bundeswehr überhaupt noch einsatzfähig ist oder ob von der Leyen ein Heer von rostigen Rittern befehligt. Zeitweise wirkt es so, als unterhielte die stärkste Macht in Europa eine Armee, die weder fahren noch fliegen oder schwimmen kann. Kampfflugzeuge haben Löcher, wo keine sein sollen. Schiffe glänzen mit dem falschen Anstrich. Schützenpanzer können Freund und Feind nicht auseinanderhalten.

Im Verteidigungsausschuss des Bundestags haben gerade die Inspekteure von Heer, Luftwaffe und Marine einen zehnseitigen Bericht verteilt. Unter der Überschrift »Materielle Einsatzbereitschaft der Teilstreitkräfte« haben die Offiziere detailliert aufgelistet, was alles funktioniert oder eben nicht funktioniert. Der Übersichtlichkeit halber ist der Bericht mit Ampelsymbolen illustriert. Viele Ampeln stehen auf Rot. Von »kreativer Mangelverwaltung« ist die Rede. Besonders dramatisch ist die Lage bei den Hubschraubern der Bundeswehr. Die Marine verfügt nur noch über vier Helikopter. Der Rest der fliegenden Marineflotte ist nicht flugfähig. Auch die beim Heer eingesetzten Modelle vom Typ NH90 und Tiger müssen größtenteils wegen technischer Defekte am Boden bleiben. Von den 31 Tiger-Modellen sind nur zehn verfügbar, von den 33 NH90 sind nur acht startbereit.

Bei der Luftwaffe sieht es nicht besser aus. Von 109 Eurofighter-Jets sind nur 42 einsatzbereit, bei den Tornados sind es 38 von 89. Die altersschwache Flotte der Transall-Transportflieger weist von 56 Maschinen nur noch 24 flugtaugliche Modelle auf, bei den Hubschraubern vom Typ CH-53 fliegen von 83 nur 16, von den 13 Patriot-Raketenabwehrsystemen sind nur etwas mehr als die Hälfte funktionstüchtig. Die Panzertruppe ist zwar etwas besser aufgestellt. Aber auch hier gibt es Defizite. Vom Boxer gibt es 180 Modelle im Bestand, aber nur 70 sind einsatzfähig.

Ursula von der Leyen hält sich zunächst aus der öffentlichen

Debatte weitgehend heraus. Es ist nicht ihre Schuld, dass die Ausrüstung zu alt und anfällig ist. Auch die Tatsache, dass die Beschaffung von Ersatzteilen vor ein paar Jahren zunächst ausgesetzt und dann deutlich reduziert weitergeführt wurde, hat sie nicht zu verantworten. Doch die Pannen wollen kein Ende nehmen. Die Ministerin hat inzwischen zu viele Soldaten verärgert. Deshalb bleibt kein Desaster mehr geheim. Die Offiziere der Drachenburg stechen alles genüsslich durch.

Es ist ein sonniger Tag Ende September im Nordirak. Von der Leyen landet um 11.50 Uhr in Arbil. Massud Barsani, Präsident der kurdischen Autonomieregion, hat den Roten Teppich ausrollen lassen für Ministerin aus Deutschland. Die Frisur sitzt. Sonst funktioniert auf dieser Reise nichts. Die Verteidigungsministerin ist nach Arbil gereist, um Engagement zu demonstrieren. Sie hat Tabus gebrochen und dafür gekämpft, dass Deutschland den Kurden Waffen ins Kriegsgebiet liefert. Jetzt will sie dabei sein, wie sieben Ausbilder der Bundeswehr den Kurden im Nordirak beibringen, diese deutschen Waffen zu bedienen. Es könnten Bilder mit Symbolkraft dabei entstehen.

Aber die sieben Ausbilder aus Deutschland sind noch gar nicht im Nordirak angekommen. Sie sitzen in Bulgarien fest, weil die Transall C-160, mit der sie ursprünglich fliegen sollten, defekt ist. Für die Ersatzmaschine fehlt die sogenannte diplomatische Clearance, um im Irak zu landen. Vier Tage später soll es endlich losgehen, doch da läuft plötzlich Kerosin aus einem Leck an der Maschine. Als die Soldaten am Abend des fünften Tages in Arbil landen, ist die Ministerin bereits auf dem Heimweg. Zum Ärger der Ministerin fällt auch noch ein geplanter Zwischenstopp in Bagdad aus. Die irakischen Gesprächspartner sind nach New York geflogen, zum Uno-Gipfel.

Kaum ist von der Leyen zurück in Deutschland, muss sie einräumen, dass Deutschland wegen technischer Mängel und Lieferengpässen bei Hubschraubern, Flugzeugen und Panzern seinen Bündnisverpflichtungen in der Nato nicht nachkommen kann.

»Bei den fliegenden Systemen liegen wir im Augenblick unter den vor einem Jahr gemeldeten Zielzahlen, was wir binnen 180 Tagen der Nato im Alarmfall zur Verfügung stellen wollen«, sagt Ursula von der Leyen der *Bild am Sonntag*. Nach den Zielvorgaben des Nato Defense Planning Process für 2014 müsste Berlin im Ernstfall etwa 60 Eurofighter stellen. Dazu wäre die Luftwaffe derzeit nicht in der Lage. Auch wenn laufende Einsätze und kurzfristige Krisenreaktion im Rahmen der Nato durch den deutschen Engpass nicht gefährdet sind, die Bündnispartner sind beunruhigt. Das Versprechen, das von der Leyen Anfang des Jahres auf der Münchner Sicherheitskonferenz gegeben hat, Deutschland werde mehr Verantwortung in der Welt übernehmen, dieses Versprechen wirkt nun wie ein Witz.

»Deutschland will mehr Verantwortung in der Welt übernehmen. Doch kann es das überhaupt?«, fragt die *Neue Züricher Zeitung*. Von »Deutschen Bruchpiloten« und der »Pleiten, Blech und Pannentruppe« schreiben die deutsche Medien. Wehrexperten sprechen von »schleichender Demilitarisierung durch Verfall«. »Die Bundeswehr, darüber muss man, glaube ich, nichts sagen. Das ist eher was für Satiresendungen«, sagt Cem Özdemir, Chef der deutschen Grünen, im Deutschlandfunk.

Die Pannenhelfer

»Setzen Sie die falschen Prioritäten?«, fragt Thomas Walde in der ZDF-Sendung »Berlin direkt«.

»Wir haben den Grundbetrieb vernachlässigt«, sagt Ursula von der Leyen. Sie steht kerzengerade im Studio. Ihre Augen sind klein. Die Lider flattern nervös. Die Probleme seien aber nicht über Nacht entstanden. Die Missstände hätten sich über Jahre aufgestaut. Sie presst die Lippen aufeinander. An diesem Sonntagabend im Oktober könnte man für einen kurzen Augenblick den Eindruck haben, Ursula von der Leyen verliere die Contenance.

Damit ist es am Montagmorgen vorbei. Mit energischen Schritten tritt die Verteidigungsministerin im Bendlerblock vor die Kameras. Sie trägt einen Hosenanzug mit Nadelstreifen. Nicht wie sonst eine ihrer schwarzen praktischen Hosen und einen Blazer dazu. Die Augen sind noch immer klein, aber ihr Lächeln überstrahlt es wieder. Hinter von der Leyen stehen vier große Männer in schmal geschnittenen dunklen Anzügen. Sie stehen da ein bisschen wie Abiturienten, die darauf warten, gleich von der Ministerin ihre Zeugnisse zu bekommen. Dabei ist es genau umgekehrt, die vier haben ein Zeugnis für das Verteidigungsministerium dabei.

Die Herren übergeben von der Leyen vor den Augen der bestellten Hauptstadtjournalisten einen dicken Bericht. Drei Monate haben die Unternehmensberater von KPMG und die Ingenieurgesellschaft P3 mit den Anwälten der Kanzlei Taylor Wessing untersucht, was die Bundeswehr falsch macht, wenn sie Panzer, Hubschrauber und Flugzeuge kauft. Auf 1000 Seiten haben sie Missmanagement und Schlamperei dokumentiert. Neun Projekte haben sich die Berater genauer angesehen. Das Fazit in Kürze: Fast alles, was die Bundeswehr kauft, kommt zu spät, ist zu teuer und mit Mängeln behaftet. 1,2 Millionen Euro bekommen die Berater für ihr Gutachten. Die Erkenntnis darin ist nicht neu. Zum gleichen Ergebnis kamen im Jahr 2000 bereits Experten der Weizsäcker-Kommission, und erst jüngst im Jahr 2010 stellte die Weise-Kommission fest, dass die Rüstungsbeschaffung dringend reformiert werden müsse.

Ursula von der Leyen kümmert das nicht. Sie hat an diesem Morgen ihre Rolle als Aufklärerin gefunden. Sie bittet die Journalisten, die Kameras und die Mikrofone auszuschalten. Die Probleme der Bundeswehr will sie lieber vertraulich, hinter verschlossenen Türen erklären. Sie hat sich gut vorbereitet auf diesen Auftritt. Auf dem Tisch vor ihr liegen vier Blätter ausgebreitet, eng bedruckt. Sie hat sich Zahlen aufgeschrieben, Beispiele und Anekdoten.

Spöttisch, so als hätte das mit ihr alles nichts zu tun, berichtet sie von der Arglosigkeit, mit der im Ministerium in der Vergangenheit über Riesenbudgets verfügt wurde. Beim Kauf des Schützenpanzers Puma etwa, Volumen immerhin vier Milliarden, verwendeten die verantwortlichen Soldaten einfach einen Mustervertrag, so als handelte es sich um die Bestellung von neuen Einmalspritzen für den Sanitätsdienst. Beim Kampfhubschrauber Tiger habe man eine lächerliche Vertragsstrafe von sechs Prozent mit dem Hersteller vereinbart. Irrsinn auch beim Kampfflugzeug Eurofighter. Da wollte man 140 Stück bestellen. Da aber mindestens 30 Prozent der Herstellung in Deutschland stattfinden sollte, musste die Abnahmemenge erhöht werden, also ließ man sich vor vielen Jahren auf die Bestellung von 180 Maschinen ein. Die Liste der Fehler, die von der Leyen vorträgt, ist lang. Hin und wieder grinst sie schadenfroh. Die Ministerin liest ihrem eigenen Haus die Leviten. Auch Industrie und Politik kommen nicht ohne Spott davon.

Tatsächlich hat Ursula von der Leyen es nicht allein in der Hand, die Rüstungsbeschaffung zu reformieren. Das, was die Berater herausgefunden haben, ist seit Jahren bekannt, dass sich trotzdem nichts ändert, liegt daran, dass die Bundeswehr beim Kauf ihrer Panzer, Kampfhubschrauber und Transportflugzeuge nicht ausschließlich von wirtschaftlichen Erwägungen geleitet wird. Rüstungskäufe sind keine »normalen« Beschaffungsvorhaben. Bewusst werden dabei die großen Rüstungsprojekte kleingerechnet, damit der Bundestag sie absegnet. Oft verfolgten die Einkäufer auch industrie- und sicherheitspolitische Interessen.

So zum Beispiel das Transportflugzeug A400M, dessen Entwicklung eine nicht enden wollende Geschichte von Pannen und Verspätungen ist. Als Berlin das Flugzeug um die Jahrtausendwende bestellt, ist allen Beteiligten klar, dass die Maschine noch sehr lange nicht abheben wird. Zu ambitioniert sind die Anforderungen, die die Bundeswehr stellt, zu unerfahren der Hersteller im Bau militärischer Transporter. Aber der A400M wird aus industriepolitischen Gründen genau so bestellt. Dahinter steckte auch der dringende Wunsch des damaligen Kanzlers Gerhard Schröder, Frankreich mit dem gemeinsamen Projekt einen Gefallen zu erweisen.

Von der Leyen setzt gegenüber der Rüstungsindustrie auf Konfrontation. Sie will den deutschen Unternehmen ihre bevorzugte Stellung im Wettbewerb mit ausländischen Anbietern nehmen. Nach umfangreicher Prüfung werde nur noch für wenige Rüstungssparten gelten, dass ihr Erhalt aus Gründen der nationalen Souveränität erforderlich sei, heißt es im Ministerium.

Von der Fehlbesetzung
zur Spitzenkandidatin

»Ich habe einen Mordsrespekt vor der Aufgabe. Das ist eine gewaltige Herausforderung, sicherlich mit Risiken, aber auch mit gewaltigen Chancen verbunden«, hat Ursula von der Leyen nach ihrer Nominierung am 15. Dezember 2013 gesagt. Ein Jahr später hetzt sie von einer Pannenbekämpfungsmission zur nächsten. Im Ringen um die Gunst der Öffentlichkeit bleibt dies nicht ohne Folgen. Die sonst von Umfragewerten verwöhnte Politikerin sackt als Verteidigungsministerin auf den tiefsten Wert ihrer Karriere. Laut Deutschlandtrend sind im Dezember 2014 nur 40 Prozent der Bundesbürger der Meinung, von der Leyen sei eine gute Wahl auf ihrem Posten. 43 Prozent sind dagegen der Meinung, sie sei eine Fehlbesetzung. Im Ranking der Spitzenpolitiker liegt sie auf Platz 8 hinter SPD-Chef Sigmar Gabriel. Parteifreunde kümmert das nicht. »Mit jedem Problem, das Ursula von der Leyen löst, wächst sie. Sie wird aus diesem Amt gestärkt hervorgehen«, sagt ein Kabinettskollege. Von der Leyen bleiben noch drei Jahre Zeit, um sich zu stärken.

DIE CDU-POLITIKERIN

Eine Beziehung auf Distanz

Köln, Messehallen, 9. Dezember 2014. Ursula von der Leyen steht im grellen Scheinwerferlicht auf der riesigen Bühne des CDU-Parteitags und spricht zu den über 1000 Delegierten unten im Saal. Hunderte Medienvertreter verfolgen ihren Auftritt, Dutzende Kameras und Fotolinsen sind auf sie gerichtet. Es ist nicht irgendeine Ansprache, die Ursula von der Leyen gerade hält, sondern ihre Bewerbungsrede als stellvertretende Bundesvorsitzende der Christlich Demokratischen Union Deutschlands. Normalerweise müsste sie sich jetzt ordentlich ins Zeug legen, für Stimmung sorgen und Themen ansprechen, die an der Basis gut ankommen und regelmäßig für Beifall sorgen.

Doch die Verteidigungsministerin hält eine blasse Sonntagsrede. Sie spricht über demokratische Werte, über Krisen und Gefahrenherde dieser Welt, sie beschwört den Wert der Freiheit und bekennt sich mit anschwellender Stimme zur gewachsenen internationalen Verantwortung Deutschlands. Aber kaum jemand klatscht Beifall.

Jeder ihrer Sätze ist richtig, jeder im Saal würde zustimmen. Im Kern aber spricht sie nur Selbstverständlichkeiten aus, formuliert politische Allerweltsweisheiten. Natürlich tritt eine Bundesministerin, die in der CDU zur Stellvertreterin von Angela Merkel gewählt werden will, für Freiheit und Demokratie ein – was denn sonst? Aber die Delegierten wollen von einer stellvertretenden Parteivorsitzenden mehr hören als nur wohlfeile Bekenntnisse.

Schon nach wenigen Minuten lässt die Aufmerksamkeit nach, die Zuhörer in den hinteren Reihen unterhalten sich mit ihrem Sitznachbarn, das Gemurmel in der Halle wird stärker. Ursula von der Leyen spürt die nachlassende Spannung, sie spricht lauter, rudert mit den Armen und ballt auch gelegentlich eine Faust, wenn sie ihren Worten Nachdruck verleihen will. Doch immer noch rührt sich kaum eine Hand zum Applaus. Erst als sie die »Stärke der Nato« in Erinnerung ruft und feststellt, »mit den Starken muss man reden«, plätschert etwas Beifall durch die Messehalle.

Ihre Rede mag stimmig sein, aber sie ist alles andere als stimmungsvoll. Von der Leyen erreicht ihr Publikum einfach nicht, sie redet über die Köpfe der Delegierten hinweg, ihre Augen fest auf das gegenüberliegende Podest gerichtet, wo die Kameras der großen Fernsehanstalten stehen.

Entsprechend mager fällt das Ergebnis der anschließenden Abstimmung aus. Von den fünf stellvertretenden CDU-Vorsitzenden, die bei diesem Parteitag in Köln neu gewählt werden, erhält sie das mit Abstand schlechteste Resultat. Nur 70,1 Prozent, das ist äußerst bescheiden, fast eine Blamage. Damit hat ihr fast ein Drittel der Delegierten die Zustimmung verweigert – und das ohne einen einzigen Gegenkandidaten. Da es für die fünf Vizeposten auch nur fünf Bewerber gab, hätten es die Vertreter der CDU-Basis leicht gehabt, Ursula von der Leyen ein besseres Ergebnis zu bescheren. Aber die Partei wollte nicht.

Von der Leyen selbst findet das Resultat »ehrlich« oder, wie sie etwas später sagt, »in Ordnung«. Sie weiß, dass ihr nicht die Herzen der mittleren Funktionäre zufliegen, und sie kennt auch die Vorbehalte, die viele in der CDU gegen sie hegen. Dennoch kann sie persönlich mit dem Ergebnis gut leben. Ihre Mehrheit ist mit 70 Prozent immer noch komfortabel, sie hat ihr letztes Ergebnis von 69 Prozent sogar noch leicht verbessern können, und sie bleibt auch in den nächsten beiden Jahren Merkels Stellvertreterin – das allein zählt für sie. Mit welchem Ergebnis Parteiposten irgendwann errungen werden, interessiert die Öffentlichkeit nur am Tag der Wahl. Schon wenige Wochen später wird kaum noch jemand die Prozentzahl im Kopf haben, kaum noch jemand sich an ihre Rede in Köln erinnern.

Lieber die Familie
als die Partei

Natürlich könnte Ursula von der Leyen mehr auf die CDU zugehen, sich bei den Landesparteitagen öfter blicken lassen oder die vielen Veranstaltungen der CDU häufiger besuchen. Doch das macht sie nicht, dafür ist ihr die knappe Zeit zu schade. Das hat nicht nur mit ihrem dichten Terminkalender zu tun, in dem auf Monate hinaus fast jede Stunde fest verplant ist. Sie war auch schon vor ihrer Zeit als Ministerin niemand, der ganze Abende auf Parteiveranstaltungen verbrachte, am Tresen der Ortsvereinslokale stand, mit möglichst vielen CDU-Mitgliedern sprach und an der Basis durch stete Präsenz ein Netzwerk knüpfte. Diese für Politikerkarrieren übliche Ochsentour ist ihr erspart geblieben. Außerdem verbringt sie die wenigen freien Stunden am liebsten mit der Familie. Im Gegensatz zu Helmut Kohl war die Partei für sie nie eine Ersatzfamilie, da tickt sie ähnlich wie Angela Merkel.

»Mami, warum bist du eigentlich in der CDU?« Ihre Kinder haben diese Frage einst gestellt, aber die Kinder sind nicht die Einzigen, die darüber nachsinnen, ob Ursula von der Leyen wirklich so tief mit der CDU verwurzelt ist, wie es ihre Parteikarriere und ihre Ämter vermuten lassen würden. Einerseits ist sie als Tochter des langjährigen niedersächsischen Ministerpräsidenten Ernst Albrecht praktisch in die CDU hineingeboren worden. Kaum ein Wahlkampf ohne Bilder und Fernsehauftritte der Familie, kaum eine Woche ohne Besuch von Parteifreunden im Hause des Vaters. Die Politik war stets präsent. Andererseits ist die Albrecht-Tochter erst 1990 mit 32 Jahren in die CDU eingetreten, gemeinsam mit ihren fünf Brüdern. Auch das war kein spätes Erweckungserlebnis oder gar ein persönliches Bekenntnis zur Politik der Partei, sondern ein Stück demonstrativer Familiensolidarität. Ernst Albrecht wurde nämlich 1990 abgewählt, und seine Kinder hatten sich nach der Wahlniederlage spontan zum Parteieintritt entschlossen – als eine Art trotziger Beistandserklärung für ihren Vater.

Zuvor, während ihrer Jugendzeit, hatte Ursula Albrecht nie erwogen, zur Schüler-Union oder zur Jungen Union zu gehen. Auch an der Universität konnte sie der Ring Christlich Demokratischer Studenten (RCDS) nie locken. Als Studentin hörte Ursula in ihrer Freizeit lieber Musik. Wenn es in der Wohngemeinschaft oder in den Studentencafés Debatten gab, dann nicht über Politik, sondern über den Sinn des Lebens. Auf einer Demonstration war die Studentin nur ein einziges Mal. Das war in den achtziger Jahren, und es ging um eine Novelle der Approbationsordnung für Ärzte. »Über beide Ohren verliebt in den Studenten Heiko von der Leyen fuhr ich mit ihm nach Bonn«, erinnerte sich von der Leyen Jahre später. »Wir standen im Arztkittel vor dem Gesundheitsministerium und demonstrierten.« Ansonsten lebte sie ein fröhliches und vor allem politikfernes Studentenleben. Schließlich haben auch die vielen Jahre im Ausland dazu beigetragen, dass sie Distanz zur Parteipolitik im fernen Deutschland hielt.

Im Dunstkreis der Kanzlerin

Richtig kennengelernt hat Ursula von der Leyen die CDU erst mit Mitte dreißig, darin ähnelt sie Angela Merkel. Ein guter Politiker muss mehr Lebenserfahrung als Parteipraxis besitzen – auch diese Ansicht teilen die beiden Spitzenfrauen der CDU. Beide haben ein Leben ohne Politik geführt, bevor sie die Politik zum Beruf machten – die eine in Kalifornien, die andere in der DDR. Parteifreunde mit klassischen Schornsteinkarrieren von der Nachwuchsorganisation bis zum Bundestag sehen Merkel und von der Leyen mit Skepsis. Deshalb lassen sie auch Vorwürfe kalt, ihnen fehle als Spät- oder Quereinsteigerinnen die »Sozialisation« im Parteikörper. Man muss nicht seine Jugend bei der Jungen Union verbracht haben, um ein Gefühl für den Bauch der CDU zu entwickeln.

Erst 2004 besuchte Ursula von der Leyen ihren ersten Bundesparteitag – da war sie immerhin schon 46 Jahre alt. Allerdings hatte sie sich zu diesem Zeitpunkt schon in die Bundespolitik vorgearbeitet, ohne dass es in Berlin groß aufgefallen wäre. 2003 wurde die gelernte Ärztin und niedersächsische Sozialministerin Mitglied der Herzog-Kommission, die ein neues Konzept für die Gesundheitspolitik der CDU entwerfen sollte. Es wurden viele kluge Gedanken gewälzt, viele Seiten Papier beschrieben, doch am Ende entwickelte die Herzog-Kommission ein Monstrum, einen politischen Selbstmordbegriff: die »Kopfpauschale«.

Angela Merkel zog damit quer durchs Land und pries die neue Kostentransparenz im Gesundheitswesen an. Doch es nützte nichts. »Kopfpauschale« klang zu sehr nach »Kopfgeld«, das Wort war eindeutig negativ besetzt, und so ließ sich die richtige Idee hinter dem falschen Begriff auch nicht mehr vermitteln. Merkels Werte sackten ab, und die Kopfpauschale verglühte im Fegefeuer der Kritik. Ein Vertrauter von Ursula von der Leyen, der Hannoveraner Wirtschaftswissenschaftler Stefan Homburg, entwickelte daraufhin ein neues Konzept und einen neuen Begriff für von der Leyen. Aus der »Kopfpauschale« wurde die »Gesundheitsprämie«.

Angela Merkel, die zu dieser Zeit stark unter Druck stand, war sehr angetan von der raschen Hilfe, und seitdem ruht ihr Auge wohlgefällig auf Ursula von der Leyen. Wenig später machte Merkel sie zur Vorsitzenden der Familienkommission. Aus dieser Zeit der gemeinsamen Konzeptarbeit stammt auch der Entschluss der beiden Frauen, das enorme Potenzial der Familienpolitik künftig besser zu nutzen: für die Modernisierung der Gesellschaft ebenso wie für die dringend erforderliche Modernisierung der CDU. Merkel, selbst einmal Ministerin für Frauen und Jugend unter Helmut Kohl, erkannte zudem schnell, wie gut sich das Privatleben der siebenfachen Mutter von der Leyen mit dem politischen Auftrag einer Reformpolitik verbinden ließ. Als die CDU 2004 in Düsseldorf ihren Bundesparteitag abhielt, forderte die Vorsitzende ihren Schützling kurzerhand auf, doch für das Präsidium der CDU zu kandidieren. Ursula von der Leyen, zum ersten Mal auf einem Bundesparteitag, trat einfach vor die Delegierten, lächelte und sagte nur drei kurze Sätze: »Mein Name ist Ursula von der Leyen. Ich bin Sozialministerin in Niedersachsen. Mein Mann und ich haben sieben Kinder.«

Dieser Auftritt war kühl kalkuliert und auch recht kaltblütig inszeniert. Ein Platz im Präsidium steht für die meisten Parteipolitiker als lange vorbereitetes Karriereziel am Ende eines ganzen Politikerlebens – und sicher nicht als Startposition für einen bundespolitischen Neuling wie Ursula von der Leyen. Außerdem steckte in ihrer scheinbar so bescheidenen Drei-Satz-Rede auch eine kleine Gemeinheit. Von der Leyen wie Merkel setzten nämlich darauf, dass die Begeisterung über eine kinderreiche Familie Pflicht ist in einer konservativen Partei.

Allerdings fiel Familienpolitik in der CDU bis dahin in die Zuständigkeit von Maria Böhmer, einer damals 54-jährigen Pädagogikprofessorin, die ohne Ehemann und ohne Kinder lebt. Böhmer wurde auf dem Düsseldorfer Parteitag 2004 einfach geräuschlos auf die Seite geschoben; der Parteitag jubelte über von der Leyens Chuzpe und wählte die siebenfache Muster-Mutter mit 94,1 Prozent der Stimmen in das höchste Führungsgremium der CDU. Von da an war sie es, die bei der christdemokratischen Familienpolitik den Ton angab.

Wenn man sich fragt, warum von der Leyen zehn Jahre später so große Mühe in der CDU hat, an die Popularität ihrer Anfangsjahre anzuknüpfen, dann gibt es zwei Antworten. Vergleicht man zum einen ihre Positionen in wichtigen Fragen mit denen der CDU, dann fallen zahlreiche Differenzen ins Auge. Zum anderen ist ihr Politikstil von Beginn an auf Konfrontation und nicht auf Kooperation angelegt. Ihr System ist das einer Solistin, einer Frau, die allein kämpfen und glänzen will. Die Inanspruchnahme von Hilfe um den Preis inhaltlicher Zugeständnisse ist ihr ein Gräuel.

Unbequeme Reformerin

Begreift man Politik als ständiges Ringen um Positionen, dann ist ein Fortschritt im Sinne von Reformen und Modernisierung nur möglich, wenn das Bestehende immer wieder kritisch in Frage gestellt wird. Eine politische Partei kann nur dann auf der Höhe der Zeit bleiben, wenn sie gezielt den Anschluss an gesellschaftliche, wirtschaftliche und technische Entwicklungen sucht und ihre Positionen nach dem Grad des erreichten Fortschritts ausrichtet. Allerdings strebt nur der kleinere Teil der Bürger nach immer neuen Ansichten und Einsichten. Der Großteil unserer Wohlstandsgesellschaft möchte sich lieber auf dem bereits Erreichten ausruhen oder hat im Alltag schon alle Hände voll damit zu tun, sich unserer rasch verändernden Welt anzupassen und mit den Folgen von Globalisierung und Digitalisierung Schritt zu halten.

Eine gewisse Modernisierungsmüdigkeit oder gar Reformresistenz ist deshalb in westlichen Wohlstandsgesellschaften systemimmanent. Besonders stark ausgeprägt ist die Ambivalenz zwischen Veränderungsbereitschaft und Beharren in konservativen Parteien. Das »Konservieren«, also das Bewahren, gehört ja zum Wesen dieser politischen Richtung. Nun nehmen die Konservativen freilich für sich in Anspruch, nur das bewahren zu wollen, was sich als gut und richtig erwiesen hat. Aber genau damit beginnt der Konflikt, wenn in einer Partei über Positionen debattiert wird: Was ist gut und soll weiter bestehen bleiben, und was hat sich als nachteilig erwiesen und muss deshalb verändert werden? Und vor allem: Wer bestimmt darüber, was veränderungsbedürftig ist und was nicht? Solche Anstöße können nicht nur Aufgabe der Führungsspitze sein, sondern müssen auch aus der Mitte der Partei kommen.

Das Problem dabei ist, das richtige Maß zu finden. Ständige Debatten über alles und jenes können die Mitglieder leicht verunsichern und die Bürger (und Wähler) abschrecken. Weicht die Einsicht einer Partei in Reformnotwendigkeiten allerdings zu stark vom gesellschaftlichen Konsens ab, droht sie zurückzufallen und ihre Attraktivität für Menschen (und Wähler) einzubüßen.

Politiker, die sich als Reformer und Modernisierer verstehen, nehmen für sich freilich in Anspruch, durch ihr Drängen und Fordern die Partei zu fördern. Allerdings kann dieser ständige Prozess auch leicht in ein Überfordern ausarten – mit durchaus ernsten Folgen. Gerhard Schröder beispielsweise hat die SPD mit den Sozialreformen der Agenda 2010 eindeutig überfordert. Die Sozialdemokraten verweigerten ihm schließlich die Gefolgschaft, was 2005 mit dem Verlust der Regierungsmacht endete. Für das Land war die Agenda 2010 richtig, wie sogar Merkel heute anerkennt, aber für Schröder und die SPD endete sie mit einem Desaster.

Ursula von der Leyen gehört innerhalb der CDU sicherlich zur Gruppe der ständig drängenden Reformer – mit der klaren Tendenz zur Überforderung ihrer Partei. Gemeinsam mit Merkel hatte sie früh erkannt, dass die traditionellen Vorstellungen der Union von Familienpolitik nicht mehr mit der gesellschaftlichen Entwicklung übereinstimmten. In einer Zeit, in der junge Frauen mindestens ebenso gut, wenn nicht sogar besser ausgebildet sind als die Männer, kann die klassische Rollenverteilung nicht mehr funktionieren.

Der Mann als Alleinverdiener und Ernährer der Familie und die Frau als Verantwortliche für Haushalt und Kindererziehung entsprechen nicht mehr den sozialen Realitäten. Zum einen ist die Ehe nicht mehr die einzige Art gesellschaftlich akzeptierter Partnerschaft. Zum anderen wird jede dritte Ehe inzwischen wieder geschieden, und immer mehr Männer und Frauen ziehen es vor, ohne Trauschein zusammenzuleben. Patchworkfamilien, Lebensabschnittspartnerschaften und gleichgeschlechtliche Paare gehören heute zum Alltag. Wer auf diese Entwicklungen politisch ohne Antwort bleibt, verliert leicht den Anschluss an diese Gruppen.

Gleiches gilt für den dringenden Wunsch der allermeisten jungen Frauen, Familie und Beruf unter einen Hut bringen zu können. Nimmt man diesen gesellschaftlich höchst relevanten Wunsch wirklich ernst, dann muss die Politik auch dafür sorgen, dass die Arbeitswelt sich auf Teilzeitbeschäftigung einstellt, dass genügend Betreuungsplätze für kleine Kinder und genügend Ganztagsschulen für die älteren Kinder und Jugendlichen vorhanden sind. Ohne eine solche Infrastruktur ist es nämlich nicht möglich, neben der Erwerbsarbeit auch noch Kinder zu erziehen.

Versäumt es die Politik, solche familienfreundlichen Einrichtungen zu schaffen, ergeben auch andere Projekte keinen Sinn. Das gilt beispielsweise für die sogenannte MINT-Kampagne. Sie wirbt wegen des drohenden Fachkräftemangels bei jungen Frauen dafür, mehr MINT-Fächer zu studieren, also Mathematik, Informatik, Naturwissenschaften und Technik. Fehlt den jungen Ingenieurinnen aber nach dem Ende ihrer Ausbildung die Möglichkeit, ihre Kinder in Kitas unterzubringen, werden sie sich entweder gegen den Beruf entscheiden oder gegen die Kinder. Beides aber widerspräche dem erklärten Ziel der Politik, die negativen Folgen des demografisch bedingten Nachwuchsmangels abzumildern.

Hinzu kommt, dass es für eine Volkspartei wie die CDU auch politisch höchst gefährlich ist, sich den Anliegen der jungen Frauen nach Vereinbarkeit von Familie und Beruf zu verschließen. Nicht ohne Grund hat die CDU seit vielen Jahren den mit Abstand geringsten Wähleranteil in der Gruppe der jungen Frauen. Dass die Union in den zehn größten deutschen Städten nur noch einen einzigen Bürgermeister stellt, kann sicherlich auch mit diesem Versäumnis begründet werden.

Insofern muss Ursula von der Leyen zugestanden werden, dass sie der CDU mit ihrer Hartnäckigkeit bei der Modernisierung der Familienpolitik einen echten Dienst erwiesen hat – auch wenn sie weite Teile der Partei überfordert und sich den konservativen Flügel zum Feind gemacht hat. Allerdings neigt sie auch dazu, es nicht bei ein oder zwei Großkonflikten zu belassen, sondern gleichzeitig einen ganzen Strauß von Streitigkeiten auszufechten. So sprach sie sich gegen große Teile der Union für die steuerliche Gleichstellung von Homo-Ehen aus. Alle Familien mit Kindern sollen ihrer Meinung nach den Splittingvorteil erhalten, egal ob sie in einer traditionellen Ehe, einer nichtehelichen Lebensgemeinschaft oder mit gleichgeschlechtlichen Elternpaaren aufwachsen.

Für ebenso viel innerparteilichen Zündstoff sorgte ihre Forderung nach Zulassung der Präimplantationsdiagnostik (PID), also eines Gentests an Embryonen, die im Reagenzglas gezeugt wurden. Damit können, so ihre Argumentation, erbliche Belastungen frühzeitig erkannt werden, was spätere Abtreibungen ebenso zu vermeiden hilft wie Totgeburten oder die Geburt von stark behinderten Kindern.

Erheblichen Widerstand erzeugte sie nicht zuletzt als Bundesarbeitsministerin mit ihrem Eintreten für Mindestlöhne. Zwar sprach sie sich gegen einen allgemeinen gesetzlichen Mindestlohn aus. In Wahrheit aber war sie mit ihrem Modell nicht mehr allzu weit von der SPD-Forderung einer Lohnuntergrenze per Gesetz entfernt, zumal sie als zuständige Ministerin damals möglichst alle Branchen erfassen wollte.

Kritisch äußerte sie sich zum Missfallen des CDU-Wirtschaftsflügels auch zu den exorbitant gewachsenen Bezügen für die Vorstände großer Unternehmen. Auch hier wandte sie sich gegen eine gesetzliche Begrenzung der Managergehälter. Allerdings sollte ihrer Meinung nach eine Obergrenze dadurch eingezogen werden, dass die Aktionäre als Eigentümer der Unternehmen über die Höhe und Angemessenheit von Managergehältern befinden. Dahinter steckt eine soziale Grundüberzeugung, mit der sie auch bei der SPD punkten könnte.

Allerdings sind es nicht nur die abweichenden Positionen, die für Ärger sorgen. Mindestens genauso viel Kritik erntete Ursula von der Leyen auch mit der Art und Weise, wie sie ihre Forderungen und Kampagnen vorantrieb. In der schwarz-gelben Koalition von 2009 bis 2013 galt sie als Meisterin der unabgesprochenen Vorstöße. Ob Zuschuss-Rente, Vereinigte Staaten von Europa, Bildungschipkarte für Kinder, Goldbarren der EU-Krisenstaaten als Pfand für Hilfsleistungen oder das schon als Erpressung empfundene Durchsetzen der Frauenquote – von der Leyen tummelte sich auf allen Politikfeldern, ohne andere vorab einzubinden oder sich mit den Zuständigen abzustimmen. Dass sie dadurch ständig in den Medien auftaucht und die aktuellen Debatten bestimmt, macht sie im Kreis ihrer Partei noch unbeliebter. Schließlich gibt es genug CDU-Politiker, die ihr die großen Schlagzeilen und die Dauerpräsenz in den nationalen Talkshows neiden.

Die naheliegende Möglichkeit, sich durch andere Aktivitäten beliebt zu machen, ergreift sie dagegen nur selten. Dabei bräuchte sie nur auf ihre Parteifreundin Julia Klöckner zu schauen. Die rheinland-pfälzische CDU-Vorsitzende ist zwar noch nicht durch dezidierte Reformideen und gewichtige politische Vorstöße aufgefallen. In ihrer Partei aber ist die stets gut gelaunte ehemalige Weinkönigin mit ihrer bodenständigen Art eine der beliebtesten Frauen. Wenn man über Ursula von der Leyen sagen kann, dass sie in der CDU respektiert, aber nicht gemocht wird, so gilt das genau umgekehrt für Klöckner. Allerdings schafft sie es, sich blitzschnell auf Themen zu setzen, die in der Union einen Nerv treffen.

Nichts verdeutlicht den Unterschied zwischen Klöckner und von der Leyen besser als die Debatte um das Burka-Verbot. Den Anfang machte Ende 2014 der Kreisverband Frankfurt am Main, der zum Bundesparteitag im Dezember den Antrag stellte, die CDU möge doch bitte ein Burka-Verbot beschließen. Das Tragen einer solchen Gesichtsverschleierung sei »ein deutliches Zeichen der Abgrenzung und der fehlenden Bereitschaft zur Integration«, hieß es zur Begründung in dem Antrag. Während der hessische CDU-Vorsitzende, Ministerpräsident Volker Bouffier, den Antrag seiner Parteifreunde aus Frankfurt ablehnte, sprach sich Julia Klöckner in einem Interview vor dem Bundesparteitag dafür aus.

Wie sich zeigen sollte, hatte sie richtig kalkuliert, denn das Er-starken der AfD und die Demonstrationen der Pegida, der selbst ernannten »Patriotischen Europäer gegen die Islamisierung des Abendlands«, hatten in der Union für Verunsicherung gesorgt. Nicht wenige waren der Ansicht, dass man mit dem Antrag auf Burka-Verbot »ein Zeichen« setzen solle.

Es entspricht einer alten Erfahrung in der Union, dass es po-litisch sehr hilfreich sein kann, die im deutschen Kleinbürgertum unterschwellig vorhandenen Ressentiments gegen Ausländer auf subtile Weise zu bedienen. Ein Paradebeispiel dafür war die Un-terschriftenaktion der Hessen-CDU gegen die doppelte Staatsbür-gerschaft. Diese Kampagne half Roland Koch 1999, einen völlig verfahrenen Wahlkampf zu drehen und am Ende sogar Minis-terpräsident zu werden. Auch die Forderung nach einem Burka-Verbot fiel in die Kategorie Ausländer-Ressentiments, die bei vie-len in der Union auf fruchtbaren Boden fallen, wie Klöckner sofort erkannte.

Natürlich ist einer erfahrenen Politikerin wie ihr sehr wohl be-wusst, dass ein solches Verbot im Alltag kaum durchsetzbar wäre. Sollen die Polizisten auf der Straße etwa Musliminnen verhaften, ihnen den Schleier notfalls gewaltsam entfernen oder wegen eines Kleidungsstücks ein Bußgeld aufbrummen? Und wer bestimmt, was eine unzulässige Verschleierung darstellt und welches Kopf-tuch gerade noch gestattet ist? Deutsche Beamte vom Ordnungs-amt oder gar Strafrichter? Vor allem aber: Würde ein solches Ver-schleierungsverbot zur Befriedung der Gesellschaft beitragen und das Miteinander von Christen und Muslimen in Deutschland befördern? Oder würde man auf diese Weise nicht eher die gemä-ßigten Muslime zur Solidarität mit ihren radikaleren Glaubens-brüdern drängen, wenn deren Frauen wegen einer religiösen Be-kleidung von der deutschen Obrigkeit verfolgt werden?

Der ganze Unsinn des Burka-Verbots ist Julia Klöckner nicht verborgen geblieben, aber darauf kommt es ihr vor und während eines Parteitages auch nicht an. In ihrer Bewerbungsrede für den

Posten der stellvertretenden CDU-Bundesvorsitzenden bediente sie
sich jedenfalls mit gut gespielter Empörung (»Man wird ja wohl
mal sagen dürfen«) ausführlich dieses emotionalen Themas. Die
Delegierten jubelten und bescherten ihr in der Abstimmung über
die fünf CDU-Stellvertreter mit 96,5 Prozent das mit weitem Abstand beste Ergebnis.

Ursula von der Leyen schüttelt sich, wenn sie daran zurück-
denkt. Zwar beherrscht auch sie den kunstvollen Griff in den
populistischen Instrumentenkasten. Und sie schreckt auch nicht
davor zurück, auf Kosten anderer Schlagzeilen zu produzieren.
Aber das etwas miefige, kleinbürgerliche Gedankengut in weiten Teilen der Union ist ihr immer fremd geblieben, ebenso wie
die latenten Ressentiments gegen Ausländer. Ihr großbürgerli-
ches Elternhaus, die vielen Jahre in Brüssel, die Studienaufent-
halte in England und den USA sowie ihre Zeit als junge Ärztin in
Kalifornien haben ihren Blick geweitet.

Ihr liegt die internationale Sichtweise, das Denken über Grenzen hinweg. Die in der deutschen Parteipolitik oft anzutreffende
Kirchturm-Perspektive ist ihr zu kleingeistig, das Bedienen entsprechender Vorurteile zu billig. Sie feuert keine dieser erwartba-
ren rhetorischen Stimmungskanonen ab, provoziert keine Schen-
kelklopfer und Lachsalven. Ihr liegt es nicht, die Seele der Partei
zu streicheln, sie will es auch nicht. Ursula von der Leyen sagt
nur, was sie denkt, was sie für richtig hält. Dinge, an die sie nicht
glaubt und oder die sich für sie falsch anfühlen, kommen ihr nicht
über die Lippen.

»Politik ist keine Ich-AG«

Sie ist der CDU nichts schuldig, empfindet allenfalls eine gewisse
Loyalität und Dankbarkeit gegenüber der Partei, aber das verlangt ihr keine intellektuelle Vasallentreue ab. »Macht es so wie
ich oder lasst es!« – das ist ihre wahre Haltung. Dahinter steckt

eine Mischung aus emotionaler (und finanzieller!) Unabhängigkeit sowie eine intellektuelle Überlegenheit, die leicht als Arroganz empfunden wird. Viele ihrer Parteifreunde spüren das, was die Distanz nicht gerade verringert. In der CDU/CSU-Bundestagsfraktion kursiert ein Witz, der eigentlich als Schmähung gedacht ist. Wie kürzt man Ursula von der Leyen mit drei Buchstaben ab? Die Antwort: I-c-h.

Sie kennt diese Sprüche und Witze, weiß um die Vorurteile und hat in der eigenen Fraktion oft genug den Gegenwind ihrer innerparteilichen Kritiker gespürt. Aber das bringt sie nicht von ihrem Weg ab. Politik ist ein ständiger Schlagabtausch, das hat sie schon als Kind bei ihrem Vater gelernt. Wer das nicht aushält, soll lieber einen anderen Beruf ergreifen. Sie selbst hält eisern an ihrem Kurs fest, überwindet Widerstände mit zäher Energie, auch und gern den Gegenwind aus der eigenen Partei. »Wenn ich einen Satz hasse«, hat sie einmal gesagt, »dann: Das ist aber CDU-Programmatik.«

Sie will die CDU offener machen, toleranter, bunter, jünger, weiblicher und auch sozialer. Nicht jedem Christdemokraten ist das sympathisch. Es gibt nicht wenige, die einen solchen Schwenk nach links sogar für einen brandgefährlichen Verrat an den konservativen Werten der Partei halten. Das Entstehen der AfD als Sammelbecken für Protestwähler und Wutbürger rechts von der Union führen viele Kritiker auf den von Merkel betriebenen Reformkurs zurück.

Ist also die AfD ein Kollateralschaden von Merkels Modernisierungspolitik in der CDU? Von der Leyen gibt zu, dass diese These eine hohe Plausibilität hat. Aber die Alternative kann ihrer Auffassung nach nicht darin bestehen, das Rad wieder zurückzudrehen. Ein Rechtsschwenk würde die CDU weitaus mehr Wähler und Glaubwürdigkeit kosten, als ihr eine solche Kurskorrektur einbringen könnte.

Ist aber denn mit dem Entstehen der AfD nicht das eingetreten, wovor schon Franz Josef Strauß und Helmut Kohl immer gewarnt haben, nämlich die dauerhafte Etablierung einer Partei rechts von der Union? Und droht der Union damit nicht auch das Schicksal der SPD? Schließlich müssen die Sozialdemokraten das politische Spektrum links von der Mitte mit Grünen und Linken teilen, was die einstige Volkspartei auf 25 Prozent schrumpfen ließ. Ursula von der Leyen glaubt nicht, dass dieses Schicksal auch der Union drohen könnte. Zum einen solle man doch erst einmal abwarten, ob sich die AfD wirklich als dauerhafte Kraft behaupten könne, sagt sie. Bislang ist die Alternative für Deutschland in ihren Augen nur eine tief zerstrittene Sammlungsbewegung, die ähnlich wie die Piratenpartei schnell an ihren inneren Widersprüchen scheitern kann. Zum anderen verweist von der Leyen darauf, dass die Wähler und Mitglieder der AfD nach Analyse der Demoskopen aus allen Parteien und politischen Strömungen kommen – und bei weitem nicht nur aus dem bürgerlichen Lager stammen.

Das vielschichtige Verhältnis zu Merkel

Auf Dauer aber muss sich die Politik neuen Entwicklungen stellen. »Veränderungen nicht als Bedrohung zu sehen«, hat von der Leyen einmal auf die Frage geantwortet, was einen guten Politiker auszeichnet. Kein Zweifel, wen sie dabei im Blick hatte: sich selbst.

Je länger sie als Stellvertreterin mit an der Spitze der Partei steht, desto mehr versucht sie, ihr kompliziertes Verhältnis zur CDU zu entkrampfen. In einem Interview mit der *Zeit* ist die begeisterte Dressurreiterin einmal gefragt worden, ob es nicht eine Parallele zwischen ihrem Sport und ihrem Umgang mit der eigenen Partei gebe. Schließlich sitze ein guter Dressurreiter auch stets lächelnd im Sattel, bringe aber dabei sein Pferd zu Anstrengungen, die es niemals von allein machen würde, wie etwa seitwärts gehen oder die Beine kreuzen. Die Antwort von Ursula von der Leyen sollte versöhnlich klingen, offenbarte aber ungeschminkt ihr wirkliches Verständnis von Über- und Unterordnung. Sie sagte: »Das Schöne am Reiten ist das gemeinsame Tanzen, das Erreichen eines gemeinsamen Ziels. Das funktioniert nur als Folge eines langen Prozesses, in dem Vertrauen, Treue und Zuverlässigkeit eine Rolle spielen. Entscheidend ist eine ganz feine Verständigung zwischen Pferd und Reiter über Wochen, Monate, oft Jahre hinweg. Wenn Sie da eine Parallele zu mir und meiner Partei entdecken, soll mir das recht sein.« So sieht von der Leyen sich wirklich: Fest oben im Sattel sitzend agiert sie mit Schenkeldruck und kurzem Zügel – und die CDU pariert und tanzt nach ihrer Vorgabe.

Angela Merkel hat wahrscheinlich den Kopf geschüttelt, als sie diese Interview-Passage gelesen hat. Es ist dieses grundsätzlich andere Verständnis von Führung in der Politik, das die Kanzlerin und ihre Verteidigungsministerin unterscheidet und das die eigentlich gute persönliche Verbindung der beiden Alpha-Frauen auch immer wieder belastet. Merkel lenkt die CDU ganz anders. Nicht streng und auf den Zentimeter genau wie eine Dressurreiterin, sondern eher wie ein Hirte, der seine Herde in Ruhe grasen lässt und sie in kleinen Schritten von hinten in eine ungefähre Richtung führt. Das entspricht auch eher Merkels vorsichtigem und abwägendem Politikstil. Wo immer es geht, minimiert die Kanzlerin politische Risiken. Sie entdramatisiert, wartet ab, sucht Verbündete und gibt lieber etwas nach, als den großen Showdown auf offener Bühne zu suchen.

Das war nicht immer so. Merkel riskierte Kopf und Kragen, als sie Ende 1999 ihren »Scheidebrief« in der *FAZ* veröffentlichte. Darin brach die damalige Generalsekretärin mit Helmut Kohl und forderte die CDU auf, sich als Konsequenz aus der Spendenaffäre von ihrem Übervater zu lösen. Das Wagnis gelang – keine vier Monate später wählte die CDU Merkel zu ihrer Vorsitzenden, und Kohl war Geschichte.

Aber Merkel musste auch andere Erfahrungen machen. Weil ihr die Union anfangs mit spürbarer Skepsis begegnete, wurde sie vorsichtiger. Zuletzt riskierte sie 2005 etwas, als sie der CDU auf dem Leipziger Parteitag eine neue liberale Wirtschaftspolitik überstülpte. Die Ordnungspolitiker und die meisten Ökonomen jubelten, aber die sicher geglaubte Bundestagswahl im gleichen Jahr hätte Merkel um ein Haar verloren – und das ausgerechnet gegen Gerhard Schröder, der sein Heil in einer vorgezogenen Neuwahl suchte.

Merkels Lehre daraus: Die Deutschen mögen keine ruckartigen Veränderungen, erst recht nicht in der Wirtschafts- und Sozialpolitik – und das gilt auch für die CDU. Seitdem agiert sie defensiver, abwartend, taktisch. Im Bundestagswahlkampf 2009 setzte sie ganz auf die »asymmetrische Demobilisierung«, also auf das Verringern der politischen Angriffsfläche und das langsame Einschläfern des Gegners. Ihre Kritiker heulten auf, warfen ihr »Profillosigkeit« und einen »Schlafwagenwahlkampf« vor, aber am Ende behielt sie recht: Merkel gewann die Wahl mit ihrem bis dahin besten Ergebnis und ersetzte die Große Koalition mit der SPD durch ein Regierungsbündnis mit der FDP.

Merkels Vorliebe für Vorsicht bedeutet aber nicht, dass sie vorwärtsstürmende Mitstreiterinnen ablehnt. Im Gegenteil förderte sie Ursula von der Leyen auch deshalb, weil diese mit Charme, Geschick und öffentlichem Druck Türen aufstoßen kann, an denen Merkel als Vorsitzende lieber nicht rüttelt. Gerade in der Familienpolitik erwies sich von der Leyen mit ihrer persönlichen Biografie als ideale Vorkämpferin. Sie trat in Wahlkämpfen und Talkshows auf und warb als authentische Karrierefrau und siebenfache Mutter erfolgreich für ein Umdenken im Rollenverständnis von Männern und Frauen.

Die Arbeitsteilung zwischen beiden Reformerinnen Merkel und von der Leyen funktionierte in diesem Bereich besonders gut. Während die Kanzlerin in ihrer Rolle als Parteichefin allen Teilen in der CDU verpflichtet war, zettelte von der Leyen mit Merkels Rückendeckung eine Debatte nach der anderen an und trieb die Partei immer mehr in die gewünschte Richtung. Dass von der

Leyen dabei mit unabgesprochenen Forderungen gelegentlich zu weit vorpreschte, hat Merkel zwar verärgert. Aber sie hat auch gelernt, den Mut und den ungebrochenen Kampfeswillen ihrer Ministerin zu schätzen.

Im Gegensatz zu Norbert Röttgen, der lange zur Riege der Kronprinzen zählte, blieb von der Leyen Merkel gegenüber immer loyal. Sie hat nie direkte Kritik geäußert und auch nie versucht, sich auf Kosten von Merkel zu profilieren. Die einzige Ausnahme war der Kampf um die Frauenquote. Von der Leyens Drohung, in dieser Frage notfalls mit der SPD und den Grünen stimmen zu wollen, hat Merkels politisches Anstandsgefühl verletzt und ihren Anspruch auf Gefolgschaft untergraben. Jeder hätte verstanden, wenn die Kanzlerin damals ihre Ministerin entlassen hätte, so wie sie es mit eiserner Konsequenz schon mit Röttgen gemacht hatte.

Doch Merkel schreckte vor diesem Schritt zurück. Sie fühlte sich trotz aller persönlichen Unterschiede mit von der Leyen verbunden. Vor allem aber wusste sie, dass es nicht so viele talentierte Frauen in der CDU gab, die im Fernsehen glänzende Auftritte hinlegen konnten, ihren Modernisierungskurs konsequent unterstützten und damit der Partei ganz neue Wählerschichten erschließen würden.

Die beiden CDU-Politikerinnen brauchen einander. So überstand von der Leyen auch diese Belastungsprobe ihres vielschichtigen Verhältnisses zu Merkel. Allerdings stellte der unionsinterne Kampf um die Frauenquote sicherlich die größte Herausforderung dar. Die daraus rührenden Irritationen und Verstimmungen waren weitaus schwerer zu bewältigen als die Enttäuschung nach dem geplatzten Traum vom Schloss Bellevue.

Wie groß trotz allem das Vertrauen ist, das Merkel bis heute in Ursula von der Leyen setzt, zeigt schließlich ihre Berufung als erste Frau an die Spitze des Verteidigungsministeriums. In einem Vieraugengespräch weit vor der Bundestagswahl 2013 hatten die beiden Frauen schon einmal die personellen Optionen besprochen. Es war klar, dass im Fall einer Großen Koalition die SPD das

Arbeits- und Sozialministerium beanspruchen würde. Von der Leyen hat dieses Ressort trotz seines milliardenschweren Etats nie wirklich gemocht. So signalisierte sie Merkel, dass sie gern auch ein anderes, gewichtiges Amt übernehmen würde.

Am liebsten wäre ihr wegen ihrer Begeisterung für internationale Fragen das Außenministerium gewesen. Seit langem versucht von der Leyen, ein internationales Netzwerk zu knüpfen. Schon als Familien- und Arbeitsministerin nutzte sie ihre Reisen ins Ausland, um tiefer in die internationale Politik einzutauchen. Am liebsten sähe sie sich wohl in der Rolle einer deutschen Hillary Clinton; innenpolitisch versiert, aber mit außenpolitischem Anspruch. Doch der Weg ins Auswärtige Amt ist noch weit; außerdem wäre es völlig unüblich, in einem ersten Sondierungsgespräch mit der Regierungschefin detaillierte Wünsche vorzutragen.

Allerdings soll sie der Kanzlerin bei diesem Treffen gesagt haben, dass sie in einer neuen Regierung nicht als Gesundheitsministerin zur Verfügung stehen würde – in welcher Koalitionskonstellation auch immer. Von der Leyen ist zwar Ärztin, aber das hätte ihr als Gesundheitsministerin kaum etwas genützt. Vielmehr hätte sie sich in diesem schwierigen Amt einen beinharten Dauerkampf mit den einflussreichen Lobbygruppen der Ärzte, Krankenkassen und Pharmaindustrie liefern müssen – und das wollte sie einfach nicht. Außerdem hätte man einen Wechsel vom Arbeits- zum Gesundheitsministerium als Rückschritt interpretieren können, zumindest aber als Stagnation ihrer Karriere. Dann lieber gar keinen Ministerposten – das war der Eindruck, den von der Leyen damals im Kanzleramt hinterließ. Von »Erpressung« will dort niemand reden, aber diese Vorgeschichte zu ihrer Berufung als Verteidigungsministerin zeigt auch, dass von der Leyen selbst gegenüber der Kanzlerin immer mit höchstem Einsatz pokert, wenn es um ihre Karriere geht.

Merkel hat sich nicht nur darauf eingelassen, sondern ihre drängende, fordernde und lauernde Ministerin mit der Berufung

an die Spitze des Verteidigungsministeriums auch noch beför-
dert. Von dort weichen musste der bis dato als möglicher Kron-
prinz geltende Thomas de Maizière. Der langjährige Merkel-Ver-
traute hatte sich in der Affäre um die missglückte Beschaffung
der Drohne Euro Hawk zu sehr in Widersprüche verstrickt. Außerdem war nicht sicher, ob im trüben Wasser des undurchsich-
tigen Rüstungswesens der Bundeswehr nicht noch ein weiterer
Torpedo trieb. Merkel nahm de Maizière deshalb aus der Schusslinie und übertrug ihm erneut das Amt des Bundesinnenminis-
ters, sehr zu seiner Überraschung und sicher nicht zu seiner Freude. Verbunden mit der Vorgeschichte war die Rückkehr auf ein
früheres Amt sicherlich als Knick in der bis dahin steilen Karriere von Thomas de Maizière zu verstehen.

Von der Leyen hingegen stieg als neue Verteidigungsministerin zur Nummer zwei in der Ministerriege der Union auf. Das
gewichtigste Amt hinter Merkel bekleidet zwar nach wie vor Bundesfinanzminister Wolfgang Schäuble. Doch aufgrund seines Al-
ters spielt der inzwischen 72-jährige CDU-Veteran trotz reicher
Erfahrung und überragender Fähigkeiten keine Rolle mehr, wenn
in der Union über die langfristige Nachfolge von Angela Merkel
gesprochen wird. Vorstellbar ist Schäuble nur für den Fall »So-
fortlösung«, wie einer in der Unionsführung sagt, wenn also »etwas passieren« würde. Dann wäre Schäuble der Mann, der von
heute auf morgen übernehmen und für einen geordneten Übergang sorgen müsste. Geht es dagegen um eine langfristige Lösung,
richten sich die Blicke auf Ursula von der Leyen.

DIE KANZLERIN DER RESERVE

Szenarien eines Machtwechsels

Offiziell gibt es das Thema nicht. Oder wenn, dann nur als »Blödsinn« oder »Hirngespinst« von Journalisten. »Kein Kommentar«, lautet die Standardantwort auf entsprechende Fragen oder schlicht: »Dazu kann ich nichts sagen.« Dabei geht es nicht um Allerweltsgerüchte, sondern geradezu um eine Schicksalsfrage: Wer kommt nach Angela Merkel? Oder anders gefragt: Wer könnte Kanzler werden, wenn die Kanzlerin nicht mehr kann?

Das Thema »Merkel-Nachfolge« ist in Berlin vermintes Gelände. Wer aus den Reihen der CDU da einfach durchstolpert und nicht aufpasst, lebt gefährlich. Es wird zwar schon seit geraumer Zeit über das »Hirngespinst« gesprochen. Aber nur in ganz kleinen Zirkeln und streng vertraulichen Hintergrundgesprächen. Bei alldem Geraune ist noch der Eindruck entstanden, man wolle die Kanzlerin kurzfristig ersetzen. Im Gegenteil hoffen alle, dass die beliebte Regierungschefin ihr Amt noch möglichst lange ausfüllen möge. Denn nur mit ihr an der Spitze ist der CDU/CSU die Macht im Bund sicher. Die Union ist erfolgreich, weil Merkel über die eigene Parteianhängerschaft hinaus in weiten Teilen Deutschlands Vertrauen und Anerkennung genießt. Wenn also in Berlin entgegen allen offiziellen Beteuerungen doch einmal ganz leise über ihre Nachfolge geredet wird, dann schwingen dabei stets besorgte Fragen mit: »Wie lange bleibt sie uns noch erhalten?« Und: »Was machen wir ohne sie?«

Viele im Kreis der Unionsführung glauben, dass Merkel selbst schon geraume Zeit darüber nachdenkt, wie sie ein Kunststück fertigbringen kann, das noch niemandem vor ihr gelungen ist: nicht abgewählt zu werden, sondern aus eigenem Entschluss zu einem Zeitpunkt zurückzutreten, zu dem man das Heft des Handelns noch fest in der Hand hält. Und dabei die Übergabe an einen Nachfolger oder eine Nachfolgerin so zu gestalten, dass die Unionsparteien an der Regierungsmacht bleiben.

Damit wäre sie einmalig in der Geschichte der deutschen Kanzler. Konrad Adenauer musste gehen, weil die FDP ihn dazu zwang. Ludwig Erhard wurde nach seiner Wahlniederlage von der eigenen Partei gestürzt. Kurt Georg Kiesinger verlor die SPD als Bündnispartner, als Willy Brandt sich mit der FDP auf die erste sozialliberale Koalition verständigte. Brandt stürzte über die Guillaume-Affäre und seine mangelnde Bereitschaft, den Kampf gegen die wachsenden Widerstände aufzunehmen und den damaligen SPD-Fraktionschef Herbert Wehner in die Schranken zu weisen. Helmut Schmidt wiederum scheiterte, weil sein Koalitionspartner FDP von der SPD die Nase voll hatte und zurück zur Union wechselte. Und Helmut Kohl schließlich fand nicht die Kraft, von der Macht zu lassen und rechtzeitig an Wolfgang Schäuble zu übergeben. Kohl hielt sich für unersetzlich und glaubte, niemand außer ihm wäre in der Lage gewesen, die weitere Vereinigung Europas in Gestalt der Wirtschafts- und Währungsunion herbeizuführen. Am Ende wurde er einfach abgewählt.

Und Angela Merkel? Ist sie als Frau eher in der Lage als ihre männlichen Vorgänger, aus Weitsicht und eigener Überzeugung freiwillig die Macht aus den Händen zu geben? Können Frauen leichter loslassen als Männer? Oder ist sie zu einem solchen Schritt vielleicht eher als alle anderen in der Lage, weil sie schon einmal ein Leben ohne Politik geführt hat und sich deshalb auch einen weiteren Lebensabschnitt ohne Politik vorstellen kann?

Nicht so enden
wie Helmut Kohl

Sicher ist jedenfalls, dass Merkel es Kohl nie verziehen hat, dass
er so lange an der Macht festhielt, bis es zu spät war. Jeder in der
CDU-Führung wusste Ende der neunziger Jahre, dass Kohls große Zeit vorbei war. Aber niemand wagte es, dem Patriarchen offen zu sagen, dass die Union 1998 mit einem neuen Gesicht in den
Wahlkampf ziehen musste, wenn sie Erfolg haben wollte. Kohl
trat wie selbstverständlich wieder an, und niemand fand den Mut
zum Widerspruch. Man habe dagesessen, ratlos, mutlos, teilweise
mit der Faust in der Tasche, und habe ohnmächtig mit ansehen
müssen, wie alles den Bach runterging, sagte Angela Merkel unmittelbar nach der verlorenen Bundestagswahl 1998 bei einer
Lageanalyse im kleinen Kreis. Die Enttäuschung über Kohls Ego-
ismus und Selbstherrlichkeit war der damaligen Bundesumwelt-
ministerin deutlich anzumerken.

Schäuble als potenzieller Nachfolger war von Kohl schon vorher demontiert worden. Außerdem geriet Schäuble später im Zuge der CDU-Parteispendenaffäre selbst unter Druck, weil er eine
Barspende des Waffenhändlers Karlheinz Schreiber in Höhe von
100 000 D-Mark verschwiegen hatte. Die CDU stürzte zu dieser
Zeit in die tiefste Krise ihrer Geschichte. Die einst so stolze Partei
war machtlos, führungslos, verunsichert und durch das unein-
sichtige Verhalten ihres einstigen Idols Helmut Kohl in der Partei-
spendenaffäre moralisch diskreditiert.

Merkel nahm damals ihren ganzen Mut zusammen, löste sich
von Kohl und stellte sich entschlossen an das Steuer des führungslos treibenden CDU-Tankers. Als die ostdeutsche Quereinsteigerin
im April 2000 zur ersten weiblichen CDU-Vorsitzenden gewählt
wurde, schwor sie sich, es niemals so weit kommen zu lassen wie
Kohl. Sie werde sich nicht an die Macht klammern, sie werde sich
nicht abwählen lassen, sie werde selbst ihre Nachfolge regeln.
Diese Vorsätze, ausgesprochen in einem kleinen Kreis nach ihrer

Wahl zur Parteichefin, sind zwar inzwischen fast 15 Jahre alt. Wenn man Angela Merkel aber vom Anfang ihrer politischen Karriere an bis heute begleitet hat, dann ist man geneigt, ihre Worte ernst zu nehmen.

Szenario eines Rückzugs

Nun hat es schon viele Spekulationen über einen Rückzug Merkels gegeben. Eine Variante, die regelmäßig gespielt wird, sieht vor, dass sie das Kanzleramt verlässt, um die nächste Generalsekretärin der Vereinten Nationen in New York zu werden. Dafür spricht, dass die Amtszeit des derzeitigen UNO-Chefs Ban Ki-moon 2016 endet und nach der ungeschriebenen Regel der Vereinten Nationen wieder einmal die Europäer an der Reihe sind, wenn der Posten neu besetzt wird. Außerdem schwärmt Merkel seit ihren Jugendzeiten für Amerika. Einer ihrer alten Träume ist es, gemeinsam mit ihrem Mann eine Zeit lang in den USA zu leben. Joachim Sauer, ein renommierter Professor für physikalische und theoretische Chemie an der Humboldt-Universität in Berlin, dürfte in der Tat wenig Probleme haben, eine Gastprofessur an einer der berühmten US-Hochschulen oder Forschungseinrichtungen zu erhalten. Außerdem wäre ein international so herausgehobener Posten wie der an der Spitze der Vereinten Nationen in New York sicher nach dem Geschmack der Kanzlerin.

Der Haken an dieser schönen Spekulation ist allerdings der Zeitpunkt. Die Wahl des neuen UNO-Generalsekretärs findet Mitte 2016 statt. Wenn Merkel sich wirklich für dieses Amt interessieren würde, müsste sie spätestens im Herbst 2015 die Hand heben und Vorbereitungen treffen. Selbst wenn sie und ihre Vertrauten dabei mit äußerster Diskretion vorgingen, wäre es allenfalls eine Frage von Tagen, bis der Vorgang bekannt würde. Merkel müsste sich dann der deutschen Öffentlichkeit erklären und dabei auch die Frage beantworten, wer denn die Regierung führen würde, sollte sie tatsächlich nach New York gehen. Das allerdings ist auch alles andere als ein Selbstläufer, da sich sicherlich noch weitere europäische Politiker für den UNO-Posten interessieren.

Aber selbst wenn Merkel das Rennen in der UNO für sich entscheiden würde, wäre mit ihrem Ausscheiden die derzeitige Bundesregierung vorzeitig beendet. Die SPD würde nämlich mitten in der Legislaturperiode keinen neuen Kanzler aus den Reihen der Union mitwählen. Neuwahlen wären also die unausweichliche Folge. Wie die allerdings ohne Merkel für die Union ausgingen, ist schwer zu kalkulieren. Damit träte genau das ein, was Merkel unbedingt vermeiden will: Sie würde der CDU nach ihrem Abgang ein Chaos mit ungewissem Ausgang hinterlassen.

Denkbar ist ein geordneter Übergang im Kanzleramt deshalb nur nach einer gewonnenen Bundestagswahl 2017. Merkel wird zu dieser Wahl wieder antreten, das hat sie zuletzt auf dem CDU-Parteitag in Köln durchblicken lassen. Die Union hat 2017 wohl auch beste Chancen, unter Merkel wieder die mit Abstand stärkste Partei zu werden. Allerdings müsste dann eine Koalition mit einer kleinen Partei erfolgen, denn die SPD als Partner einer erneuten Großen Koalition wird sich nicht auf die Option eines Kanzlerwechsels einlassen. Anderenfalls kann die Sozialdemokratie ihren Anspruch auf die Führung einer Regierung gleich begraben und sich als dauerhafter Juniorpartner an die Union ketten. Umgekehrt will auch in der Union kaum jemand eine Fortsetzung der Großen Koalition. Die Partnerschaft mit den Sozialdemokraten soll die Ausnahme und nicht die Regel sein.

Eine kleine Partei als Koalitionspartner hingegen dürfte eher bereit sein, einer Option zum Kanzlerwechsel zuzustimmen. Der politische Lieblingspartner der Union ist allen Schwierigkeiten zum Trotz immer noch die FDP. Ob ihr allerdings 2017 ein Wiedereinzug in den Bundestag glückt, ist schwer zu kalkulieren. Das Überleben der Liberalen hängt stark davon ab, ob vorher in den wichtigen Landtagswahlen in Baden-Württemberg, Rheinland-Pfalz und Nordrhein-Westfalen ein Erfolg gelingt.

Weil die Variante mit der FDP sehr unsicher ist, richten sich viele Blicke innerhalb der Union auf die Grünen. In Berlin schmort die Partei seit der verlorenen Bundestagswahl 2005 in der Opposition und sucht seitdem vergeblich nach einem Kurs, der sie wieder in Regierungsverantwortung bringen kann. In den Ländern und großen Städten stellt sich die Situation jedoch ganz anders dar: Hier haben die Grünen bei den Kommunal- und Landtagswahlen beachtliche Erfolge erzielen können.

Der Höhepunkt war die Kür des ersten grünen Ministerpräsidenten Winfrid Kretschmann 2011 in Baden-Württemberg. Aber auch in Nordrhein-Westfalen, Niedersachsen, Rheinland-Pfalz, Schleswig-Holstein und Bremen regieren die Grünen gemeinsam mit der SPD, in Thüringen mit SPD und Linken und in Hessen gemeinsam mit der CDU.

Natürlich ruht besonderes Augenmerk der Unionsstrategen auf dem schwarz-grünen Bündnis in Wiesbaden. Obwohl die hessische CDU als konservativ gilt und die hessischen Grünen als eher links eingestuft wurden, haben sich die erbitterten Gegner von einst überraschend gut aufeinander eingestellt. Die schwarz-grüne Koalition arbeitet seit ihrer Bildung Anfang 2014 vergleichsweise geräuschlos und unerwartet erfolgreich. Selbst so schwierige Projekte wie der Ausbau des Frankfurter Flughafens werden von Ministerpräsident Volker Bouffier (CDU) und seinem Stellvertreter Tarek Al-Wazir von den Grünen bislang konstruktiv vorangetrieben. Nicht ohne Grund gilt Hessen deshalb in Berlin als bundespolitisches Versuchslabor. Was in einem großen, wirtschaftlich starken Bundesland wie Hessen gelingt, kann auch auf Bundesebene funktionieren. Merkel lässt sich regelmäßig aus Hessen berichten und spricht immer wieder persönlich mit Bouffier über seine Erfahrungen mit den Grünen als Regierungspartner.

Schaut man in die Parteiprogramme und ihre Ausgestaltung in der praktischen Politik, so gibt es keine unüberbrückbaren Gegensätze mehr zwischen CDU und Grünen. Nach dem endgültigen Ausstieg aus der Atomkraft ist der schwierigste Knackpunkt gelöst, wenngleich in der praktischen Umsetzung der Energiewende noch Differenzen bestehen. Gleiches gilt in der Ausländerpolitik. Die Union hat bei der doppelten Staatsbürgerschaft erhebliche Zugeständnisse gemacht, und auch die Grünen haben sich von den Illusionen des Multikulti gelöst. Eine streng nach Qualifikation gesteuerte Zuwanderungspolitik gilt inzwischen als konsensfähig. Beim Umgang mit Flüchtlingen und Asylbewerbern gibt es jedoch noch erhebliche Unterschiede.

Gescheitert sind die Koalitionsverhandlungen zwischen CDU, CSU und Grünen im Herbst 2014 aber nicht an diesen Themen, sondern an der Steuer- und Finanzpolitik. Die Grünen hatten sich von ihrem langjährigen heimlichen Vorsitzenden Jürgen Trittin in eine Steuererhöhungsdebatte treiben lassen, die selbst bei der gut verdienenden Anhängerschaft der Öko-Partei für Unmut und Wahlenthaltung sorgte.

Die Konsequenzen aus dem schwachen Wahlergebnis 2013 zog die Partei aber nur halb. Zwar traten Jürgen Trittin, Claudia Roth und andere führende Linke bei den Grünen nach dem Wahldesaster zurück. Doch der personellen Erneuerung folgte keine programmatische. Bei den Koalitionsgesprächen mit der Unionsführung bestand Trittin in der letzten entscheidenden Sitzung vehement auf Steuererhöhungen für die oberen Einkommensklassen. Damit waren die Verhandlungen geplatzt – schließlich hatte die Union den Wahlkampf mit dem Versprechen gewonnen, die Steuern eben nicht zu erhöhen.

Bundesfinanzminister Wolfgang Schäuble und CSU-Chef Horst Seehofer sind sich in der Rückbetrachtung sicher, dass Trittin damals bewusst alles getan habe, um Schwarz-Grün im Bund zu verhindern. »Der wollte einfach nicht« – so fast gleichlautend das Fazit der beiden Unionspolitiker.

Größer als das inhaltliche Problem ist die Personalausstattung der Grünen. Von den beiden Parteivorsitzenden gilt Simone Peter vom linken Flügel noch als unbeschriebenes Blatt. Ihr Kollege vom Realo-Flügel, Cem Özdemir, kann zwar reiche Erfahrung vorweisen, verfügt in der Partei aber nicht mehr über den breiten Rückhalt früherer Jahre. Ähnlich stellt sich das Bild an der Spitze der Bundestagsfraktion dar. Viele halten Anton Hofreiter vom linken Flügel im Amt des Vorsitzenden für überfordert. Die zweite Fraktionschefin Katrin Göring-Eckardt hat als langjährige Grünen-Politikerin zwar viel Routine, muss aber ebenfalls um ihre Position bei den Grünen kämpfen. Außerdem ist eine Koalition mit der Union bei den Vertretern des linken Flügels äußerst umstritten.

Bei der Union hingegen befürworten fast alle führenden Leute ein Bündnis mit den Grünen, sollte die FDP 2017 erneut an der Fünfprozenthürde scheitern. Kanzleramtschef Peter Altmaier und Gesundheitsminister Hermann Gröhe gelten ebenso wie CDU-Vize Armin Laschet sogar als Schwarz-Grün-Anhänger der ersten Stunde. Aber auch CDU-Generalsekretär Peter Tauber oder der stellvertretende Vorsitzende Thomas Strobl werben mit Blick auf 2017 öffentlich für ein Bündnis mit den Grünen.

Merkel selbst, die sich in dieser Frage bislang eher zurückhielt, hat ihre offene Haltung für eine schwarz-grüne Option zuletzt auf dem Bundesparteitag der CDU in Köln überraschend deutlich angesprochen. »Wir waren bereit, eine solche Koalition zu wagen«, sagte die Kanzlerin. Aber die Grünen hätten nicht gewollt. »Schade drum!«, betonte Merkel, die sich diese beiden Worte am Ende ihrer Ausführungen sicherlich ganz genau überlegt hatte.

Das bedeutet unter dem Strich, dass eine solche Konstellation 2017 bei entsprechenden Mehrheitsverhältnissen recht wahrscheinlich ist. Denn auch die Grünen werden nach dann zwölf Jahren Opposition ihren politischen Gestaltungsanspruch nicht um weitere vier Jahre zurückstellen wollen.

Wechsel ohne Vorwarnung

Denkt man dieses Szenario mit Blick auf einen Wechsel im Kanzleramt zu Ende, könnte nach einer in Berlin häufig zu hörenden

Version Folgendes passieren: Angela Merkel tritt, wenn die schwarz-grüne Bundesregierung einigermaßen gut funktioniert, nach zwei oder drei Jahren Regierungszeit plötzlich zurück. Nur die Fraktionsvorsitzenden von CDU/CSU und Grünen, der CSU-Parteichef, der grüne Vizekanzler und die oder der Merkel-Nachfolger werden vorher einbezogen. Die Kanzlerin muss es so heimlich machen, da sind sich alle einig. Eine lange Debatte und umfangreiche Vorabsprachen würden das Projekt nur gefährden.

Die Abgeordneten der beiden Regierungsfraktionen haben dann nach ihrem plötzlichen Rückzug die Wahl, in geheimer Abstimmung einen neuen Kanzler beziehungsweise eine neue Kanzlerin zu wählen – oder aber die Regierungsmacht mit allen Posten, Privilegien und politischen Gestaltungsmöglichkeiten abzugeben und Neuwahlen mit ungewissem Ausgang herbeizuführen. Wenn die Koalition bis dahin eine gute Bilanz vorweisen kann, spricht viel dafür, einen solchen Wechsel zu versuchen und aus der Mitte des Bundestags heraus einen neuen Regierungschef zu wählen.

In Diskussionen über solche Szenarien wird oft die als Einwand gemeinte Frage gestellt, wie Merkel denn einen vorzeitigen Rückzug begründen könnte. Schließlich werde sie sich ohne das Versprechen, erneut für vier Jahre anzutreten, 2017 kaum zur Wahl stellen können. Das stimmt zwar, aber hier ist eine Gegenfrage erlaubt: Wer wird es einer so erfolgreichen Regierungschefin nach dann 14 oder 15 aufreibenden Jahren im Amt verdenken, wenn sie sich zurückzieht? Freiwillig? Und dabei noch selbst für einen guten Übergang sorgt? Die Kritik an Merkel würde sich in Grenzen halten; wesentlich wahrscheinlicher wäre, dass sie mit Dank und Respektbezeugungen überschüttet würde.

Allerdings kann auf einem solchen Weg viel schiefgehen. Schwer kalkulierbar wäre die Reaktion der Grünen. Dabei stellen weniger die Bundestagsabgeordneten ein Risiko dar als vielmehr die Partei oder ein in diesem Fall vielleicht einzuberufender Sonderparteitag.

Auch bei der CDU würde es wohl eine breite Rückkoppelung an der Basis geben, sei es in Gestalt eines Mitgliedervotums oder eines Parteitags. Allerdings ist kaum vorstellbar, dass dadurch ein Wechsel verhindert würde.

Gelungen ist ein solcher Übergang bislang nicht, wie die Geschichte der Bundesrepublik zeigt. Die bisherigen Kanzler wurden entweder abgewählt oder vom Koalitionspartner verlassen – freiwillig das Amt aufgegeben hat noch niemand. Nichts ist für Spitzenpolitiker schwieriger als die Gestaltung eines personellen Übergangs bei gleichzeitiger Wahrung der Regierungsverantwortung. Seit der Regierungszeit von Helmut Schmidt gilt zudem das »Gesetz« der Serie, wonach kein Kanzler der Partei seines Vorgängers angehört hat. Dennoch hätte Merkel die Kraft und auch die Souveränität, um in der Geschichte der deutschen Regierungschefs ein neues Kapitel aufzuschlagen.

Kronprinzessinnen und Kronprinzen

Nun stellt sich die Frage, wer denn in der Union bei einem solchen Szenario als potenzieller Nachfolger in Betracht käme. Es werden in diesem Zusammenhang seit geraumer Zeit mehrere Namen genannt. Am häufigsten fällt der von Ursula von der Leyen. Gründe dafür sind ihre Popularität im Volk, ihre geballte Energie und Intelligenz, die langjährige Erfahrung in verschiedensten Ämtern sowie ihre Fähigkeit, auch international eine gute Figur zu machen.

Mit deutlichem Abstand werden aber auch die saarländische Ministerpräsidentin Annegret Kramp-Karrenbauer und Julia Klöckner genannt. Die Saarländerin ist zwar schon seit Jahren erfolgreich in der Politik unterwegs. Aber zum einen fehlt ihr der breite Rückhalt in der CDU, und zum anderen würde das Saarland, das kleiner ist als mancher Landkreis in den Flächenländern, als Regierungsreferenz für die Bundesrepublik Deutschland kaum ausreichen. Ebenfalls etwas zu groß dürften auch für Julia Klöckner die Schuhe einer Kanzlerin sein. Unbestreitbar ist jedoch, dass die in der CDU sehr beliebte Rheinland-Pfälzerin eine gewichtige Rolle spielen wird, wenn ihr im Frühjahr 2016 die Wahl zur Ministerpräsidentin in Mainz gelingen sollte. Mit gerade einmal 42 Jahren hat Klöckner aber auch noch Zeit, sich später für höhere Aufgaben zu empfehlen.

Bei den Männern fallen ebenfalls mehrere Namen, wenn es um Merkels potenzielle Nachfolger geht. Für David McAllister gilt Ähnliches wie für Klöckner. Der CDU-Mann aus Niedersachsen wurde nach der Wahl von Christian Wulff zum Bundespräsidenten zwar schon mit 39 Jahren Ministerpräsident. Aber der Sohn eines Schotten hat noch nie selbst eine Wahl gewonnen. Er soll jetzt als Abgeordneter im Europaparlament erst einmal außenpolitische Erfahrung sammeln, bevor er sich im Bund für eine weitere Karriere ins Gespräch bringen kann.

Ferner finden sich auf der Liste möglicher Kronprinzen noch Hermann Gröhe und Peter Altmaier. Beide sind bestens in der CDU verankert, beide verfügen über große Erfahrung in Regierungsämtern. Allerdings wird bei beiden auch die Frage gestellt, ob sie in einer modernen Mediengesellschaft über den engen Kreis der CDU-Anhänger hinaus einem breiten Publikum vermittelbar wären – und ob sie neue Wählerschichten erschließen könnten.

Der ernsthafteste Konkurrent von Ursula von der Leyen ist deshalb immer noch Thomas de Maizière. Mit Merkel verbindet den Vetter des letzten DDR-Ministerpräsidenten Lothar de Maizière eine lange persönliche Verbindung aus den ersten Tagen ihres politischen Engagements nach dem Fall der Mauer. Der Spross einer alten Hugenotten-Familie besitzt ihr absolutes Vertrauen und verfügt nach vielen Jahren in verschiedensten Regierungsämtern auch über die größte und breiteste Erfahrung aller Kronprinzen. Von den Fähigkeiten her würde ihm wohl jeder in der Union das Kanzleramt zutrauen.

Aber de Maizière müsste auf diesem Weg zwei Hindernisse überwinden. Zum einen fehlt ihm als Mitglied der Sachsen-CDU eine größere Hausmacht in der Partei. Zum anderen hängt ihm sein Umgang mit dem Beschaffungsskandal um die Aufklärungsdrohne Euro Hawk noch nach. Mit seiner Rückversetzung in das Innenministerium hat Merkel ihn nach allgemeiner Lesart aus dem Feuer genommen und auf die Reservebank gesetzt. De Maizière versteht und akzeptiert das. Mit Routine und zäher Geduld erledigt er seine Aufgabe im Innenressort, pflegt seine Parteibasis in Sachsen und hält sich bis auf weiteres im Spiel.

Als ehemaliger Verteidigungsminister weiß er genau, was für ein Schleudersitz das Amt ist, das seine Konkurrentin von der Leyen derzeit bekleidet. Ein fehlerhafter Befehl, ein tödlicher Einsatz deutscher Soldaten im Ausland, ein außer Kontrolle geratenes Waffenbeschaffungsprojekt – es gibt viele Fallstricke, die eine Verteidigungsministerin auch ohne persönliches Verschulden die Karriere kosten können. Kein Ressort der Bundesregierung hat mehr Minister verschlissen. Sollte von der Leyen vor der Wahl 2017 zurücktreten müssen, wäre sie aus dem Spiel. Dann würde wohl die Stunde von Thomas de Maizière schlagen.

Der Blick in die Zukunft ist in der Politik ein beliebtes Spiel, aber auch pure Notwendigkeit. Es gehört zu einer guten Regierung wie zum parteipolitischen Management, vorauszuplanen und Szenarien für den Fall der Fälle zu entwickeln. Wie schnell sich aber auch sorgfältigste Planungen als Makulatur erweisen können, zeigen die vielen unvorhersehbaren Ereignisse der jüngeren Geschichte. Den Fall der Mauer hat niemand vorausgeplant, ebenso wenig wie Umweltkatastrophen vom Ausmaß des Fukushima-GAU.

Es ist sehr spekulativ, den Gang der Dinge bei der Union einzuschätzen. Die CDU ist heute Angela Merkel, und Angela Merkel ist die CDU. Was passieren kann, wenn übergroße Führungsfiguren von einem Tag auf den anderen die Macht verlieren, zeigt schon allein das Beispiel von Helmut Kohl. Insofern sind die Entwicklungen im Falle eines Rückzugs von Merkel unkalkulierbar. Bei der Einschätzung der Stärke der CDU darf man sich auch nicht von der Popularität der Kanzlerin blenden lassen. Abseits der Bundesebene sieht es für die CDU in Ländern und Städten schon ganz anders aus. Einst traten zehn stolze Ministerpräsidenten der CDU auf Bundesparteitagen auf, inzwischen sind es nur noch vier. Die Zeit nach Merkel stellt deshalb für ihre Nachfolger oder Nachfolgerinnen die größte Herausforderung dar. Bricht ohne Merkel auch auf Bundesebene die übergroße Zustimmung weg, gerät die Partei schnell in eine Krise. Es kann deshalb auch sehr gut sein, dass Merkel keinen Wechsel wagt oder dass die Zustimmung der Deutschen zur Kanzlerin rapide sinkt.

Gilt am Ende also doch das, was die 56-jährige Ursula von der Leyen über ihre Chancen sagt, einst die 60-jährige Angela Merkel beerben zu können? »In jeder Generation gibt es einen Kanzler. In meiner Generation ist das Angela Merkel«, sagt Ursula von der Leyen immer wieder. Ist das ernst gemeint, oder tarnt sie nur ihren Ehrgeiz als Kanzlerin der Reserve?

Wir wissen es nicht. Aber wenn jemand in der CDU die Chance hat, diese Regel zu durchbrechen, dann ist es Ursula von der Leyen.

Anmerkungen

1 Heidi Adele Albrecht, *Familienmutter, Landesmutter, Poetin*, Band I, Göttingen 2004, S. 31
2 ebd., S. 50
3 Ernst Albrecht, *Erinnerungen, Erkenntnisse, Entscheidungen*, Göttingen 1999, S. 41
4 ebd., S. 42
5 ebd., S. 43
6 Heidi Adele Albrecht, S. 29
7 ebd., S. 36
8 ebd., S. 21
9 Adele Wolde, Ludwig Knoop, *Erinnerungsbilder aus seinem Leben*, Bremen 1998, S. 56–59
10 ebd.
11 Heidi Adele Albrecht, S. 42
12 ebd.
13 Maybritt Illner, *Frauen an der Macht*, Kreuzlingen/München 2005, S. 117–121
14 ebd.
15 ebd.
16 ebd.
17 »Die neuen Minister gehen an den Start«, *Neue Presse*, 28.2.2003
18 Wiegbert Löer und Oliver Schröm, *Geld, Macht, Politik*, München 2014, S. 271
19 »Dicht am Leben«, *Frankfurter Rundschau*, 15.3.2003
20 »Meine Familie und ich«, *Focus*, 30.10.2006
21 »Was mir am Herzen liegt«, *Bild*-Zeitung, 23.4.2005
22 »Die Mutter der Nation«, *Der Spiegel*, 6.2.2006

Zeittafel

1958 8.Oktober, Ursula von der Leyen wird in Brüssel geboren. Ihr Vater Ernst arbeitet zu dieser Zeit als Kabinettschef der ersten Kommission der Europäischen Wirtschaftsgemeinschaft, später als Generaldirektor bei der EWG. Sie verbringt ihre Jugendjahre in Brüssel.

1971 Die Familie Albrecht zieht zurück nach Deutschland und lässt sich in der Nähe von Hannover nieder. Ernst Albrecht beginnt dort im Landtag seine politische Karriere.

1976 Vater Ernst Albrecht wird Ministerpräsident von Niedersachsen.

1977 Abitur am Gymnasium in Lehrte
Danach Studium der Volkswirtschaftslehre an den Universitäten Göttingen und Münster.

1978 zieht sie nach England und besucht die London School of Economics and Political Science.

1980 bricht sie ihr Wirtschaftsstudium ab und schreibt sich an der Medizinischen Hochschule Hannover (MHH) für das Medizinstudium ein. Hier lernt sie ihren späteren Mann Heiko von der Leyen kennen. Das Paar heiratet 1986.

1987 Staatsexamen und Approbation als Ärztin. Anschließend arbeitet sie als Assistenzärztin an der Frauenklinik der MHH in Hannover, im gleichen Jahr Geburt ihres ersten Kindes.

1990 Eintritt in die CDU

1991 Promotion zur Dr. med.

1992 Umzug in die USA, wo Heiko von der Leyen an der Universität Stanford arbeitet.

1994 Geburt von Zwillingen, Ursula von der Leyen hat jetzt fünf Kinder und beendet ihre Facharztausbildung ohne Abschluss.

1996 Rückkehr nach Deutschland. Bis 2002 arbeitet sie als wissenschaftliche Mitarbeiterin in der Abteilung Epidemiologie, Sozialmedizin und Gesundheitssystemforschung an der Medizinischen Hochschule Hannover.

1999 Geburt ihres siebten und letzten Kindes

2001 erwirbt sie den akademischen Grad eines Master of Public Health.

2001 bis 2004 engagiert sie sich im Rat der Stadt Sehnde in der Kommunalpolitik und ist Vorsitzende der CDU-Stadtratsfraktion. In der Regionsversammlung Hannover wird sie Vorsitzende des Ausschusses Gesundheit und Krankenhäuser.

2003 Mitglied des Landtags und niedersächsische Sozialministerin

2004 Wahl in das Präsidium der CDU

2005 Berufung für den Bereich Gesundheit und Familie in das Kompetenzteam von Angela Merkel beim Bundestagswahlkampf. Nach dem Wahlsieg geht sie als Bundesministerin für Familie, Senioren, Frauen und Familie nach Berlin.

2007 löst sie mit ihren Reformideen zur Familienpolitik kontroverse Debatten aus – vor allem in ihrer eigenen Partei. Umstritten ist die Garantie für einen Kita-Platz sowie das Elterngeld und die Vätermonate.

2008 beginnt sie ihren Kampf für die Sperrung von Internetseiten mit kinderpornografischem Inhalt. Sie stößt auf erbitterten Widerstand der Netzgemeinde und wird als »Zensursula« bezeichnet.

2009 gelingt ihr der Einzug in den Deutschen Bundestag. Sie wird erneut als Familienministerin vereidigt, übernimmt jedoch wenige Wochen später nach dem Rücktritt von Franz Josef Jung das Bundesministerium für Arbeit und Soziales.

2011 beginnt der jahrelange Kampf um die Einführung einer Frauenquote für die Aufsichtsräte von Aktiengesellschaften. Ursula von der Leyen sieht darin ein Symbolthema und droht im Verlauf der Debatte sogar damit, gemeinsam mit SPD und Grünen gegen die CDU/CSU-Bundestagsfraktion zu stimmen.

2013 wird sie nach dem Sieg der Union bei der Bundestagswahl als erste Frau zur Bundesverteidigungsministerin ernannt.

Bildnachweis